高等职业教育"双高"建设新形态规划教材

工程测量实训

(智媒体活页式)

主　编　李洪俊　朱茂栋

西南交通大学出版社
·成　都·

内容简介

本书针对工程测量员岗位（中级、高级）所需知识和技能，以典型工作任务为载体，对《工程测量》教材进行了重新梳理，提取了水准仪的认识与使用、水准仪的检验、等外水准测量、四等水准测量、经纬仪的认识与使用、经纬仪的检验、水平角测量、竖直角测量、全站仪的使用、全站仪导线测量、全站仪数字化测图、CASS 软件的使用、全站仪坐标法测设曲线、线路纵断面测量、线路横断面测量等 22 个单项实训任务和工程测量综合实训项目，这些实训任务将常用测量仪器设备的使用方法及测量专业知识融入其中，是对《工程测量》教材主要知识点和技能的进一步强化。本书结构设置合理，任务选取恰当，内容安排贴近工作实际，由简及难，由浅入深，可逐步加深学习者对教材内容的理解，提高其任务分析、团队协作及实践操作等能力，同时在完成实训任务的过程中培养其良好的职业道德和工匠精神。

本书可作为高职高专院校铁道工程技术、城市轨道交通工程技术、铁路桥梁与隧道工程技术等相关专业的工程测量实训教学用书，也可作为道路与桥梁工程、市政工程等相关专业的工程项目管理、施工、监理等技术人员的参考用书。

图书在版编目（CIP）数据

工程测量实训：智媒体活页式 / 李洪俊，朱茂栋主编. —成都：西南交通大学出版社，2023.4
ISBN 978-7-5643-9229-1

Ⅰ.①工… Ⅱ.①李… ②朱… Ⅲ.①工程测量 Ⅳ.①TB22

中国国家版本馆 CIP 数据核字（2023）第 053585 号

Gongcheng Celiang Shixun (Zhimeiti Huoye Shi)
工程测量实训（智媒体活页式）

主编 李洪俊　朱茂栋

责 任 编 辑	姜锡伟
封 面 设 计	吴　兵
出 版 发 行	西南交通大学出版社 （四川省成都市金牛区二环路北一段 111 号 西南交通大学创新大厦 21 楼）
发行部电话	028-87600564　028-87600533
邮 政 编 码	610031
网　　　址	http://www.xnjdcbs.com
印　　　刷	四川玖艺呈现印刷有限公司
成 品 尺 寸	185 mm × 260 mm
印　　　张	15.75
字　　　数	392 千
版　　　次	2023 年 4 月第 1 版
印　　　次	2023 年 4 月第 1 次
书　　　号	ISBN 978-7-5643-9229-1
定　　　价	48.00 元

图书如有印装质量问题　本社负责退换
版权所有　盗版必究　举报电话：028-87600562

前 言

工程测量是一门专业性、实践性都很强的专业必修课。为了真正体现"教""学""做"一体化的教育理念，我们编写了《工程测量实训》（智媒体活页式）教材，便于实践教学过程中抽取使用。本书可作为《工程测量》配套教材使用，也可单独使用，是对《工程测量》教材内容的进一步强化与拓展，更侧重于任务实施的过程及考核。通过对实训任务的分析，学习者以小组为单位进行任务分工，再根据任务内容，应用仪器工具，按照任务实施方法，对照考核评价的内容、标准，最终完成实训任务。在任务完成过程中，学习者的任务分析、组织管理、团队协作、实践操作、仪器维护等多方面的能力得到了锻炼；理论与实践相结合，使学习更有针对性和有效性，更能激发学习者的学习兴趣，增强学习者的操作技能，强化学习者的能力素养。

本书由成都工业职业技术学院李洪俊、南方测绘朱茂栋任主编。具体分工如下：李洪俊编写实训任务 18~任务 20 及综合实习并统稿，朱茂栋编写实训任务 21、任务 22，成都工业职业技术学院陈爱平编写实训任务 1~任务 4，肖桂蓉编写实训任务 5~任务 9，邹利编写实训任务 10~任务 12，吴青戎编写实训任务 13、任务 14，南方测绘蒲华侨编写实训任务 15~任务 17。

本书在编写过程中参阅了许多相关的书籍、规范和文献，在此对这些作者表示诚挚感谢。由于编者水平有限，书中可能存在不足之处，恳请各位读者朋友批评指正，以便进一步修改完善。

编 者
2023 年 1 月

数字资源目录

序号	项目	二维码名称	资源类型	页码
1	实训任务1 水准仪的认识与使用	水准测量原理（高差法）	动画	007
2	实训任务2 水准仪的检验	水准仪的 i 角检验	动画	015
3	实训任务4 四等水准测量	四等水准测量	动画	026
4	实训任务5 经纬仪的认识与使用	水平角测量原理	动画	032
5		经纬仪的安置	动画	037
6	实训任务7 全圆方向法观测水平角	全圆方向法的观测	动画	047
7	实训任务8 竖直角测量	竖直角测量原理	动画	053
8	实训任务9 经纬仪的检验	经纬仪视准轴的检验	动画	062
9	实训任务11 全站仪的坐标测量与放样	全站仪坐标测量原理	动画	085
10	实训任务13 视距测量	视距测量原理	动画	104
11	实训任务21 线路纵断面测量	水准仪测量原理（视线高程法）	动画	176

目 录

第 1 部分　测量实训总则

第 2 部分　工程测量单项实训

实训任务 1　水准仪的认识与使用 …………………… 006

实训任务 2　水准仪的检验 …………………………… 014

实训任务 3　图根水准测量 …………………………… 020

实训任务 4　四等水准测量 …………………………… 026

实训任务 5　经纬仪的认识与使用 …………………… 032

实训任务 6　测回法观测水平角 ……………………… 042

实训任务 7　全圆方向法观测水平角 ………………… 047

实训任务 8　竖直角测量 ……………………………… 053

实训任务 9　经纬仪的检验 …………………………… 060

实训任务 10　全站仪的认识与使用 …………………… 068

实训任务 11　全站仪的坐标测量与放样 ……………… 085

实训任务 12　图根导线测量 …………………………… 097

实训任务 13　视距测量 ………………………………… 103

实训任务 14　经纬仪视距法测图 ……………………… 109

实训任务 15　全站仪数字化测图 ……………………… 116

实训任务 16　CASS 软件的使用 ……………………… 129

实训任务 17　RTK 技术的认识与使用 ………………… 137

实训任务 18　偏角法测设圆曲线 ……………………… 156

实训任务 19　偏角法测设带缓和曲线的圆曲线 …………………… 162

实训任务 20　全站仪坐标法测设曲线 …………………………… 170

实训任务 21　线路纵断面测量 …………………………………… 176

实训任务 22　线路横断面测量 …………………………………… 182

第 3 部分　工程测量综合实习

第一节　工程测量实习的目的和任务 ………………………………… 188

第二节　工程测量实习的安排和要求 ………………………………… 190

第三节　工程测量实习的项目内容 …………………………………… 193

附　录 ……………………………………………………………… 225

参考文献 …………………………………………………………… 244

第1部分

测量实训总则

一、测量实训课须知

测量实训课是培养学生实际操作技能、加深对课程内容的理解、学习工程测量的重要环节之一，是理论联系实际、加强基本技能的有效措施。平时实训课着重于训练测量学的最基本技能，与其他教学环节有着密切的联系。为了使实训课起到它应有的作用，学生必须注意下列各点：

（1）课前应做好准备，包括阅读《工程测量实训》，预习教材中有关章节，准备好必要的表格和文具等。

（2）实训前应了解实训的内容和要求，弄清有关的基本理论和方法。

（3）实训课无论在室外或室内进行，都和上课一样，必须遵守上课纪律。

（4）实训课上应认真完成教师所布置的任务。

（5）实训应按统一安排的地点进行，不得擅自改变。

（6）实训中应爱护仪器工具，严格遵守"测量仪器使用规则"。

（7）实训中必须重视记录，严格遵守"测量资料记录规则"。

（8）实训中应爱护树木花草和农作物，不得任意损坏。

二、测量资料记录规则

（1）实训记录直接填写在规定的表格中，不得先用另纸记录，再行转抄。

（2）记录和计算须用 H 或 2H 铅笔书写，不得使用钢笔、圆珠笔或其他笔书写。

（3）字体应端正清晰，书写在规定的格子内，上部应留有适当空格，作错误更正之用。

（4）写错的数字用横线端正地划去，在原字上方写出正确数字。严禁在原字上涂改或用橡皮擦拭挖补。

（5）禁止连续更改数字，例如改了观测数据，又改其平均数。观测的尾数原则上不得更改，如角度的分秒值，水准和距离的厘米、毫米数等。

（6）记录的数字应齐全，如水准中的 0234 或 3100，角度的 3°04′06″或 3°20′00″，数字"0"不得随便省略。

（7）当一人观测由另一人记录时，记录者应将所记数字回报给观测者，以防听错记错。

（8）记录应保持清洁整齐，所有应填写的项目都应填写齐全。

三、测量仪器使用规则

测量仪器多为精密、贵重仪器，为保证仪器安全、延长仪器使用寿命及保持仪器精度，使用仪器时，需按本规则要求进行。

（1）对光学仪器要严格防潮、防尘、防震，在雨天及大风沙气候下不得使用，在搬运途中必须有人扶持。

（2）仪器应尽可能避免架设在交通要道上，在架好的仪器旁必须有人看守。

（3）在架设好仪器后，必须检查脚腿螺旋及连接螺旋，是否确已拧紧。

（4）在使用过程中搬动仪器，应将上盘制动螺旋松开。对于经纬仪，还要将望远镜竖置，将仪器抱在胸前，一手扶住基座部分，不得将仪器扛在肩上。

（5）拧动仪器各部螺旋时，要用力适当。在未松开制动螺旋时，不得转动仪器的照准部及望远镜。

（6）在取出仪器后，必须将干燥剂放于盒内，并将盒子盖好，以防干燥剂失效。

（7）工作时不得坐在仪器盒上。在仪器装在盒内搬运时，应该检查搭扣是否扣好，皮带是否安全。

（8）在使用过程中如发现仪器转动失灵，或有异样声音，应立即停止工作，对仪器进行检查，并报告实验室。

（9）仪器的光学部分如沾有灰尘，应用软毛刷刷净，不得用不洁及粗糙的布类擦拭，更不得用手擦拭。

（10）如仪器沾有水珠，应将仪器在通风干燥处晾干后再装入盒内。

（11）工作过程中，不得将两腿骑在脚架腿上。

（12）使用仪器后，均应详细检查仪器状况及配件是否齐全。

（13）仪器装箱时应保持原来的放置位置，且将制动螺旋拧紧。如果仪器盒子不能盖严，不能用力按压，应检查仪器的放置位置。

（14）在使用钢尺时，切勿在打卷的情况下拉尺，并不得脚踩、车压。

（15）钢尺在用完后，必须擦净、上油，然后卷入盒内。

（16）丈量距离应在卷起1~2圈的情况下拉尺，且用力不得过猛，以免将连接部分拉坏。

（17）花杆及水准尺应该保持其刻划清晰，没有弯曲，不得用来扛抬物品及乱扔乱放。水准尺放置在地上时，尺面不得靠地。

（18）垂球应保持形状对称，尖部锐利，不得在坚硬的地面上乱用乱碰。

（19）测钎应保持没有弯曲，不得用来作为拉钢尺的把手。

（20）分度器等均应妥善放置，以保持刻划清晰，并防止发生折断及扭曲。

（21）对特殊贵重及精密仪器，应按专业的规定使用。

四、电子测量仪器使用规则

（1）电子测量仪器为特殊贵重仪器，在使用时必须有专人负责。

（2）仪器应严格防潮、防尘、防震，在雨天及大风沙气候下不得使用；长途搬运时，必须将仪器装入减震箱内，且由专人护送。

（3）工作过程中搬移测站时，仪器必须卸下装箱，或装入专用背架，不得装在脚架上搬动。

（4）仪器的光学部分及反光镜严禁用手摸，且不得用粗糙物品擦拭。如有灰尘，宜用软毛刷刷净；如有油污，可用脱脂棉蘸乙醚混合液或哈气擦拭。

（5）仪器不用时，宜放在通风、干燥而且安全的地方。如果在野外沾水，应立即擦净、晾干，再装入箱内。

（6）仪器在阳光下使用时必须打伞，以免曝晒，影响仪器性能。

（7）发射及接收物镜严禁对准太阳，以免将管子烧坏。

（8）仪器在不使用时应经常通电，以防元件受潮。电池应定时充电，但充电不宜过量，以免损坏电池。

（9）使用仪器时，操作按钮及开关，不要用力过大。

（10）使用仪器前，应检查电池电压及仪器的各种工作状态，看是否正常；如发现异常，应立即报告实验室，不得继续使用，更不得随意动手拆修。

（11）仪器的电缆接头，在使用前应弄清楚构造，不得盲目乱拧乱拨。

（12）仪器在不工作时，应立即将电源开关关闭。

（13）每次使用完毕，应在使用记录上登记使用人、使用时间及使用日期。

（14）学生实训使用仪器时，教师必须在场指导。

五、测量实验室借用仪器设备规定

学生借用本实验室仪器设备，均依本规定办理之。

（1）学生依教学计划进行实训借用仪器时，需由任课教师在一周前提出使用仪器之品种、数量、使用时间、使用班级及实训组数，以便实验室进行准备。

（2）学生借用仪器时，需按实验室预先填好的卡片所列之品种、数量、设备编号进行清点，并有组长签字后，方可借用。

（3）学生借用仪器时，需按编号顺序有秩序进行，除特殊情况，征得实验室同意外，不得任意挑换仪器。

（4）非上课时间借用仪器时，为避免影响正常的教学工作，需由任课教师事先与实验室进行联系，以便统筹安排。

（5）学生借用之仪器、设备，不得转借，除另有规定者外，必须在下课时归还实验室，不得擅自带回宿舍。

（6）在归还仪器时，应将架腿擦干净，放回原处，并由实验室工作人员进行检查，如认为与借出时情况相符，则由验收人员在借用卡片上签字验收。

（7）学生借用之仪器设备，应按操作要求使用，并需加以爱护，如有丢失、损坏，限期按价赔偿。

（8）学生如违反规定，经教育而不改正，并造成不良后果者，报请学校酌情处理。

六、测量实验室赔偿规定

（1）仪器、设备凡有丢失、损失，均由责任者负责赔偿。

（2）损坏情况较轻，且能修理复原者，赔偿修理费。

（3）设备丢失或损坏情况严重，不能修复，或虽可修复，但对仪器精度严重损伤者，则酌情按原价或折价赔偿。

（4）仪器价值昂贵，如责任者在经济上无力负担，则除赔偿力所能及的费用外，另给行政处分。

（5）如果属于不听劝阻或有意损坏者，加重赔偿。

（6）赔偿之费用，必须限期交实验室，再转交校计财处。除确有经济困难，经学校批准或延期者，逾期不交，从有关费用中扣除。

第2部分

工程测量单项实训

实训任务 1　水准仪的认识与使用

教学目标

1. 素质目标

（1）培养科学分析问题的能力。
（2）培养严谨务实的工作态度，保证测量数据的可靠性。
（3）培养规范作业、耐心细致的责任心和职业意识。

2. 知识目标

（1）理解并掌握水准测量的工作原理及水准仪的组成与功能。
（2）掌握 DS_3 水准仪操作的基本步骤。
（3）理解并掌握高差法水准测量的数据记录、计算方法。

3. 能力目标

（1）能够正确操作 DS_3 水准仪。
（2）能够正确读出水准尺的读数并正确填写记录表。
（3）能够正确计算两点间的高差及未知点的高程。

任务引入

如图 1-1 所示，已知 A 点的高程为 H_A，待求点 B 的高程为 H_B，如何正确使用一台 DS_3 水准仪观测出 B 点的高程？DS_3 水准仪有哪些组成部分？

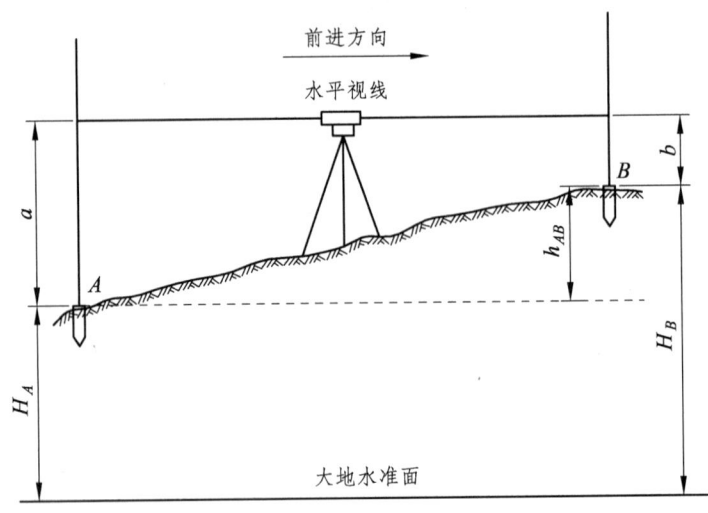

图 1-1　水准测量原理

知识学习

一、水准测量原理

如图 1-1 所示,在 A、B 两点间安置一台 DS_3 水准仪,分别在 A、B 点上竖立一根水准尺,当视线水平时,从 A、B 点的水准尺读数得 a、b。如果观测的前进方向由 A 到 B,则 A 称为后视点,a 为后视读数;B 称为前视点,b 为前视读数。则 A、B 两点的高差:

$$h_{AB}=a-b$$

B 点的高程:

$$H_B=H_A+h_{AB}$$

水准测量原理(高差法)

二、DS_3 水准仪简介

DS_3 水准仪主要由望远镜、水准器、基座三部分组成。望远镜由物镜、目镜、调焦透镜和十字丝分划板组成;水准器分为圆水准器和管水准器两种;基座通过连接螺旋与三脚架相连,基座上的 3 个脚螺旋用于调节圆水准气泡居中。

(一)微倾式水准仪(图 1-2)

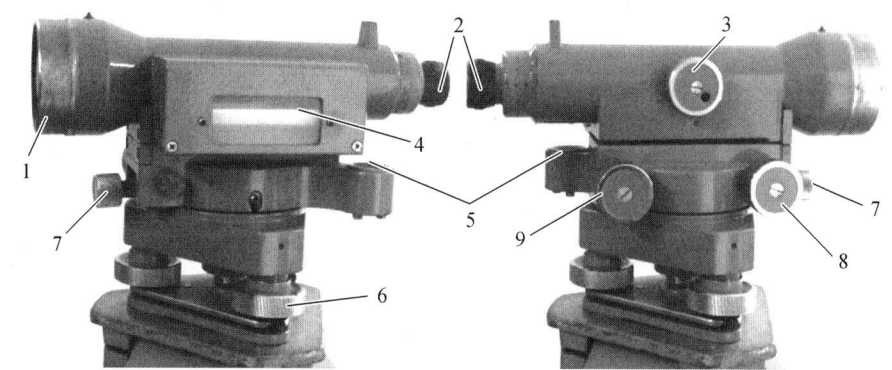

1—物镜;2—目镜;3—物镜调焦螺旋;4—符合水准器;5—圆水准器;6—脚螺旋;7—制动螺旋;
8—微动螺旋;9—微倾螺旋。

图 1-2　DS_3 微倾式水准仪

(二)自动安平水准仪(图 1-3)

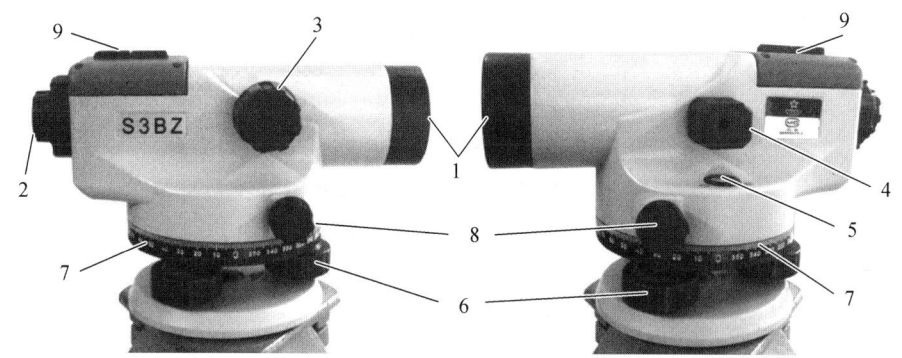

1—物镜;2—目镜;3—物镜调焦螺旋;4—反光镜;5—圆水准器;6—脚螺旋;7—度盘;8—微动螺旋;9—瞄准器。

图 1-3　S3BZ 自动安平水准仪

（三）水准尺及尺垫

1. 双面尺

双面尺通常成对使用，尺长为 3 m。两面刻划，一面为黑白条纹，尺底为 0 m；另一面为红白条纹，一尺的尺底为 4.787 m，另一尺的尺底为 4.687 m。尺面上条纹及其间隔为 1 cm，每分米处均注记阿拉伯数字，如图 1-4 所示。

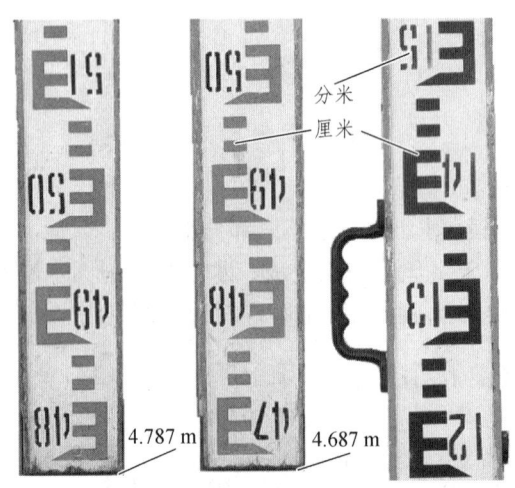

图 1-4　双面水准尺

2. 塔尺

塔尺是一种逐节缩小的组合尺，其长度为 3 m 或 5 m。两面都是黑白条纹刻划，尺底都是 0.000 m，尺面上有宽度为 1 cm 或 5 mm 黑白相间的刻划，每分米处注记数字，分米数上的点数代表米，如图 1-5 所示。

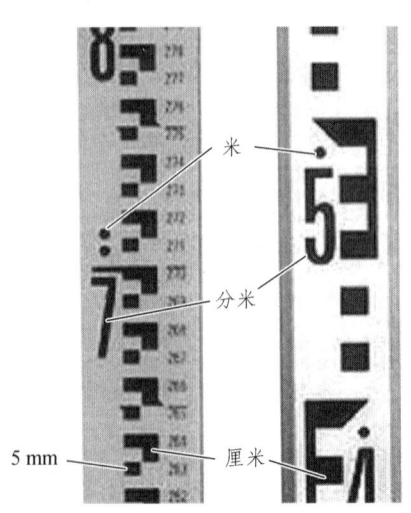

图 1-5　铝合金塔尺

3. 尺垫

尺垫由生铁铸成，一般为三角形板座，其下方有三个尖脚，上方有一突起的半球体，水准尺应立于半球顶面,如图 1-6 所示。尺垫主要用于水准测量转点处立尺。

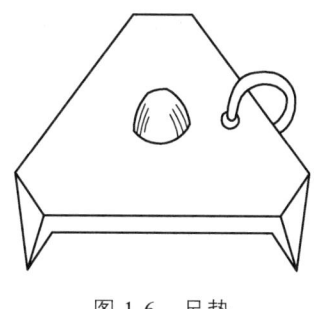

图 1-6　尺垫

三、DS_3 水准仪的使用

DS_3 微倾式水准仪的操作包括置镜、粗平、瞄准、精平和读数等步骤,自动安平水准仪借助"补偿器"获得水平视线,因此无精平步骤。

(一)置镜

松开三脚架架腿上的蝶形螺旋,根据观测者的身高调节架腿高度,拧紧蝶形螺旋后张开三脚架,使架头大致水平,再将脚架稳定(踩紧)。然后将水准仪从箱中取出置放在三脚架头上,用连接螺旋将仪器固定在三脚架上。

(二)粗平

调节 3 个脚螺旋使圆水准器气泡居中(实践中也可摆动架腿使气泡居中),气泡移动的方向始终与左手大拇指的运动方向一致。调节方法如图 1-7 所示。

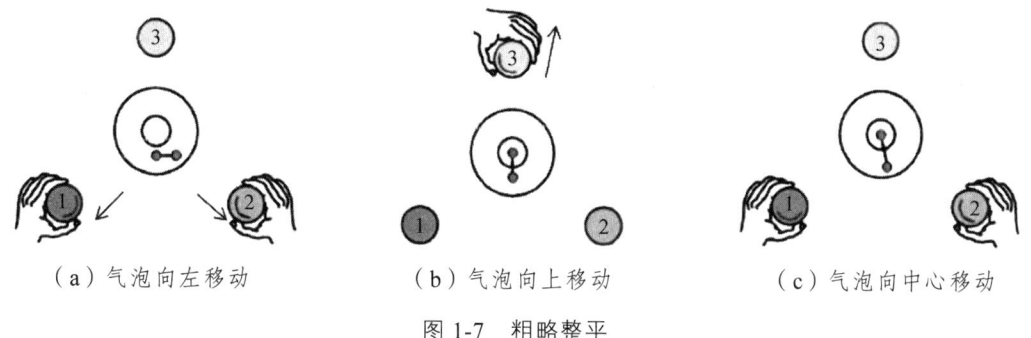

(a)气泡向左移动　　　　(b)气泡向上移动　　　　(c)气泡向中心移动

图 1-7　粗略整平

(三)瞄准

首先转动目镜调焦螺旋使十字丝清晰,转动望远镜瞄准水准尺,再转动物镜调焦螺旋使目标清晰。注意消除视差。

物像平面与十字丝平面不重合而产生的视像错动现象称为视差。消除视差的方法是先调目镜对光螺旋使十字丝清晰,然后一面调节物镜对光螺旋一面仔细观察,直到不再出现尺像和十字丝有相对移动为止,即尺像与十字丝在同一平面上。

（四）精平

在每次读数之前，都应注意符合水准气泡观测窗，转动微倾螺旋使水准管气泡居中，即符合水准器的两端气泡影像对齐。

（五）读数

仪器精确整平后，即用十字丝横丝（即中丝）在水准尺上读数。读数按由小到大的方向，读出米、分米、厘米，并仔细估读毫米数。如图 1-8 所示读数分别为：1.325 m、2.703 m。

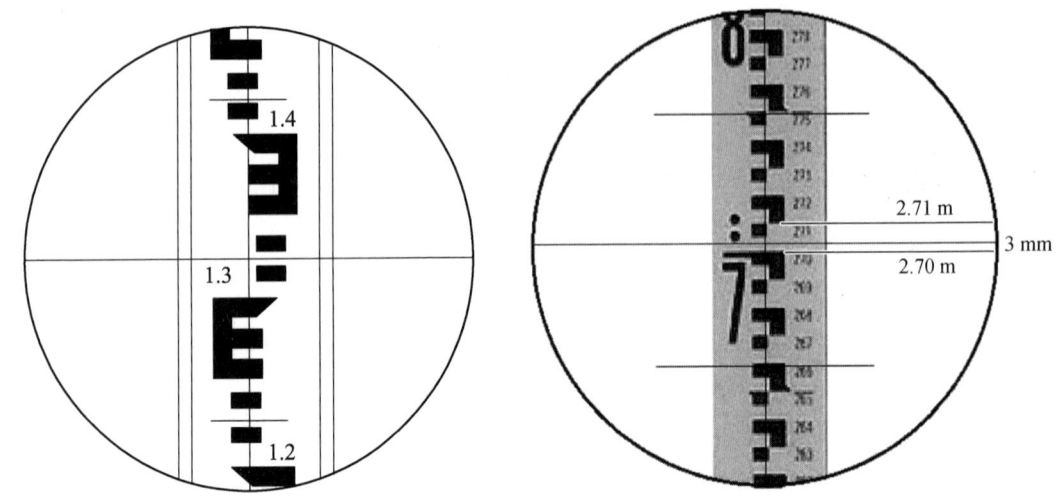

图 1-8 水准尺读数

🔲 任务实施

一、实训内容

（1）认识 DS_3 水准仪的构造，熟悉各构件的名称及功能。
（2）轮流练习自动安平水准仪的整平、瞄准、读数等操作步骤。
（3）测量地面上两点间的高差，观测、记录、立尺等工作轮换，每人至少测 2 站。
（4）书写实训报告，每人交 1 份。

二、实训分组及设备（工具）准备

每 2~4 人 1 组，借领 DS_3 水准仪 1 台、三脚架 1 个、记录板 1 块、水准尺 1 对、尺垫 2 个；自备铅笔、卷笔刀、计算器等工具。

三、实训步骤

1. 认识 DS_3 水准仪

（1）选择场地架设仪器。从仪器箱中取水准仪时，注意仪器装箱位置，以便用后装箱。
（2）对照实物说出仪器的组成部分，各螺旋的名称及作用。
（3）认识水准标尺的分划注记。

2. DS$_3$ 水准仪的使用

轮流练习水准仪的整平、瞄准、读数等操作步骤，相互观摩、讨论、交流心得体会，总结各步骤应注意的事项。

3. 测量两点间的高差

（1）在已知水准点 A 与转点 1 大约等距处安置水准仪并整平，在水准点（后视点）上立尺，瞄准、精平（自动安平水准仪无此步）、读取后视中丝读数 a_1；转动望远镜瞄准转点 1（尺垫突起处）上标尺，瞄准、精平（自动安平水准仪无此步）、读取前视中丝读数 b_1，记入手簿。计算高差 h_1=后视读数-前视读数=a_1-b_1，并记入表格。

（2）将水准仪迁站至转点 1 与转点 2 大约等距处安置并粗平，瞄准、精平、读取转点 1 上标尺后视读数 a_2；转动望远镜、瞄准、精平、读取转点 2 上标尺前视读数 b_2，记入手簿。计算高差 h_2=后视读数-前视读数=a_2-b_2，并记入表格。

（3）同法继续进行，直至返回原水准点或另一水准点上。

（4）根据已知点的高程计算其他各点高程，并检核计算是否正确。

4. 实训结束，整理仪器设备，完成实训报告

四、实训注意事项

（1）三脚架应支在平坦、坚固的地面上，架设高度应适中，架头应大致水平，架腿制动螺旋应紧固，整个三脚架应稳定。

（2）安放仪器时应将仪器连接螺旋旋紧，防止仪器脱落。取完仪器应关箱。

（3）各螺旋的旋转应稳、轻、慢，禁止用蛮力，最好使用螺旋运行的中间位置。

（4）瞄准目标时必须注意消除误差，应习惯先用瞄准器寻找和瞄准。

（5）立尺时，应站在水准尺后，双手扶尺，以使尺身保持竖直。

（6）读完后视读数仪器不能搬迁，读完前视读数尺垫不能动。

（7）做到边观测、边记录、边计算，记录应使用铅笔。

（8）避免水准尺靠在墙上或电杆上，以免摔坏；禁止用水准尺抬物，禁止坐在水准尺及仪器箱上。

（9）发现异常问题应及时向指导教师汇报，不得自行处理。

五、实训记录及报告

（1）安置仪器时如何利用 1、2、3 三个脚螺旋使圆水准泡气泡居中（图 1-9）。

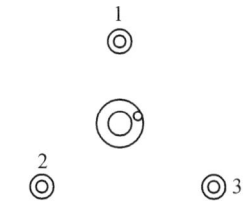

图 1-9 安置仪器时水准气泡位置

（2）用望远镜瞄准目标的步骤是：调节_____使_____清晰；再调节_____螺旋使_____清晰；检查有无视差，如果发现_____现象，说明存在_____，必须再调节_____直至_____面和_____面重合，亦即消除了视差。

（3）用微倾式水准仪进行水准测量时，除了使_____居中外，读数前还必须用_____螺旋，使_____气泡居中，才能读数。

（4）练习并读出图1-10中水准尺的读数，分别是_____、_____。

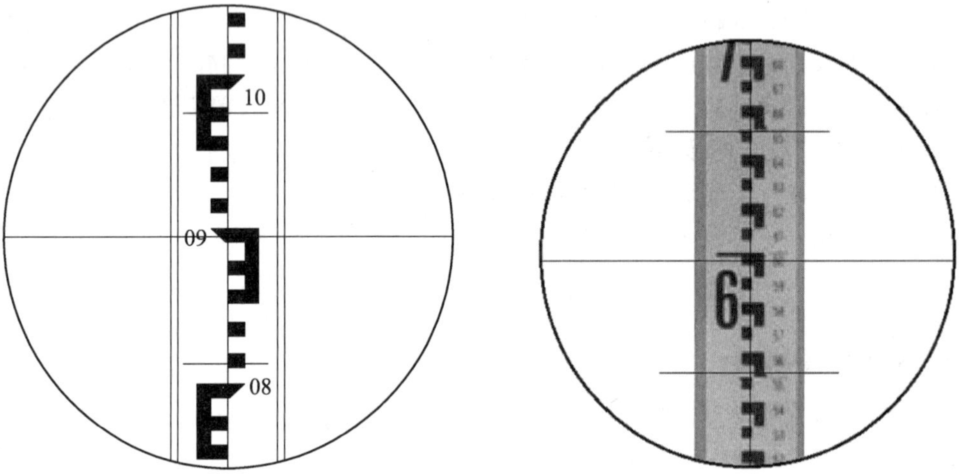

图1-10 水准尺读数

（5）记录表格（表1-1）。

表1-1 水准仪的使用记录表

日期：_____ 天气：_____ 仪器号：_____ 观测：_____ 记录：_____

测 点	后视读数	前视读数	高 差		高 程	备 注
			+	-		

考核评价

实训任务 1 考核评价表见表 1-2。

表 1-2 考核评价表

班 组			任务名称			综合评分	
任务分工							
（1）对高程概述、水准测量原理及水准测量方法等理论知识通过学习相应教程进行考核。 （2）水准仪的操作步骤、记录表的填写等实践操作，通过实操项目进行考核							
学生自评	\multicolumn{5}{l}{实训任务完成情况}		
	评价项目		评价内容	评价标准		评价结果	
	技能目标	实训准备	设备及备品	仪器工具选择正确，自备品齐全			
			人员组织	人员到位，分工明确			
		实训方法	操作方法和步骤	置镜、整平、瞄准、读数正确			
			操作标准及规范	高度适中，按程序规范操作			
		实训质量	手簿记录	用规定的笔、记录表填写，保持原始记录，记录格式规范、完整，更改数据规范，按规定回报			
			数据处理	外业计算、心算准确、快速、内业计算方法正确，数据准确			
			成果精度	符合规定的精度			
	素质目标	实训安全	安全操作	取放仪器规范，观测结束螺旋归位，观测中无骑腿、坐仪器箱等行为，操作符合测量仪器使用规程			
			实训后现场整理	实训结束仪器复位，仪器室整洁			
	\multicolumn{6}{l}{（根据个人实际情况选择：A. 能够完成；B. 基本能完成；C. 不能完成）}	
小组评价	\multicolumn{6}{l}{团队合作___；学习效率___；获取信息能力___；交流沟通能力___；动手操作能力___（根据完成任务情况填写：A. 优秀；B. 良好；C. 合格；D. 有待改进）}	
总结与反思							
教师评价							

实训任务 2　水准仪的检验

📖 教学目标

1. 素质目标

（1）培养科学分析问题的能力。
（2）培养严谨务实的工作态度，保证测量数据的可靠性。
（3）培养规范作业、耐心细致的责任心和职业意识。

2. 知识目标

（1）理解并掌握 DS_3 水准仪的检验方法及步骤。
（2）掌握水准仪 i 角的检验和计算方法，以及校正时正确读数的计算。
（3）掌握水准测量中消除或减弱 i 角对高差影响的观测方法。

3. 能力目标

（1）能够熟练操作 DS_3 水准仪，正确测出两点间的高差。
（2）能够正确完成水准仪 i 角检验的观测及数据规范记录。
（3）能够正确计算水准仪的 i 角及校正时的正确读数。

📦 任务引入

水准测量工作前，应对所使用的仪器进行检验与校正。如图 2-1 所示，水准仪的主要轴线应满足的几何条件是：圆水准器轴应平行于仪器的竖轴（$L'L' // VV$）；十字丝的横丝应垂直于仪器的竖轴；水准管轴应平行于视准轴（$LL // CC$）。那么，如何检验 DS_3 水准仪的各轴线是否满足应有的几何条件呢？

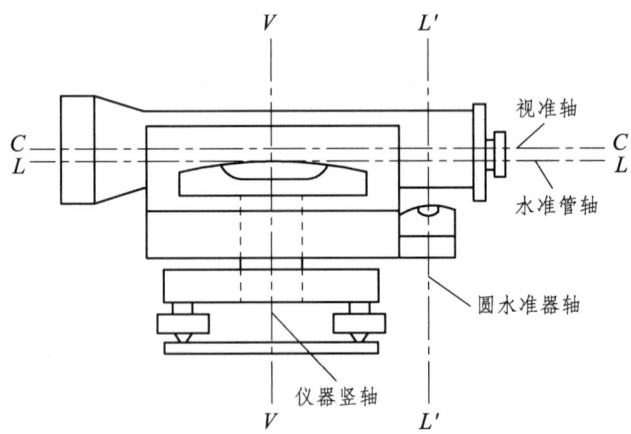

图 2-1　水准仪主要轴线

知识学习

一、圆水准器的检验与校正

1. 检验方法

旋转脚螺旋使圆水准器气泡居中，然后将仪器上部在水平方向绕竖轴旋转 180°，若气泡仍居中，则表示圆水准器轴已平行于竖轴，若气泡偏离中央则需进行校正。

2. 校正方法

用脚螺旋使气泡向中央方向移动偏离量的一半，然后拨圆水准器的校正螺旋使气泡居中。由于一次拨动不易使圆水准器校正得很完善，所以需重复上述的检验和校正，使仪器上部旋转到任何位置气泡都能居中。

二、十字丝横丝的检验和校正

1. 检验方法

先用横丝的一端照准一固定的目标或在水准尺上读数，然后用微动螺旋转动望远镜，用横丝的另一端观测同一目标或读数。如果目标仍在横丝上或水准尺上读数不变，说明横丝已与竖轴垂直；否则，应予校正。

2. 校正方法

打开十字丝分划板的护罩，可见到 3 个或 4 个分划板的固定螺丝。松开这些固定螺丝，用手转动十字丝分划板座，反复试验使横丝的两端都能与目标重合或使横丝两端所得水准尺读数相同，则校正完成。最后旋紧所有固定螺丝。

三、水准管的检验和校正

1. 检验方法

在平坦地面上选相距约 100 m 的 A、B 两点打入木桩或设置尺垫后立水准尺。水准仪首先置于离 A、B 等距的 I 点，测得两点的高差 $h_1 = a_1 - b_1$，如图 2-2（a）所示，重复测 2~3 次，当所得各高差之差不超过 3 mm 时取其平均值。若视准轴与水准管轴不平行而构成 i 角，由于仪器至 A、B 两点的距离相等，因此前、后视读数所产生的误差 δ 也相等，所以所测的 h_1 是 A、B 两点的正确高差。

水准仪的 i 角检验

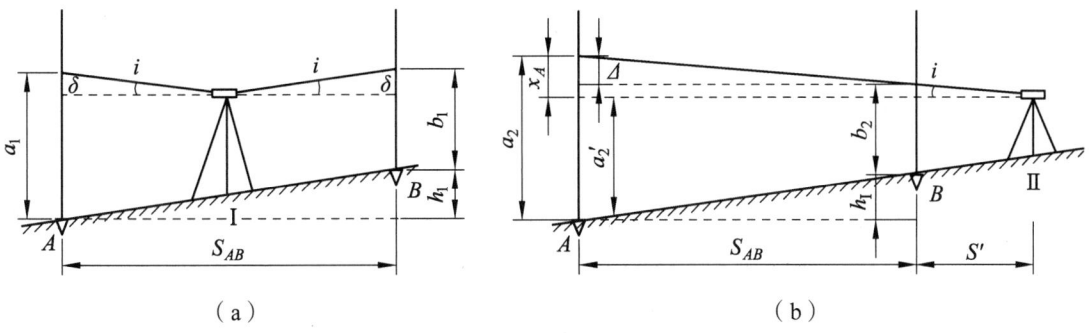

图 2-2 水准仪的 i 角检验

然后把水准仪移到 B 点附近的 II 点,再次观测 A、B 两点的水准尺读数,由于水准仪至 B 点尺很近,其 i 角引起的读数误差可近似为零,即认为 b_2 读数正确,由此可计算出 A 点尺的应读数为 $a_2'=h_1+b_2$,如图 2-2(b)所示。如果 $a_2=a_2'$,说明仪器的水准管轴与视准轴是平行的,即 $i=0$;如果 $a_2\neq a_2'$,则说明两轴存在 i 角,其值为:

$$i=\frac{a_2'-a_2}{S_{AB}}\rho$$

式中:S_{AB} 为 A、B 点间的平距(mm);$\rho=206265''$。当 DS_3 水准仪的 i 角大于 $20''$ 时应校正。

2. 校正方法

对于微倾式水准仪,用微倾螺旋使远点 A 的读数从 a_2 改变到 a_2',此时视准轴由倾斜位置改变到水平位置,水准管也因随之变动而气泡不再符合。如图 2-3 所示,用校正针拨动水准管一端的校正螺旋使气泡符合,则水准管轴也处于水平位置从而使水准管轴平行于视准轴。

对于自动安平水准仪,取下十字丝分划板护罩,松动或拧紧十字丝分划板校正螺钉,使十字丝的中横丝对准 A 点标尺的正确读数 a_2'。

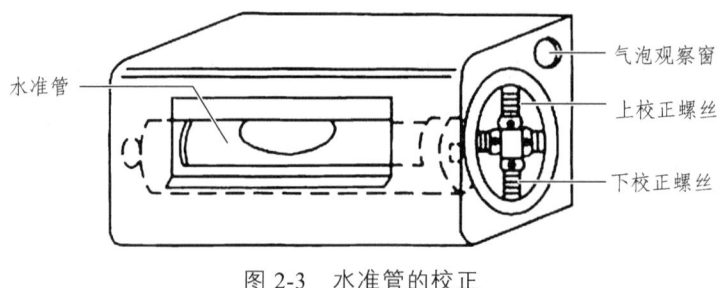

图 2-3 水准管的校正

🔷 任务实施

一、实训内容

(1)检验圆水准器轴平行于仪器的竖轴至少 2 次(不同方向)。
(2)检验十字丝的横丝垂直于仪器的竖轴至少 2 次(不同点)。
(3)检验水准管轴平行于视准轴,观测、记录、立尺等工作轮换至少一遍。
(4)书写实训报告,每人交 1 份。

二、实训分组及设备(工具)准备

每 2~4 人 1 组,借领 DS_3 水准仪 1 台、记录板 1 块、水准尺 1 对、尺垫 2 个;自备铅笔、卷笔刀、计算器等工具。

三、实训步骤

1. 检验 DS_3 水准仪的圆水准器

(1)选择场地架设仪器。从仪器箱中取水准仪时,注意仪器装箱位置,以便用后装箱。
(2)将圆水准器气泡调至居中,再将望远镜转 $180°$,记录气泡的偏移量。

(3)换个方向重复步骤(2)。

2. 检验 DS_3 水准仪的十字丝

用十字丝横丝一端读水准尺的读数,再用横丝的另一端读数,将读数记入记录表,并计算出差值;换个位置立水准尺,重复检验一遍,比较两次检验的结果。

3. 检验 DS_3 水准仪的 i 角

(1)在平坦场地上选相距 60~100 m 的 A、B 两点做记号或放尺垫,水准仪置于 AB 中间,整平仪器后观测两尺读数 a_1、b_1 记入记录表,计算高差 h_1;改变仪器高度再测一次,计算出高差 h_2。若 h_1 与 h_2 之差不超过 3 mm,则计算出 $h_{均}$;否则改变仪器高度再测至合格。

(2)将水准仪迁站至 B 点附近,整平仪器后观测 B 尺读数 b'_1 及 A 尺读数 a'_1,记入记录表,计算出 A 尺应读数 $a'_{应1}$,并计算视准轴偏上/偏下值。

(3)改变仪器高度同法再测一次,比较两次偏上/偏下值之差,若超过 3 mm 应测第三次。

(4)根据所选 A、B 点间平距及偏上/偏下值计算仪器的 i 角。本次实训只检验,不校正。

4. 实训结束,整理仪器设备,完成实训报告

四、实训注意事项

(1)三脚架安置应稳妥,架设高度应适中,架头应大致水平,架腿制动螺旋应紧固。
(2)安放仪器时应将连接螺旋旋紧后才松手,防止仪器脱落。取完仪器应关箱。
(3)各螺旋的旋转应稳、轻、慢,禁止用蛮力,最好使用螺旋运行的中间位置。
(4)瞄准目标时必须注意消除误差,应习惯先用瞄准器寻找和瞄准。
(5)立尺时,应站在水准尺后,双手扶尺,以使尺身保持竖直。
(6)中间水准测量时前后视距基本相等,迁至站 B 点时不能离标尺太近。
(7)做到边观测、边记录、边计算,不转抄,记录应使用铅笔。
(8)避免骑腿观测,禁止用水准尺抬或敲打物体,禁止坐在水准尺及仪器箱上。
(9)发现仪器检验误差大等异常问题应及时向指导教师汇报,不得自行处理。

五、实训记录及报告

(1)DS_3 水准仪应满足的几何条件有哪些?

(2)水准仪的圆水准器检验时气泡偏移约 4 mm,在没有校正工具的情况下能不能用?为什么?

（3）水准仪的 i 角检验，若 A、B 两点相距 80 m，中间水准测量的高差 h_1=0.547 m，迁站于 B 点附近测得的高差 h_2=0.567 m，则这台水准仪的 i 角是多少？

（4）记录表格（表 2-1）

表 2-1　水准仪的检验记录表

日期：_____　天气：_____　仪器号：_____　观测：_____　记录：_____

（1）圆水准器的检验。　　　　　　　　　（2）十字丝的检验。

检验次第	平转180°后圆水准器气泡偏离中心的距离/mm
1	
2	

检验次第	目标偏离横丝的最大距离/mm
1	
2	

（3）视准轴与水准管轴平行的检验。

仪器位置	观测及计算	第1次	第2次	第3次
在 A、B 点中间	A 尺读数 a			
	B 尺读数 b			
	高差 $h=a-b$			
	平均高差 $h_{均}$			
在 B 点尺附近	B 尺读数 b'			
	A 尺读数 a'			
	A 尺校正读数 $a_{应}'=b'+h_{均}$			
	视准轴偏上/偏下值/mm			

（4）检验结论。

经检验，该仪器的几何条件：

圆水准器轴平行于仪器竖轴的条件_____，十字丝的横丝垂直于仪器竖轴的条件_____，水准管轴平行于视准轴（i 角）的条件_____。

考核评价

实训任务 2 考核评价表见表 2-2。

表 2-2 考核评价表

班 组			任务名称		综合评分	
任务分工						
（1）对 DS_3 水准仪的检验方法等理论知识通过学习相应教程进行考核。 （2）水准仪的检验操作步骤、记录表的填写等实践操作，通过实操项目进行考核						
学生自评	技能目标	实训准备	设备及备品	仪器工具选择正确，自备品齐全		
			人员组织	人员到位，分工明确		
		实训方法	操作方法和步骤	置镜、整平、瞄准、读数正确		
			操作标准及规范	高度适中，按程序规范操作		
		实训质量	手簿记录	用规定的笔、记录表填写，保持原始记录，记录格式规范、完整，更改数据规范，按规定回报		
			数据处理	外业计算、心算准确、快速，内业计算方法正确，数据准确		
			成果精度	符合规定的精度		
	素质目标	实训安全	安全操作	取放仪器规范，观测结束螺旋归位，观测中无骑腿、坐仪器箱等行为，操作符合测量仪器使用规程		
			实训后现场整理	实训结束仪器复位，仪器室整洁		
	（根据个人实际情况选择：A. 能够完成；B. 基本能完成；C. 不能完成）					
小组评价	团队合作___；学习效率___；获取信息能力___；交流沟通能力___；动手操作能力___（根据完成任务情况填写：A. 优秀；B. 良好；C. 合格；D. 有待改进）					
总结与反思						
教师评价						

实训任务 3　图根水准测量

教学目标

1. 素质目标

（1）培养科学分析问题的能力。
（2）培养严谨务实的工作态度，保证测量数据的可靠性。
（3）培养规范作业、耐心细致的责任心和职业意识。

2. 知识目标

（1）熟练掌握 DS_3 水准仪的操作方法及步骤。
（2）掌握图根水准测量的外业观测、记录和计算方法。
（3）掌握水准测量的内业成果计算方法。

3. 能力目标

（1）能够熟练操作 DS_3 水准仪，正确观测出点的读数。
（2）能够规范完成图根水准测量的外业观测、记录及计算。
（3）能够正确进行图根水准测量的内业数据处理。

任务引入

如图 3-1 所示，水准点 BM_A 的已知高程为 H_A，若采用闭合水准路线并按图根水准测量的要求，如何观测相邻点间的高差，评定观测结果的精度并计算出 1、2、3 点的高程？

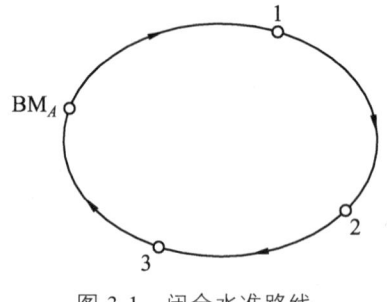

图 3-1　闭合水准路线

知识学习

一、水准测量的施测方法

如图 3-2 所示，图中 A 为已知高程点，B 为待求高程点。首先在点 A 上竖立水准尺，在测量前进方向离起点不超过 200 m 处设立第一个转点 ZD_1 放置尺垫，并竖立水准尺。在距离 A 和 ZD_1 大致相等的 Ⅰ 处安置水准仪，粗略整平后，先照准点 A 上的水准尺，读取中丝读数 1.852 m，记入表 3-1 的后视读数栏。然后照准转点 ZD_1 上的水准尺，读取中丝读数 0.658 m，记入表 3-1 的前视读数栏，并计算出这两点间的高差。

在转点 ZD_1 处的水准尺不动，仅把尺面转向前进方向。在前进方向适当位置设转点 ZD_2 放置尺垫，把 A 点的水准尺移到 ZD_2 上，把Ⅰ点的水准仪向前转移到 ZD_1 和 ZD_2 相等的Ⅱ处。将仪器粗平后按在第Ⅰ站的步骤和方法读取后视读数和前视读数，并计算出高差。同理连续设站，直至测出最后一个转点到 B 之间的高差。

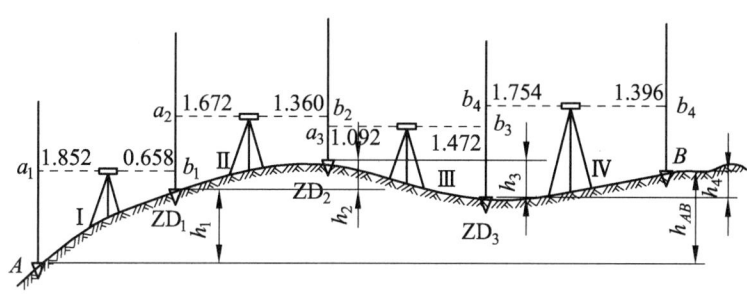

图 3-2　连续水准测量

表 3-1　水准测量记录表

测点	水准尺读数		高差		高程	备注
	后视	前视	+	-		
A	1.852				156.894	已知水准点
ZD_1	1.672	0.658	1.194		158.088	转点
ZD_2	1.092	1.360	0.312		158.400	转点
ZD_3	1.754	1.472		-0.380	158.020	转点
B		1.396	0.358		158.378	待定点
$\sum$	6.370	4.886	1.864	-0.380		
			+1.484			

二、水准测量的检核

水准测量的检核方法有计算检核、测站检核和水准路线检核三种。计算检核仅保证计算无误，测站检核通过双面尺法或改变仪器高度法检核一个测站上高差测量的正确与否，水准路线检核则是为了评定水准测量成果的精度。

1. 计算高差闭合差

闭合水准路线：$f_h = \sum h_{测} - (H_{终} - H_{起}) = \sum h_{测}$

附合水准路线：$f_h = \sum h_{测} - (H_{终} - H_{起})$

支水准路线：$f_h = \sum h_{往} + \sum h_{返}$

2. 高差闭合差的容许值

$$f_{h容} = \begin{cases} \pm 40\sqrt{L} \text{ mm}（平地，L为路线长度，以km计）\\ \pm 12\sqrt{n} \text{ mm}（山地，n为测站数）\end{cases}$$

三、高差闭合差的调整与高程的计算

当高差闭合差不超过容许值时，可把闭合差分配到各测段高差上，使调整后的高差总和与理论值相等。因水准测量的误差是随水准路线的长度或测站数的增加而增加的，所以分配的原则是把闭合差以相反的符号按各测段路线的长度或测站数成比例分配到各测段的高差上。改正数的计算为：

$$v_i = -\frac{f_h}{\sum L} \cdot L_i \quad \text{或} \quad v_i = -\frac{f_h}{\sum n} \cdot n_i$$

式中：L_i 和 n_i 分别为各测段路线之长（km）和测站数；$\sum L$ 和 $\sum n$ 分别为水准路线总长（km）和测站总数。

将各观测值与对应的改正数相加，得到各测段改正后高差，然后根据已知点的高程可计算出各测点的高程，如表 3-2 所示为某附合水准路线的闭合差检核、分配以及高程计算的实例。

表 3-2　水准测量成果计算

测　点	测站数	实测高差/m	改正数/m	改正高差/m	高　程/m
BM$_1$	4	+1.364	−0.008	+1.356	200.536
1	6	+0.375	−0.012	0.363	201.892
2	6	−0.469	−0.012	−0.481	202.255
BM$_2$					201.774
$\sum$	16	+1.270	−0.032	+1.238	
计算检核	\multicolumn{5}{l}{$f_h = \sum h - (H_2 - H_1) = +1.270 - (201.774 - 200.536) = +0.032$ m $f_h = \pm 12\sqrt{16} = \pm 48$ mm，合格！}				

■ 任务实施

一、实训内容

（1）根据已知高程的水准点 A 按闭合水准路线图根水准测量的要求依次观测 1、2、3 点。
（2）每人观测、记录、立尺等工作轮换至少 1 遍。
（3）完成观测结果的精度评定及高程计算。
（4）书写实训报告，每人交 1 份。

二、实训分组及设备（工具）准备

每 2~4 人 1 组，借领 DS$_3$ 水准仪 1 台、记录板 1 块、水准尺 1 对、尺垫 2 个；自备铅笔、卷笔刀、计算器等工具。

三、实训步骤

1. 选定水准路线

在指定的实训场地上，选定一个已知高程点 A 及不少于 3 个待测高程点，组成一条数百

米长的闭合水准路线。

2. 外业观测、记录

（1）在已知高程点 A 上立水准尺（后尺），在路线前进方向适当位置放上尺垫并立另一把水准尺（前尺），在离两尺大致等距处安置水准仪，粗略整平后先瞄准后尺读数，再瞄准前尺读数，分别记入记录表中相应栏内，计算出两点间的高差。

（2）确认无误后将后尺迁到下一个点立尺作为前尺，原前尺保持不动变为后尺，仪器搬迁到两尺中间位置进行第二站观测。采用同样的方法依次进行连续水准测量，直到最后回到已知点。

3. 内业成果计算

（1）复核计算各站的高差及后视读数总和、前视读数总和，并检核计算是否正确。

（2）将各测段高差、距离（测站数）整理到水准测量成果计算表中。

（3）计算高差闭合差及容许闭合差，评定观测成果的精度。

（4）按照高差闭合差的分配原则计算出改正数、改正后高差及待测点的高程。

4. 实训结束，整理仪器设备，完成实训报告

四、实训注意事项

（1）三脚架安置应稳妥，架设高度应适中，架头应大致水平，架腿制动螺旋应紧固。

（2）安放仪器时应将连接螺旋旋紧后才松手，防止仪器脱落。取完仪器应关箱。

（3）各螺旋的旋转应稳、轻、慢，禁止用蛮力，最好使用螺旋运行的中间位置。

（4）瞄准目标时必须注意消除误差，应习惯先用瞄准器寻找和瞄准。

（5）立尺时，应站在水准尺后，双手扶尺，以使尺身保持竖直。

（6）转点放尺垫，水准点上不能放尺垫。

（7）尽量使用中间水准测量，即保持前后视距基本相等。

（8）迁站时仪器可以不装箱，但必须采用竖立或斜抱于胸前等规范操作，不能扛着仪器跑。

（9）做到边观测、边记录、边计算，不转抄，记录应使用铅笔。

（10）避免骑腿观测，禁止用水准尺抬或敲打物体，禁止坐在水准尺及仪器箱上。

（11）发现仪器有异常问题应及时向指导教师汇报，不得自行处理。

五、实训记录及报告

（1）水准测量是利用水准仪提供的水平视线观测_____。

（2）高差闭合差分配的原则是_____。

（3）水准测量中什么情况下设置转点？设置转点有什么要求？转点的作用是什么？

（4）水准测量为什么每站都要求前后视距大致相等？

（5）记录表格（表 3-3、表 3-4）。

表 3-3　水准测量成果计算表

测　点	测站数	实测高差/m	改正数/m	改正高差/m	高　程/m
辅助计算					

表 3-4　水准测量记录表

日期：_____　天气：_____　仪器号：_____　观测：_____　记录：_____

测点	水准尺读数		高差		高程	备注
	后视	前视	+	−		

考核评价

实训任务 3 考核评价表见表 3-5。

表 3-5　考核评价表

班　组			任务名称			综合评分	
任务分工							
（1）对线路水准测量方法及成果处理等理论知识通过学习相应教程进行考核。 （2）水准仪的操作步骤、记录表的填写等实践操作，通过实操项目进行考核							
学生自评	实训任务完成情况						
^		评价项目	评价内容	评价标准			评价结果
^	技能目标	实训准备	设备及备品	仪器工具选择正确，自备品齐全			
^	^	^	人员组织	人员到位，分工明确			
^	^	实训方法	操作方法和步骤	置镜、整平、瞄准、读数正确			
^	^	^	操作标准及规范	高度适中，按程序规范操作			
^	^	实训质量	手簿记录	用规定的笔、记录表填写，保持原始记录，记录格式规范、完整，更改数据规范，按规定回报			
^	^	^	数据处理	外业计算、心算准确、快速，内业计算方法正确，数据准确			
^	^	^	成果精度	符合规定的精度			
^	素质目标	实训安全	安全操作	取放仪器规范，观测结束螺旋归位，观测中无骑腿、坐仪器箱等行为，操作符合测量仪器使用规程			
^	^	^	实训后现场整理	实训结束仪器复位，仪器室整洁			
^	（根据个人实际情况选择：A. 能够完成；B. 基本能完成；C. 不能完成）						
小组评价	团队合作___；学习效率___；获取信息能力___；交流沟通能力___；动手操作能力___（根据完成任务情况填写：A. 优秀；B. 良好；C. 合格；D. 有待改进）						
总结与反思							
教师评价							

实训任务 4　四等水准测量

📖 教学目标

1. 素质目标

（1）培养科学分析问题的能力。

（2）培养严谨务实的工作态度，保证测量数据的可靠性。

（3）培养规范作业、耐心细致的责任心和职业意识。

2. 知识目标

（1）熟练掌握 DS_3 水准仪的操作方法及步骤。

（2）掌握四等水准测量的外业观测、记录、计算方法及各项限差要求。

（3）掌握四等水准测量的内业成果计算方法。

3. 能力目标

（1）能够熟练操作 DS_3 水准仪，正确观测出点的三丝读数。

（2）能够规范完成四等水准测量的外业观测、记录及测站检核计算。

（3）能够正确进行四等水准测量的内业数据处理。

📦 任务引入

如图 4-1 所示，水准点 A 的已知高程为 H_A，若采用支水准路线往返观测的方法，按四等水准测量的技术要求测定 B 点的高程 H_B，如何观测、记录，评定精度并计算 B 点的高程？

图 4-1　支水准路线

📦 知识学习

一、四等水准测量的主要技术要求

四等水准测量

根据国家标准《工程测量标准》(GB 50026—2020)，四等水准测量的主要技术要求见表 4-1。四等水准测量的观测技术要求见表 4-2 及表 4-3。

四等水准双面尺法观测程序为后—后—前—前（黑—红—黑—红），即观测、记录顺序：

（1）照准后尺黑面读上、下、中三丝读数，填入表 4-4 中（1）（2）（3）栏；

（2）后尺翻转为红面读中丝读数，填入表 4-4 中（4）栏；

（3）照准前尺黑面读上、下、中三丝读数，填入表 4-4 中（5）（6）（7）栏；

（4）前尺翻转为红面读中丝读数，填入表 4-4 中（8）栏。

表 4-1 水准测量的主要技术要求

等级	每千米高差全中误差/mm	路线长度/km	水准仪级别	水准尺	观测次数		往返较差、闭合差	
					与已知点联测	附合或环线	平地/mm	山地/mm
四等	10	≤16	DS_3、DSZ_3	条码式玻璃钢、双面	往返各一次	往一次	$20\sqrt{L}$	$6\sqrt{n}$

注：表中 L 为水准路线长度（km），n 为测站数。

表 4-2 数字水准仪观测的主要技术要求

等级	水准仪级别	水准尺类别	视线长度/m	前后视的距离较差/m	前后视的距离较差累积/m	视线离地面最低高度/m	测站两次观测的高差较差/mm	数字水准仪重复测量次数
四等	DSZ_1	条码式因瓦尺	100	3.0	10.0	0.35	3.0	2
	DSZ_1	条码式玻璃钢尺	100	3.0	10.0	0.35	5.0	2

表 4-3 光学水准仪观测的主要技术要求

等级	水准仪级别	视线长度/m	前后视距差/m	前后视距差累积/m	视线离地面最低高度/m	基、辅分划或黑、红面读数较差/mm	基、辅分划或黑、红面所测高差较差/mm
四等	DS_3、DSZ_3	100	5.0	10.0	0.2	3.0	5.0

表 4-4 四等水准测量记录表

测站编号	点号	后尺 上丝 下丝 后视距离 视距差/m	前尺 上丝 下丝 前视距离 累积差/m	方向及尺号	标尺读数 黑面	标尺读数 红面	K+黑-红 /mm	平均高差/m	备注
		（1）	（5）	后视	（3）	（4）	（13）	（18）	
		（2）	（6）	前视	（7）	（8）	（14）		
		（9）	（10）	后-前	（15）	（16）	（17）		1#标尺的常数 K=4687，2#标尺的常数 K=4787
		（11）	（12）						
1	A|B	1587	0755	后视 K_2	1400	6187	0	0.832	
		1213	0379	前视 K_1	0567	5255	-1		
		37.4	37.6	后-前	+0833	+0932	+1		
		-0.2	-0.2						

二、四等水准测量的计算与检核

（一）测站计算与检核

1. 视距计算与检核

后视距离：（9）=100×[（1）-（2）]
前视距离：（10）=100×[（5）-（6）]

前后视距差：（11）=（9）-（10）
累积视距差：（12）=上站（12）+本站（11）

2. 常数 K 检核

（13）=（3）+K_i-（4）
（14）=（7）+K_j-（8）

K 为双面尺的黑红面分划零点差，即为 4.687 m 或 4.787 m。

3. 高差计算与检核

黑面高差：（15）=（3）-（7）
红面高差：（16）=（4）-（8）
高差之差：（17）=（15）-（16）±0.100
平均高差：（18）=[（15）+（16）±0.100]/2

(二) 四等水准测量的成果计算

四等水准测量的测站检核无误后应检核记录表每页末或每一测段的累积视距差、累积高差、测段闭合差等是否满足规范要求，如果在容许范围内，则测段高差取往、返测的平均值，线路的高差闭合差反号后按测段长度或测站数成正比例进行分配。

任务实施

一、实训内容

（1）根据已知高程的水准点 A 按支水准路线四等水准测量的要求往返观测 B 点。
（2）每人观测、记录、立尺等工作轮换至少 1 遍。
（3）完成观测结果的精度评定及高程计算。
（4）书写实训报告，每人交 1 份。

二、实训分组及设备（工具）准备

每 2~4 人 1 组，借领 DS_3 水准仪 1 台、记录板 1 块、双面尺 1 对、尺垫 2 个；自备铅笔、卷笔刀、计算器等工具。

三、实训步骤

1. 选定水准路线

在指定的实训场地上，选定一个已知高程点 A 及待测高程点 B，组成一条支水准路线。

2. 外业观测、记录

（1）在已知高程点上立水准尺（后尺），在路线前进方向适当位置放上尺垫并立另一把水准尺（前尺），在离两尺大致等距处安置水准仪，粗略整平后瞄准后尺读黑面上、下、中三丝读数，记入记录表的（1）（2）（3）栏，后尺翻转成红面读中丝读数，记入记录表的（4）栏；然后瞄准前尺读黑面上、下、中三丝读数，记入记录表的（5）（6）（7）栏，前尺翻转成红面

读中丝读数，记入记录表的（8）栏。

（2）计算本站的前、后视距及视距差、黑红面读数差、黑红面的高差及高差之差，确认各项计算值符合限差要求后将后尺迁到下一个点立尺作为前尺，原前尺保持不动变为后尺，仪器搬迁到两尺中间位置进行第二站观测。采用同样的方法依次连续测量至 B 点，再改变仪器高度返测回到已知点 A。

3. 内业成果计算

（1）复核计算各站的视距、视距差、高差及高差之差等计算是否正确。

（2）计算往、返测的高差较差及容许误差，评定观测成果的精度。

（3）计算 A、B 点间的平均高差及待测点 B 的高程。

4. 实训结束，整理仪器设备，完成实训报告

四、实训注意事项

（1）三脚架安置应稳妥，架设高度应适中，架头应大致水平，架腿制动螺旋应紧固。

（2）安放仪器时应将连接螺旋旋紧后才松手，防止仪器脱落。取完仪器应关箱。

（3）各螺旋的旋转应稳、轻、慢，禁止用蛮力，最好使用螺旋运行的中间位置。

（4）瞄准目标时必须注意消除误差，应习惯先用瞄准器寻找和瞄准。

（5）立尺时，应站在水准尺后，双手扶尺，以使尺身保持竖直。

（6）转点放尺垫，水准点上不能放尺垫。

（7）往、返测段站数不限，但必须是偶数站。

（8）迁站时仪器可以不装箱，但必须采用竖立或斜抱于胸前等规范操作，不能扛着仪器跑。

（9）做到边观测、边记录、边计算，不转抄，记录者必须回报读数。

（10）避免骑腿观测，禁止用水准尺抬或敲打物体，禁止坐在水准尺及仪器箱上。

（11）发现仪器有异常问题应及时向指导教师汇报，不得自行处理。

五、实训记录及报告

（1）三、四等水准网应与国家_____联测。

（2）三、四等水准路线一般沿道路布设，水准点间距以_____为宜，大桥、隧道口及其他大型建筑物两端应_____，特大型构造物每一端应埋设_____以上水准点。

（3）水准测量保持前后视距相等可以消减哪些误差？

（4）记录表格（表 4-5）。

表 4-5　四等水准测量记录表

日期：_____　天气：_____　仪器号：_____　观测：_____　记录：_____

测站编号	点号	后尺 上丝 / 下丝 / 后视距离 / 视距差/m	前尺 上丝 / 下丝 / 前视距离 / 累积差/m	方向及尺号	标尺读数 黑面	标尺读数 红面	$K+$黑$-$红 /mm	平均高差 /m	备注
		（1）	（5）	后视	（3）	（4）	（13）		
		（2）	（6）	前视	（7）	（8）	（14）	（18）	
		（9）	（10）	后-前	（15）	（16）	（17）		
		（11）	（12）						
									1#标尺的常数 $K=$
									2#标尺的常数 $K=$

考核评价

实训任务4考核评价表见表4-6。

表4-6　考核评价表

班　组			任务名称			综合评分	
任务分工							
（1）对四等水准测量方法及技术要求等理论知识通过学习相应教程进行考核。 （2）四等水准测量的操作步骤、记录表的填写等实践操作，通过实操项目进行考核							
学生自评	\multicolumn{6}{c|}{实训任务完成情况}		
学生自评	评价项目		评价内容	评价标准			评价结果
学生自评	技能目标	实训准备	设备及备品	仪器工具选择正确，自备品齐全			
学生自评	技能目标	实训准备	人员组织	人员到位，分工明确			
学生自评	技能目标	实训方法	操作方法和步骤	置镜、整平、瞄准、读数正确			
学生自评	技能目标	实训方法	操作标准及规范	高度适中，按程序规范操作			
学生自评	技能目标	实训质量	手簿记录	用规定的笔、记录表填写，保持原始记录，记录格式规范、完整，更改数据规范，按规定回报			
学生自评	技能目标	实训质量	数据处理	外业计算、心算准确、快速，内业计算方法正确，数据准确			
学生自评	技能目标	实训质量	成果精度	符合规定的精度			
学生自评	素质目标	实训安全	安全操作	取放仪器规范，观测结束螺旋归位，观测中无骑腿、坐仪器箱等行为，操作符合测量仪器使用规程			
学生自评	素质目标	实训安全	实训后现场整理	实训结束仪器复位，仪器室整洁			
学生自评	（根据个人实际情况选择：A. 能够完成；B. 基本能完成；C. 不能完成）						
小组评价	团队合作___；学习效率___；获取信息能力___；交流沟通能力___；动手操作能力___（根据完成任务情况填写：A. 优秀；B. 良好；C. 合格；D. 有待改进）						
总结与反思							
教师评价							

实训任务 5 经纬仪的认识与使用

教学目标

1. 素质目标

（1）培养科学分析问题的能力。
（2）培养严谨务实的工作态度，保证测量数据的可靠性。
（3）培养规范作业、耐心细致的责任心和职业意识。

2. 知识目标

（1）理解并掌握水平角测量的工作原理、经纬仪的组成及功能。
（2）掌握 DJ_6 经纬仪操作的基本步骤。
（3）理解并掌握经纬仪的读数及数据记录、计算方法。

3. 能力目标

（1）能够正确操作 DJ_6 经纬仪。
（2）能够正确读出 DJ_6、DJ_2 经纬仪的读数并正确填写记录表。
（3）能够正确计算两个目标方向间的水平角。

任务引入

如图 5-1 所示，如何在 O 点安置经纬仪观测出目标方向 OA 与 OB 之间的水平角？经纬仪有哪些组成部分？光学经纬仪的操作步骤有哪些？

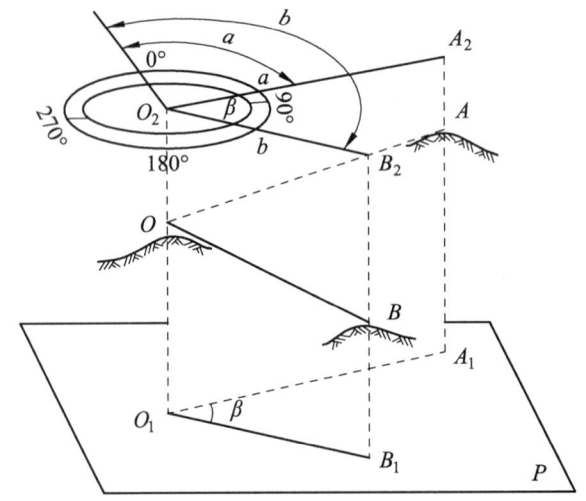

水平角测量原理

图 5-1 水平角测量原理

知识学习

一、水平角测量原理

如图 5-1 所示，A、O、B 为地面上高程不同的 3 个点，沿铅垂线方向投影到水平面 P 上，得到相应的 A_1、O_1、B_1 点，则水平投影线 O_1A_1 与 O_1B_1 构成的夹角 β，称为地面 OA 与 OB 两方向线间的水平角，其取值范围是 $0° \sim 360°$。

设想在 O 点铅垂线上任一处 O_2 点水平安置一个带有顺时针均匀刻划的水平度盘，通过左方向 OA 和右方向 OB 各作一竖直面与水平度盘平面相交，在度盘上截取相应的读数为 a 和 b（图 5-1），则水平角 β 为水平角度盘右方向读数 b 减去左方向读数 a，即：$\beta=b-a$。

二、经纬仪的构造

（一）光学经纬仪

经纬仪是测量角度的仪器，根据测角精度的不同，我国的经纬仪系列分为 DJ_{07}、DJ_1、DJ_2、DJ_6 等几个等级。D 和 J 分别是大地测量和经纬仪汉语拼音的首字母，角码数字是它的精度指标。最常用的光学经纬仪是 DJ_6 和 DJ_2。图 5-2 所示是 DJ_6 级光学经纬仪的外貌。

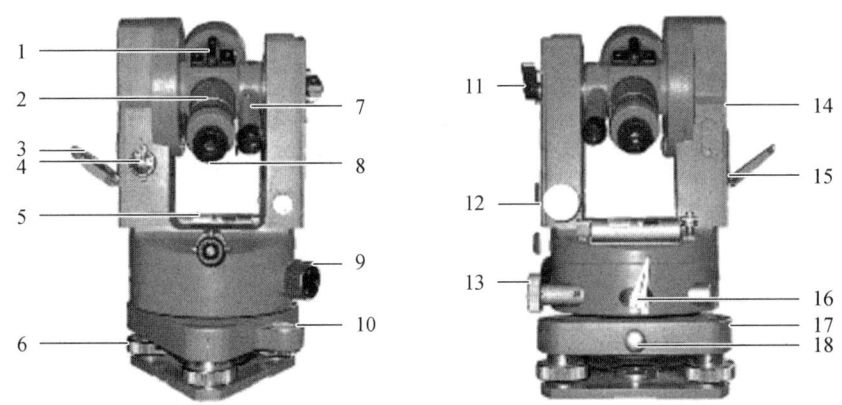

1—粗瞄准；2—望远镜调焦环；3—照明反光镜；4—护盖；5—照准部水准器；6—基座脚螺旋；7—读数显微目镜；8—望远镜目镜；9—配置度盘；10—圆水准器；11—望远镜制动手柄；12—望远镜微动螺旋；13—水平微动螺旋；14—左侧护盖；15—照明窗；16—水平制动手柄；17—底座；18—底座制动螺丝。

图 5-2　DJ_6 光学经纬仪

根据角度测量原理，经纬仪的构造必须具有以下一些装置：

1. 对中整平装置

该装置用于将度盘中心（即仪器中心）安置在所测角度顶点的铅垂线上，并使度盘处于水平位置。它包括三脚架、垂球或光学对中器、脚螺旋、圆水准器及管水准器。

三脚架的作用是支撑仪器。移动三脚架的架腿，可使仪器的中心粗略地位于角顶上，并使安装仪器的三脚架头平面粗略地水平。架腿一般可以伸缩，以便于携带；但也有不能伸缩的，其优点是较为稳定，故多用于精度较高的经纬仪。

垂球的作用是标志仪器是否对中，它悬挂于连接三脚架与仪器的中心连接螺旋上。当仪器整平，即仪器的竖轴铅垂时，它即与竖轴位于同一铅垂线上。当垂球尖对准地面上角顶的标志时，即表示竖轴的中心线及水平度盘的刻划中心与角顶在同一条铅垂线上。

光学对中器的作用也是标志仪器是否对中。其优点是不像垂球对中会受风力的影响，所以对中精度较垂球为高。当仪器整平后，从光学对中器的目镜看去，如果地面点与视场内的圆圈重合，则表示仪器已经对中。旋转目镜可对分划板调焦，推拉目镜可对地面目标调焦。

经纬仪的 3 个脚螺旋位于基座的下部，当旋转脚螺旋时，可使仪器的基座升降，从而将仪器整平。

水准器的作用是标志仪器是否已经整平。它一般有两个：一个是圆水准器，用来粗略整平仪器；另一个是管水准器，用来精确整平仪器。

2. 照准装置

经纬仪的照准装置又称照准部，它包括望远镜、横轴及其支架、竖轴和控制望远镜及照准部旋转的制动和微动螺旋。

望远镜的构造与水准仪的基本相同，不同之处在于望远镜调焦螺旋的构造和分划板的刻线方式。经纬仪的望远镜调焦螺旋不在望远镜的侧面，而在靠近目镜端的望远镜筒上。其分划板的刻划方式则如图 5-3 所示，以适应照准不同目标的需要。

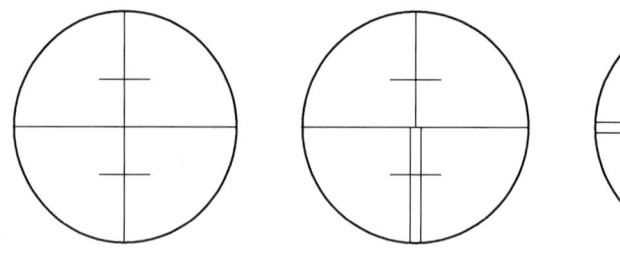

图 5-3　光学经纬仪的十字丝

横轴与望远镜固连在一起，并且水平安置在两个支架上，望远镜可绕其上下转动。在一端的支架上有一个制动螺旋，当旋紧时，望远镜不能转动。另有一个微动螺旋，在制动螺旋旋紧的条件下，转动它可使望远镜作上下微动，以便于精确地照准目标。

望远镜连同照准部可绕竖轴在水平方向旋转，以照准不在同一铅垂面上的目标。照准部也有一对制动和微动螺旋，以控制其固定或作微小转动。

经纬仪的竖轴位于基座轴套内，而度盘的旋转轴则套在基座轴套外，其目的是使照准部的旋转轴与度盘旋转轴分离，以避免两者互相带动。照准部与度盘的关系可分为两类：一类是照准部和度盘可以共同转动，也可以各自分别转动。这种仪器可以用复测法测水平角，因而称作复测经纬仪。它是利用一个复测扳手，使照准部与度盘可以脱开，也可以固连。当复测扳手扳下时，弹簧夹将度盘夹住，则旋转照准部时，度盘也一起转动，因而度盘读数不发生变化；当复测扳手扳上时，弹簧夹与度盘脱离，则旋转照准部时，度盘仍保持不动，从而使读数变化。另一类是照准部和度盘都可单独转动，但两者不能共同转动。这类仪器只能用方向法测角，因而称为方向经纬仪。精度在 DJ_2 级以上的经纬仪都是这种结构。

3. 读数装置

经纬仪的读数装置包括度盘、读数显微镜及测微器等。不同精度、不同厂家的产品其基本结构是相似的,但测微机构及读数方法则差异很大。现只介绍在我国应用最为普遍的几种。

光学经纬仪的水平度盘及竖直度盘皆由环状的平板玻璃制成,在圆周上刻有 360°分划,在每度的分划线上注以度数。在工程上常用的 DJ_6 级经纬仪一般为 1°或 30′一个分划,DJ_2 级仪器则将 1°的分划再分为 3 格,即 20′一个分划。

读数显微镜位于望远镜的目镜一侧。位于仪器侧面的反光镜将光线反射到仪器内部,通过一系列光学组件,使水平度盘、竖直度盘及测微器的分划都在读数显微镜内显示出来,从而可以读取读数。最常见的读数方法有分微尺法、单平板玻璃测微器法和对径符合读数法。

(1) 分微尺法。

分微尺法也称带尺显微镜法,多用于 DJ_6 级仪器。由于这种方法操作简单,不含隙动差,因此其应用较广,如国产的 TDJ_6、Leica T16 等都采用这种方法。

这种测微器是一个固定不动的分划尺,它有 60 个分划,度盘分划经过光路系统放大后,其 1°的间隔与分微尺的长度相等,即相当于把 1°又细分为 60 格,每格代表 1′,从读数显微镜中看到的影像如图 5-4 所示。图中 H 代表水平度盘,V 代表竖直度盘。从分微尺上可直接读到 1′,还可以估读到 0.1′。图 5-4 中的水平度盘读数为 215°03′18″,竖盘读数为 65°57′00″。

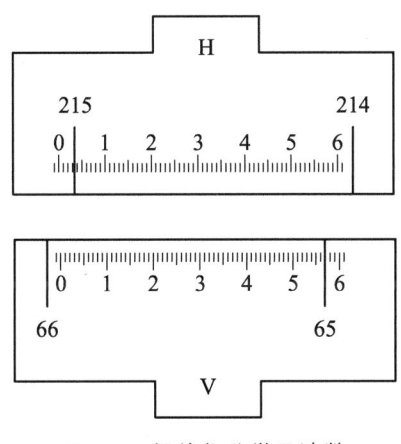

图 5-4　经纬仪分微尺读数

(2) 单平板玻璃测微器法。

这种测微方法也是用于 DJ_6 级经纬仪的。由于操作不便,且有隙动差,现已较少采用。在读数显微镜读数窗内,所看到的影像如图 5-5 所示。图内下面的读数窗为水平度盘的影像,中间为竖直度盘的影像,上面则为测微尺的影像。水平及竖直度盘不足 1°的微小读数,都利用测微尺的影像读取。读数时需转动测微手轮,使度盘刻划线的影像移动到读数窗中间双指标线的中央,并根据这条指标线读出度盘的读数。这时测微尺读数窗内中间单指标线所对的读数即为不足 1°的微小读数。将两者相加即为完整的读数。例如图 5-5 (b) 中的水平度盘读数为 42°45′36″。

(3) 对径符合读数法。

上述两种读数方法,都是利用位于直径一端的指标读数。如果度盘的刻划中心与照准部的旋转中心不相重合,它会使读数产生误差,称为偏心差。为了消除这个误差,一些精度较高(如 DJ_2 级以上)的仪器,都利用直径两端的指标读数,以取其平均值。这种仪器在构造上有两种:双平行玻璃板法和双光楔法。

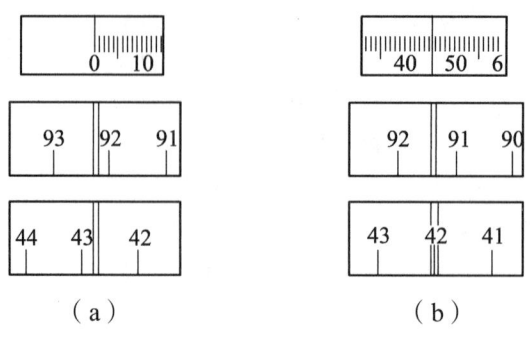

图 5-5 单平板玻璃测微器读数

在图 5-6（a）中，其对径两端的刻划线对齐后，相差 180°的 96°40′与 276°40′两条刻划线对齐。由于这两条线注字的像一为正像一为倒像，为了方便，通常按正像的数字读取度及 10′数。图中（a）的读数为 96°49′28.0″，（b）的读数为 295°57′36.4″。

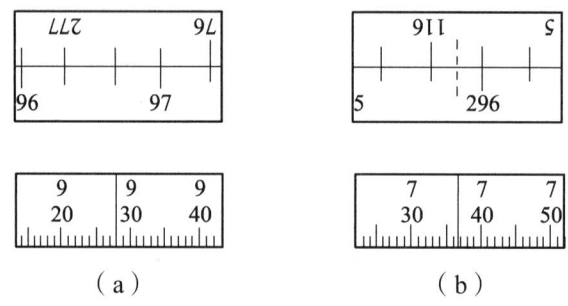

图 5-6 正倒注字读数

上面的读数方法，在读取 10′数时十分不便且易出错，所以新的仪器产品，都改为"光学数字读法"。如图 5-7 所示，中间小窗为度盘直径两端的影像，上面的小窗可读取度数及 10′数，下面小窗即为测微分划尺影像。当旋转测微手轮，使中间小窗的上下刻划线对齐后，可从上面小窗读出度数及 10′数，再从下面小窗的测微尺上读出不足 10′的分、秒数。图 5-7（a）的读数为 176°38′25.8″，图 5-7（b）应注意上面小窗的 0 相当于 60′，故读数应为 177°03′35.8″。

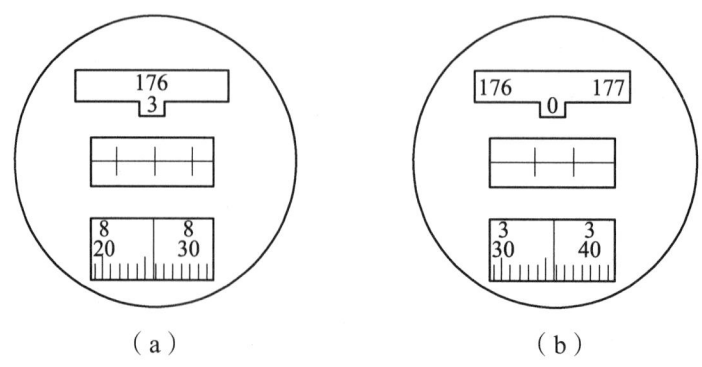

图 5-7 光学数字读数

（二）电子经纬仪

电子经纬仪是一种采用光电元件实现测角自动化、数字化的电子测角仪器，其基本结构与光学经纬仪大致相同，操作方法也基本相同。图 5-8 为南方测绘仪器公司生产的 ET-02 电子经纬仪。

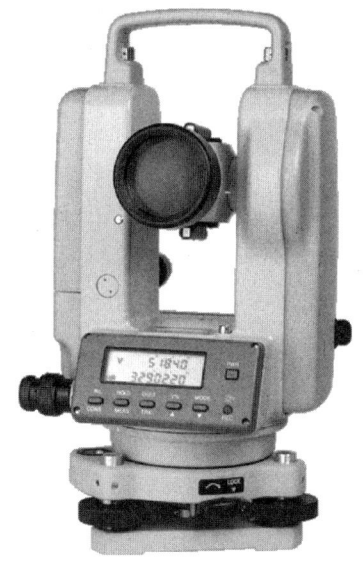

图 5-8　南方 ET-02 电子经纬

键盘具有一键双重功能，一般情况下仪器执行键上方所标示的第一（测角）功能，当按下 MODE 键后再按其余各键则执行按键下方所标示的第二（测距）功能。

R/L/CONS 键：R/L 显示右旋/左旋功能，连续按此键，两种角值交替显示；CONS 为专项特种功能模式键。

HOLD/MEAS 键：HOLD 为水平角锁定键，按此键两次，水平角锁定，再按一次则解除；MEAS 为测距键。

OSET/TRK 键：OSET 为水平角置零键，按此键两次，水平角置零；TRK 为跟踪测距键。

V% 键：V% 为竖直角和斜率百分比显示转换键，连续按键交替显示；在测距模式状态时，连续按此键则交替显示斜距、平距、高差。

MODE 键：MODE 为测角、测距模式转换键，连续按键，仪器交替进入一种模式，分别执行键上或下标示的功能。

☼/REC 键：☼ 为望远镜十字丝和显示屏照明键，按键一次开灯照明，再按则关（若不按键，10 s 后自动熄灭）；REC 为令电子手簿执行记录。

PWR 键：电源开关键，按键开机，长按键大于 2 s 则关机。

三、经纬仪的安置

在测量角度以前，首先要把经纬仪安置在有地面标志的测站（所测角度的顶点）上。安置工作包括对中、整平两项，具体步骤如下：

（1）打开三脚架，抽出架腿，并旋紧架腿的固定螺旋，然后将三个架腿安置在以测站为中心的等边三角形的角顶上；从仪器箱中取出仪器，用三脚架头上的

经纬仪的安置

连接螺旋,将仪器与三脚架固连在一起,使仪器中心大致对准地面测站点。

(2)通过旋转光学对中器的目镜调焦螺旋,使分划板对中圈清晰;通过推、拉光学对中器的镜管进行对光,使对中圈和地面测站点标志都清晰显示。

(3)移动脚架或在架头上平移仪器,使地面测站点标志位于对中圈内。

(4)逐一松开三脚架架腿制动螺旋并伸缩架腿(架脚点不得移位)使圆水准器气泡居中,粗略整平仪器。

(5)用脚螺旋使照准部水准管气泡居中,精确整平仪器。

转动照准部,使水准管平行于任意一对脚螺旋,同时对向旋转这两只脚螺旋(气泡移动的方向与左手大拇指行进方向一致),使水准管气泡居中;然后将照准部绕竖轴转动90°,再转动第三只脚螺旋,使气泡居中,如图5-9所示。如此反复进行,直到照准部转到任何方向,气泡在水准管内的偏移都不超过刻划线的一格为止。

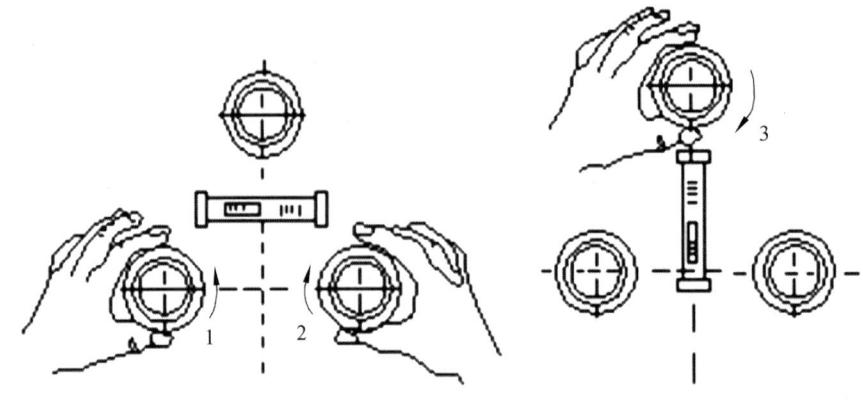

图 5-9 经纬仪精确整平

(6)检查对中器中地面测站点是否偏离分划板对中圈。若发生偏离,则松开底座下的连接螺旋,在架头上轻轻平移仪器,使地面测站点回到对中器分划板对中圈内。

(7)检查照准部水准管气泡是否居中。若气泡发生偏离,则需再次整平,即反复进行对中、整平,直至水准管气泡在任何方向均居中,测站点标志位于对中圈内。

任务实施

一、实训内容

(1)在 O 点安置经纬仪,用盘左、盘右观测 A、B 目标的水平度盘读数。

(2)每人对中、整平、观测、记录等工作轮换至少1遍。

(3)完成观测结果的计算及精度检验。

(4)书写实训报告,每人交1份。

二、实训分组及设备(工具)准备

每2~4人1组,借领 DJ_6 经纬仪1台、记录板1块、三脚架1个;自备铅笔、卷笔刀、计算器等工具。

三、实训步骤

1. 安置仪器

各小组在指定的测站点上架设仪器（从箱中取经纬仪时，应注意仪器的装箱位置，以便用后装箱）。在测站点上撑开三脚架，高度应适中，架头应大致水平；然后把经纬仪安放到三脚架的架头上。安放仪器时，一手扶住仪器，一手旋转位于架头底部的连接螺旋，使连接螺旋穿入经纬仪基座压板螺孔，并旋紧螺旋。

2. 认识仪器

对照实物正确说出仪器的组成部分、各螺旋的名称及作用。

3. 对中（光学对中器对中）与整平

按经纬仪安置的步骤完成精确对中及整平操作。

4. 瞄准

将望远镜对准天空（或远处明亮背景），转动望远镜的目镜调焦螺旋，使十字丝最清晰；然后用望远镜上的照门和准星瞄准远处一线状目标（如远处的避雷针、天线等），旋紧望远镜和照准部的制动螺旋，转动对光螺旋（物镜调焦螺旋），使目标影像清晰；再转动望远镜和照准部的微动螺旋，使目标被十字丝的纵向单丝平分，或被纵向双丝夹在中央。

5. 读数

瞄准目标后，调节反光镜的位置，使读数显微镜读数窗亮度适当，旋转显微镜的目镜调焦螺旋，使度盘及分微尺的刻划线清晰，读取落在分微尺上的度盘刻划线所示的度数，然后读出分微尺上 0 刻划线到这条度盘刻划线之间的分数，最后估读至 1′ 的 0.1 位。

6. 记录

用 H～3H 铅笔将观测的水平方向读数记录在表格中，并根据方向读数计算水平角。

四、实训注意事项

（1）仪器从箱中取出前，应记下它的放置位置，以免装箱时不能恢复到原位。

（2）将经纬仪由箱中取出并安放到三脚架上时，必须是一只手握住经纬仪的一个支架，另一只手托住基座底部，并立即旋紧中心连接螺旋，严防仪器从脚架上掉下摔坏。

（3）安置经纬仪时，应使三脚架架头大致水平，以便能较快地完成对中、整平操作。

（4）操作仪器时应用力均匀。转动照准部或望远镜时，要先松开制动螺旋，切不可强行转动仪器。旋紧制动螺旋时用力要适度，不宜过紧。微动螺旋、脚螺旋有一定调节范围，宜使用中间部分。

（5）在三脚架架头上移动经纬仪完成对中后，要立即旋紧中心连接螺旋。

（6）读数时应估读到 0.1′，即 6″，故读数的秒值部分应是 6″ 的整倍数。

五、实训记录及报告

（1）经纬仪由_____、_____、_____组成。

（2）视差对测角有何影响，如何消除它？

（3）经纬仪对中（光学）整平的操作步骤有哪些？

（4）记录表格（表5-1）。

表5-1　经纬仪认识水平度盘读数记录表

日期：_____　天气：_____　仪器号：_____　观测：_____　记录：_____

测站	目标	水平度盘读数/ (° ′ ″)	水平角/ (° ′ ″)	备注

考核评价

实训 5 考核评价表见表 5-2。

表 5-2　考核评价表

班组		任务名称			综合评分	
任务分工						
（1）对水平角测量原理及经纬仪的使用方法等理论知识通过学习相应教程进行考核。 （2）经纬仪的操作步骤、记录表的填写等实践操作，通过实操项目进行考核							
学生自评	实训任务完成情况					评价结果
^	评价项目		评价内容	评价标准		^
^	技能目标	实训准备	设备及备品	仪器工具选择正确，自备品齐全		
^	^	^	人员组织	人员到位，分工明确		
^	^	实训方法	操作方法和步骤	置镜、整平、瞄准、读数正确		
^	^	^	操作标准及规范	高度适中，按程序规范操作		
^	^	实训质量	手簿记录	用规定的笔、记录表填写，保持原始记录，记录格式规范、完整，更改数据规范，按规定回报		
^	^	^	数据处理	外业计算、心算准确、快速、内业计算方法正确，数据准确		
^	^	^	成果精度	符合规定的精度		
^	素质目标	实训安全	安全操作	取放仪器规范，观测结束螺旋归位，观测中无骑腿、坐仪器箱等行为，操作符合测量仪器使用规程		
^	^	^	实训后现场整理	实训结束仪器复位，仪器室整洁		
^	（根据个人实际情况选择：A. 能够完成；B. 基本能完成；C. 不能完成）					
小组评价	团队合作___；学习效率___；获取信息能力___；交流沟通能力___；动手操作能力___（根据完成任务情况填写：A. 优秀；B. 良好；C. 合格；D. 有待改进）					
总结与反思						
教师评价						

实训任务 6　测回法观测水平角

教学目标

1. 素质目标

（1）培养科学分析问题的能力。
（2）培养严谨务实的工作态度，保证测量数据的可靠性。
（3）培养规范作业、耐心细致的责任心和职业意识。

2. 知识目标

（1）理解并掌握测回法观测水平角的技术要求。
（2）掌握经纬仪测回法观测水平角的操作步骤。
（3）理解并掌握经纬仪的读数及测回法观测数据记录、计算方法。

3. 能力目标

（1）能够正确操作 DJ_6（DJ_2）经纬仪。
（2）能够正确按测回法的观测程序读数并填写记录表。
（3）能够正确计算两个目标方向间的水平角并评定精度。

任务引入

如图 6-1 所示，如何在 O 点安置经纬仪观测出目标方向 OA 与 OB 之间的水平角 β？测回法观测水平角有哪些技术要求？

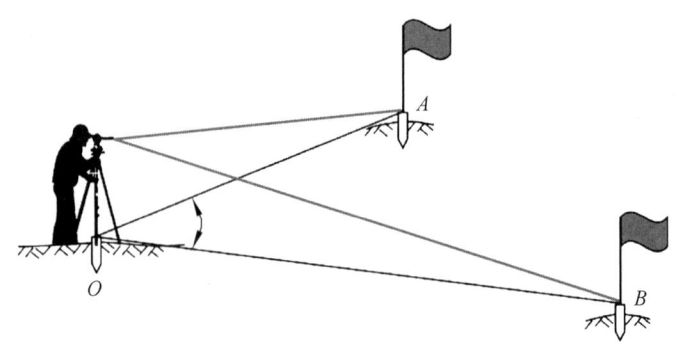

图 6-1　测回法观测水平角

知识学习

一、测回法观测的步骤

水平角的观测方法一般根据观测目标数量、测角精度的要求及仪器等级来确定。常用的水平角测量方法有测回法和方向法两种。测回法适用于观测两个方向之间的单角，方向法适用于观测两个以上的方向。

如图 6-1 所示,在 O 点安置经纬仪,完成对中、整平后,在 A、B 点竖立标杆、测钎或吊挂垂球等,作为观测标志。测回法观测的程序如下:

(一)盘左观测

(1)"盘左"即竖盘位于望远镜的左侧,也称正镜(上半测回)。先粗略瞄准 A 点,固定制动螺旋,使用微动螺旋使十字丝交点精确瞄准 A 点标志,注意消除视差,读取水平度盘读数 $a_{左}$,如 $0°01'06''$,记入表 6-1 内。

(2)松开制动螺旋,顺时针转动照准部及望远镜,粗略瞄准 B 点,固定制动螺旋,使用微动螺旋使十字丝交点精确瞄准 B 点标志,读取水平度盘读数 $b_{左}$,如 $91°38'18''$,记入表 6-1 内。计算出上半测回的角度值:$\beta_{左}=b_{左}-a_{左}$。

(二)盘右观测

"盘右"即竖盘位于望远镜的右侧,也称倒镜(下半测回),其观测程序与盘左相反。先瞄准 B 点标志,读取水平度盘读数 $b_{右}$,如 $271°39'36''$;再瞄准 A 点标志,读取水平度盘读数 $a_{右}$,如 $180°02'12''$,记入表 6-1 内。计算出下半测回角度值:$\beta_{右}=b_{右}-a_{右}$。

由于水平度盘是顺时针方向注记的,半测回角值必须是右目标读数减左目标读数,因此,计算 β 时,若 b 小于 a,则应先加上 $360°$ 再减去 a。

表 6-1　测回法观测水平角记录表

测站	盘位	目标	水平度盘读数 /(° ′ ″)	半测回角值 /(° ′ ″)	一测回角值 /(° ′ ″)	备注
O	左	A	0 01 06	91 37 12	91 37 18	
		B	91 38 18			
	右	A	180 02 12	91 37 24		
		B	271 39 36			

二、测回法的检核与计算

上下两个半测回所得角值之差,应满足有关测量规范规定的限差,对于 DJ_6 级经纬仪,限差一般为 $30''$ 或 $40''$,对于 DJ_2 级经纬仪,限差一般为 $12''$。如果超限,则必须重测;如果合格,则取上下半测回角值的平均值,作为一测回的角值,即 $\beta=(b_{左}+b_{右})/2$。本例 $\beta=91°37'18''$。

当测角精度要求较高时,往往需要观测几个测回,然后取各测回角值的平均值作为最后成果。为减小度盘分划误差的影响,各测回起始方向读数应变化 $180°/n$。

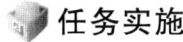
任务实施

一、实训内容

(1)在 O 点安置经纬仪,按测回法的观测要求观测 A、B 方向的水平角。
(2)每人对中、整平观测、记录等工作轮换至少 1 遍。

（3）完成观测结果的计算及精度评定。
（4）书写实训报告，每人交1份。

二、实训分组及设备（工具）准备

每 2~4 人 1 组，借领 DJ_6 经纬仪 1 台、记录板 1 块、三脚架 1 个；自备铅笔、卷笔刀、计算器等工具。

三、实训步骤

1. 安置仪器

各小组在指定的场地内，按组号选择 O 点作为测站点，安置经纬仪进行对中、整平。统一用两个简易支撑架悬挂线锤作为 A、B 目标，也可用楼顶的避雷针作为观测目标。

2. 观测、记录

使望远镜位于盘左位置，瞄准左侧目标 A，即瞄准 A 点垂线，用光学经纬仪的度盘变换手轮将水平度盘读数拨到 $0°$ 或略大于 $0°$ 的位置上，读数并做好记录。

按顺时针方向，转动望远镜瞄准右侧目标 B，读取水平度盘读数，记录并在观测记录表格中计算盘左（上半测回）水平角值。

将望远镜盘左位置换为盘右位置，先瞄准右侧目标 B，读取水平度盘读数并记录；按逆时针方向，转动望远镜瞄准左侧目标 A，读取水平度盘读数，记录并在观测记录表格中计算出盘右（下半测回）角值。

3. 计算与检核

计算上、下半测回角值互差，若互差≤40″，则满足要求，取平均值作为一测回角值。若对一个水平角测量 n 个测回，则在每测回盘左位置瞄准目标 A 时，都需要配置度盘，每个测回度盘读数需变化 $\dfrac{180°}{n}$（n 为测回数）。各测回所测角值互差若≤30″，则满足要求，取平均值求出各测回平均角值；否则需重测。

四、实训注意事项

（1）仪器从箱中取出前，应记下它的放置位置，以免装箱时不能恢复到原位。

（2）将经纬仪由箱中取出并安放到三脚架上时，必须是一只手握住经纬仪的一个支架，另一只手托住基座底部，并立即旋紧中心连接螺旋，严防仪器从脚架上掉下摔坏。

（3）安置经纬仪时，应使三脚架架头大致水平，以便能较快地完成对中、整平操作。

（4）操作仪器时应用力均匀。转动照准部或望远镜，要先松开制动螺旋，切不可强行转动仪器。旋紧制动螺旋时用力要适度，不宜过紧。微动螺旋、脚螺旋有一定调节范围，宜使用中间部分。

（5）在三脚架架头上移动经纬仪完成对中后，要立即旋紧中心连接螺旋。

（6）读数时应估读到 0.1′，即 6″，故读数的秒值部分应是 6″ 的整倍数。

（7）同一测回上、下半测回之间一般不允许重新整平，如照准部水准管气泡偏离中心大于一格，则重新整平后需要重测该测回。

（8）记录员听到观测员读数后应向观测员回报，经核实无误后方可记入手簿，以防听错而记错。

（9）同一测回观测时，切勿动度盘变换手轮。

五、实训记录及报告

（1）水平角测量为什么要用盘左、盘右两个位置观测？

（2）测回法的操作步骤及限差规定有哪些？

（3）记录表格（表6-2）。

表6-2 水平角测回法记录表

日期：_____ 天气：_____ 仪器号：_____ 观测：_____ 记录：_____

测站	目标	水平度盘读数 /（° ′ ″）	半测回角值 /（° ′ ″）	一测回角值 /（° ′ ″）	示意图

考核评价

实训任务 6 考核评价表见表 6-3。

表 6-3　考核评价表

班　组			任务名称		综合评分	
任务分工						
（1）对测回法观测水平角的技术要求等理论知识通过学习相应教程进行考核。 （2）经纬仪的操作步骤、记录表的填写等实践操作，通过实操项目进行考核						
学生自评	实训任务完成情况					
		评价项目	评价内容	评价标准		评价结果
	技能目标	实训准备	设备及备品	仪器工具选择正确，自备品齐全		
			人员组织	人员到位，分工明确		
		实训方法	操作方法和步骤	置镜、整平、瞄准、读数正确		
			操作标准及规范	高度适中，按程序规范操作		
		实训质量	手簿记录	用规定的笔、记录表填写，保持原始记录，记录格式规范、完整，更改数据规范，按规定回报		
			数据处理	外业计算、心算准确、快速，内业计算方法正确，数据准确		
			成果精度	符合规定的精度		
	素质目标	实训安全	安全操作	取放仪器规范，观测结束螺旋归位，观测中无骑腿、坐仪器箱等行为，操作符合测量仪器使用规程		
			实训后现场整理	实训结束仪器复位，仪器室整洁		
	（根据个人实际情况选择：A. 能够完成；B. 基本能完成；C. 不能完成）					
小组评价	团队合作＿＿＿；学习效率＿＿＿；获取信息能力＿＿＿；交流沟通能力＿＿＿；动手操作能力＿＿＿（根据完成任务情况填写：A. 优秀；B. 良好；C. 合格；D. 有待改进）					
总结与反思						
教师评价						

实训任务 7　全圆方向法观测水平角

📖 教学目标

1. 素质目标

（1）培养科学分析问题的能力。

（2）培养严谨务实的工作态度，保证测量数据的可靠性。

（3）培养规范作业、耐心细致的责任心和职业意识。

2. 知识目标

（1）理解并掌握方向法观测水平角的技术要求。

（2）掌握经纬仪全圆方向法观测水平角的操作步骤。

（3）理解并掌握经纬仪的读数及方向法观测数据记录、计算方法。

3. 能力目标

（1）能够正确操作 DJ_6（DJ_2）经纬仪。

（2）能够正确按方向法的观测程序读数并填写记录表。

（3）能够正确完成全圆方向法的各项计算并评定精度。

🧊 任务引入

如图 7-1 所示，如何在 O 点安置经纬仪观测出目标 A、B、C、D 之间的水平角？全圆方向法观测水平角有哪些技术要求？

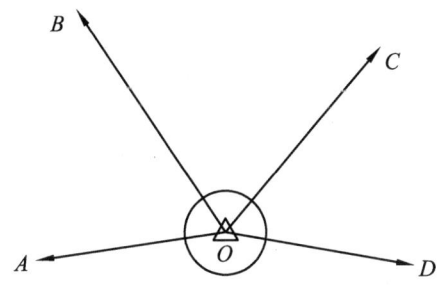

图 7-1　方向法观测水平角

🧊 知识学习

一、方向法观测的步骤

水平角的观测方法一般根据观测目标数量、测角精度的要求及仪器等级来确定。常用的水平角测量方法有测回法和方向法两种。测回法适用于观测两个方向之间的单角，方向法适用于观测两个以上的方向。

全圆方向法的观测

如图 7-2 所示，在 O 点安置经纬仪，完成对中、整平后，在 A、B、C、D 点竖立标杆、测钎或吊挂垂球等，作为观测标志。方向法观测的程序如下：

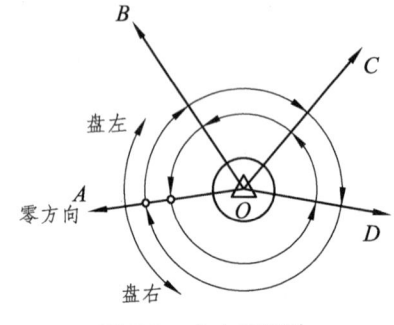

图 7-2 方向观测法

（一）盘左观测

（1）选取距离适中、目标清晰的方向作为起始方向（称为零方向，如图选取 A 方向作为零方向）。首先测盘左位置，水平度盘设置在 0°或略大一点的位置，瞄准零方向 OA，读取水平度盘读数 $a_左$，如 0°01′22″，记入表 7-2 的第 4 栏。

（2）松开照准部水平制动螺旋，按顺时针旋转照准部，依次瞄准 B、C、D 各目标方向，分别读取水平度盘读数。记入表 7-2 第 4 栏相应位置，为了检查观测过程中度盘位置有无变动，最后再观测零方向 A，称为上半测回归零，如水平度盘读数为 0°01′28″，半测回归零差为 6″，其限差要求见表 7-1。

（二）盘右观测

倒镜成盘右位置，先瞄准零方向 A，读取水平度盘读数，如为 180°01′30″，记入表 7-2 中第 5 栏底部的 A 中。接着旋转照准部，按逆时针方向依次瞄准 D、C、B 各目标方向，分别读取水平度盘读数，由下向上记入表 7-2 第 5 栏相应位置。同样最后再瞄准零方向 A，称为下半测回归零，如水平度盘读数为 180°01′26″，记入表 7-2 第 5 栏顶部的 A 中，半测回归零差为 4″，其限差仍不能超过规范要求。

表 7-1 水平角方向观测法的限差

仪器	半测回归零差/(″)	一测回内 $2c$ 互差/(″)	同一方向值各测回互差/(″)
DJ_2	12	18	12
DJ_6	18		24

表 7-2 方向法观测记录表

测站	测回数	目标	水平度盘读数		$2c$ /(″)	平均方向值 /(°′″)	归零方向值 /(°′″)	各测回平均方向值 /(°′″)
			盘左/(°′″)	盘右/(°′″)				
1	O	A	0 01 22	180 01 26	−4	(0 01 26) 0 01 24	0 00 00	0 00 00

续表

测站	测回数	目标	水平度盘读数		2c/(″)	平均方向值/(° ′ ″)	归零方向值/(° ′ ″)	各测回平均方向值/(° ′ ″)
1		B	60 16 30	240 16 36	-6	60 16 33	60 15 07	60 15 09
	O	C	131 49 33	311 49 40	-7	131 49 36	131 48 10	131 48 13
		D	192 21 45	12 21 49	-4	192 21 47	192 20 21	192 20 25
		A	0 01 28	180 01 30	-2	0 01 29		

二、方向法的检核与计算

（1）当 A 方向上、下半测回归零差均符合规范要求后，计算 $2c$ 值（两倍视准轴误差），即同一目标盘左读数减去盘右读数±180°，填入表 7-2 第 6 栏，$2c$ 互差应满足表 7-1 的限差要求，否则应重新测量。

（2）计算平均方向值，即各目标的盘左读数与盘右读数±180°的和除以 2，填入表 7-2 第 7 栏。

（3）将 A 方向的两个平均方向值再次取平均，填入表 7-2 第 7 栏顶部括号内，其他各方向平均值减去起始方向 A 的平均值（括号内），求出各目标归零后的水平方向值，则第一测回观测结束。

（4）如果需要进行多测回观测，各测回操作的方法、步骤相同，只是每测回盘左位置瞄准零方向 A 时，都需要配置度盘。每个测回度盘读数需变化 $180°/n$（n 为测回数）。

（5）各测回观测完成后，应对同一目标各测回的方向值进行比较，如果满足表 7-1 的限差要求，则取平均求出各测回方向值的平均值。

◆ 任务实施

一、实训内容

（1）在 O 点安置经纬仪，按方向法的观测程序及技术要求观测 A、B、C、D 方向的水平角。

（2）每人对中、整平观测、记录等工作轮换至少 1 遍。

（3）完成方向法观测结果的计算及精度检查。

（4）书写实训报告，每人交 1 份。

二、实训分组及设备（工具）准备

每 2～4 人 1 组，借领 DJ_6 经纬仪 1 台、记录板 1 块、三脚架 1 个；自备铅笔、卷笔刀、计算器等工具。

三、实训步骤

1. 安置仪器

各小组在指定的场地内，按组号选择 O 点作为测站点，安置经纬仪进行对中、整平。统一用 4 个简易支撑架悬挂线锤作为 A、B、C、D 目标，也可用楼顶的避雷针作为观测目标。

2. 观测、记录

使望远镜位于盘左位置，瞄准左侧目标 A，即瞄准 A 点垂线，用光学经纬仪的度盘变换手轮将水平度盘读数拨到 0°或略大于 0°的位置上，读数并做好记录。

按顺时针方向，转动望远镜依次瞄准目标 B、C、D，读取水平度盘读数，记入表 7-3 相应栏（从上往下记），并再次观测 A（归零），检查上半测回归零差是否合格。

将望远镜从盘左换为盘右位置，先瞄准左侧目标 A，读取水平度盘读数并记入表 7-3 底部的 A 栏；按逆时针方向，转动望远镜依次瞄准目标 D、C、B，读取水平度盘读数，记入表 7-3 相应栏（从下往上记），并再次观测 A（归零），检查下半测回归零差是否合格。

3. 计算与检核

半测回归零差符合要求后，先计算 $2c$ 并检查其互差是否满足要求，当 $2c$ 合格后再计算各目标平均方向值、归零后方向值以及各测回平均方向值。

四、实训注意事项

（1）仪器从箱中取出前，应记下它的放置位置，以免装箱时不能恢复到原位。

（2）将经纬仪由箱中取出并安放到三脚架上时，必须是一只手握住经纬仪的一个支架，另一只手托住基座底部，并立即旋紧中心连接螺旋，严防仪器从脚架上掉下摔坏。

（3）安置经纬仪时，应使三脚架架头大致水平，以便能较快地完成对中、整平操作。

（4）操作仪器时应用力均匀。转动照准部或望远镜时，要先松开制动螺旋，切不可强行转动仪器。旋紧制动螺旋时用力要适度，不宜过紧。微动螺旋、脚螺旋有一定调节范围，宜使用中间部分。

（5）在三脚架架头上移动经纬仪完成对中后，要立即旋紧中心连接螺旋。

（6）读数时应估读到 0.1′，即 6″，故读数的秒值部分应是 6″的整倍数。

（7）同一测回上、下半测回之间一般不允许重新整平，如照准部水准管气泡偏离中心大于一格，则重新整平后需要重测该测回。

（8）记录员听到观测员读数后应向观测员回报，经核实无误后方可记入手簿，以防听错而记错。

（9）同一测回观测时，切勿动度盘变换手轮。

（10）各测回间盘左零方向的水平度盘读数应变动 $180°/n$（n 为测回数）。

五、实训记录及报告

（1）水平角测量用盘左、盘右观测取平均值可以消减哪些误差？

（2）方向法的操作步骤及限差规定有哪些？

（3）记录表格（表 7-3）。

表 7-3　水平角方向法观测记录表

日期：_____　天气：_____　仪器号：_____　观测：_____　记录：_____

测站	测回数	目标	水平度盘读数		2c/(″)	平均方向值/(° ′ ″)	归零方向值/(° ′ ″)	各测回平均方向值/(° ′ ″)
			盘左/(° ′ ″)	盘右/(° ′ ″)				

考核评价

实训任务 7 考核评价表见表 7-4。

表 7-4 考核评价表

班 组			任务名称		综合评分	
任务分工						
（1）对方向法观测水平角的技术要求等理论知识通过学习相应教程进行考核。 （2）方向法观测的操作步骤、记录表的填写等实践操作，通过实操项目进行考核						
学生自评	实训任务完成情况					
	评价项目		评价内容	评价标准		评价结果
	技能目标	实训准备	设备及备品	仪器工具选择正确，自备品齐全		
			人员组织	人员到位，分工明确		
		实训方法	操作方法和步骤	置镜、整平、瞄准、读数正确		
			操作标准及规范	高度适中，按程序规范操作		
		实训质量	手簿记录	用规定的笔、记录表填写，保持原始记录，记录格式规范、完整，更改数据规范，按规定回报		
			数据处理	外业计算、心算准确、快速，内业计算方法正确，数据准确		
			成果精度	符合规定的精度		
	素质目标	实训安全	安全操作	取放仪器规范，观测结束螺旋归位，观测中无骑腿、坐仪器箱等行为，操作符合测量仪器使用规程		
			实训后现场整理	实训结束仪器复位，仪器室整洁		
	（根据个人实际情况选择：A. 能够完成；B. 基本能完成；C. 不能完成）					
小组评价	团队合作___；学习效率___；获取信息能力___；交流沟通能力___；动手操作能力___（根据完成任务情况填写：A. 优秀；B. 良好；C. 合格；D. 有待改进）					
总结与反思						
教师评价						

实训任务 8　竖直角测量

教学目标

1. 素质目标
（1）培养科学分析问题的能力。
（2）培养严谨务实的工作态度，保证测量数据的可靠性。
（3）培养规范作业、耐心细致的责任心和职业意识。

2. 知识目标
（1）理解并掌握测回法观测竖直角的技术要求。
（2）掌握经纬仪测回法观测竖直角的操作步骤。
（3）理解并掌握经纬仪的读数及竖直角观测、记录、计算方法。

3. 能力目标
（1）能够正确操作 DJ_6（DJ_2）经纬仪。
（2）能够正确按测回法的观测程序读数并填写记录表。
（3）能够正确完成竖直角的各项计算并评定精度。

任务引入

如图 8-1 所示，如何在 A 点安置经纬仪测出目标 P 的竖直角？测回法观测竖直角的步骤、记录、计算等技术要求有哪些？

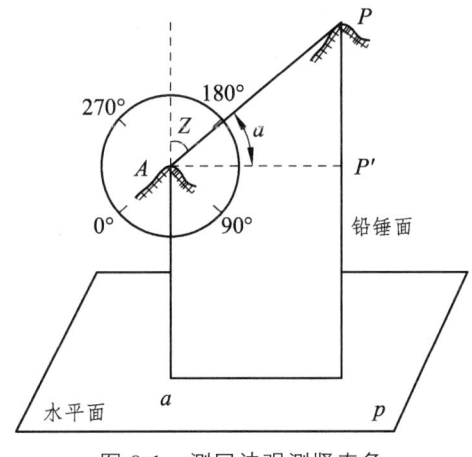

图 8-1　测回法观测竖直角

竖直角测量原理

知识学习

一、竖直角的概念

竖直角也称垂直角。如图 8-1 所示，在同一竖直面内倾斜视线 AP 与水平线 AP' 之间的夹角称为竖直角,通常用 α 表示。竖直角的取值范围是-90°~+90°:当视线位于水平线之上时为仰角,符号为正;当视线位于水平线之下时为俯角,符号为负。

二、竖盘的构造

为测竖直角而设置的竖直度盘(简称竖盘)固定安置于望远镜旋转轴(横轴)的一端,其刻划中心与横轴的旋转中心重合。所以在望远镜作竖直方向旋转时,度盘也随之转动。另外有一个固定的竖盘指标,根据竖直角的测量原理,竖直角 α 是视线读数与水平线的读数之差,而水平线的读数是固定值,所以当竖盘转动在不同位置时用读数指标读取视线读数,就可以计算出竖直角。

竖直度盘的刻划有全圆顺时针和全圆逆时针两种,如图 8-2 所示盘左位置,(a)图为全圆逆时针方向注字,(b)图为全圆顺时针方向注字。当视线水平时,指标线所指的盘左读数为90°,盘右为270°。对于竖盘指标的要求是,始终能够读出与竖盘刻划中心在同一铅垂线上的竖盘读数。为了满足这一个要求,它有两种构造形式:一种是借助于与指标固连的水准器的指示,使其处于正确位置;另一种是借助于自动补偿器,使其在仪器整平后,自动处于正确位置。

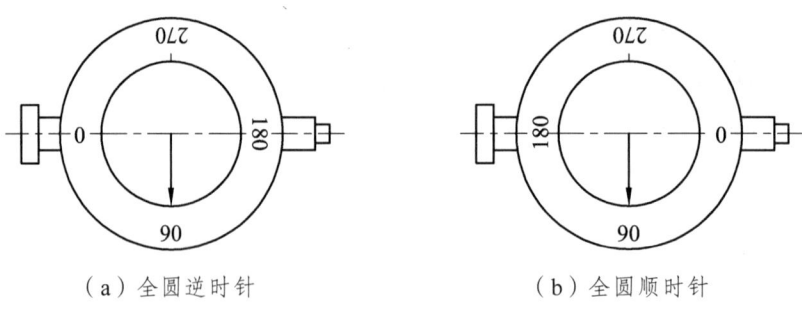

(a)全圆逆时针　　　　　(b)全圆顺时针

图 8-2　竖盘的注记形式

三、竖直角的观测与计算

(一)竖直角的观测

(1)安置仪器于测站点 O,对中、整平后,打开竖盘自动补偿装置;

(2)盘左位置瞄准 A 点,用十字丝横丝照准目标点或与目标点相切,读取竖直度盘的读数 L,如为 48°17′36″,记入表 8-1,这样就完成了上半个测回的观测。

表 8-1　竖直角观测记录表

测站	目标	盘位	竖盘读数	半测回竖直角	指标差	一测回竖直角
O	A	左	48°17′36″	41°42′24″	12″	41°42′36″
		右	311°42′48″	41°42′48″		
	B	左	98°28′40″	-8°28′40″	-13″	-8°28′53″
		右	261°30′54″	-8°29′06″		

(3) 将望远镜倒镜变成盘右，瞄准 A 点读取竖直度盘的读数 R，如为 311°42′48″，记入表 8-1，这样就完成了下半个测回的观测。

上下半测回合称为一个测回，根据需要可进行多个测回的观测。如果是带指标水准器的仪器，必须用指标微动螺旋使水准器气泡居中，然后读取竖盘读数。

（二）竖直角的计算

由于竖盘刻划的方式不同，竖直角的计算方法也不同。但现在已逐渐统一为全圆分度，顺时针或逆时针增加注字，且在视线水平时的竖盘读数为 90°或 270°。现以顺时针刻划方式的竖盘为例，说明竖直角的计算方法。如遇其他方式的刻划，可以根据同样的方法推导其计算公式。

如图 8-3 所示，当在盘左位置且视线水平时，竖盘的读数为 90°[图 8-3（a）]，如照准高处一点 A[图 8-3（b）]，则视线向上倾斜，得读数 L。按前述的规定，竖直角应为"+"值，所以盘左时的竖直角应为：$\alpha_{左}=90°-L$。

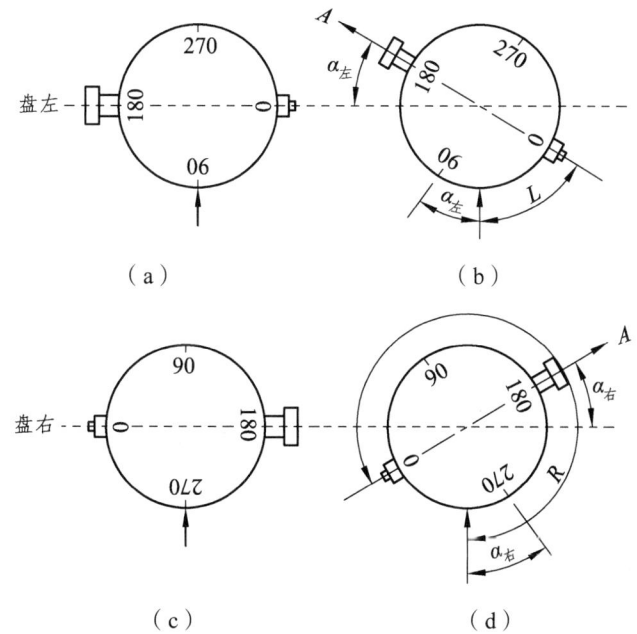

图 8-3 竖直角观测

当在盘右位置且视线水平时，竖盘读数为 270°[图 8-3（c）]，在照准高处的同一点 A 时[图 8-3（d）]，得读数 R，则竖直角应为：$\alpha_{右}=R-270°$。

取盘左、盘右的平均值，即为一个测回的竖直角值：

$$\alpha = \frac{\alpha_{左}+\alpha_{右}}{2} = \frac{R-L-180°}{2}$$

同理可推出全圆逆时针刻划注记的竖直角计算公式：

$\alpha_{左}=L-90°$，$\alpha_{右}=270°-R$

四、竖盘指标差

如果指标不位于过竖盘刻划中心的铅垂线上，则如图 8-4 所示，视线水平时的读数不是 90°或 270°，而相差 x，这样用一个盘位测得的竖直角值，即含有误差 x，这个误差称为竖盘指标差。指标偏移方向与注记形式一致会使竖盘读数增大，反之减小。

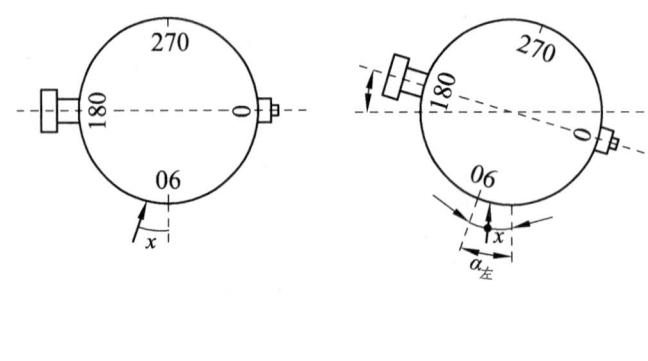

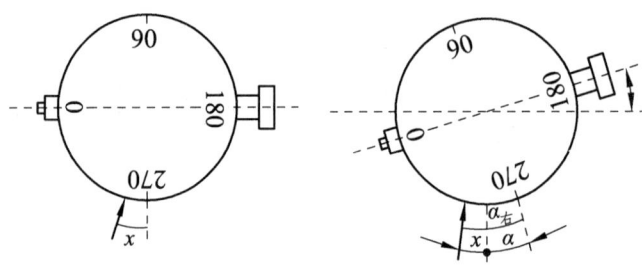

图 8-4　竖盘指标差

由图 8-4 得：$\alpha = \alpha_{左} + x$，$\alpha = \alpha_{右} - x$，则：

$$\alpha = \frac{\alpha_{右} + \alpha_{左}}{2} \qquad x = \frac{\alpha_{右} - \alpha_{左}}{2} = \frac{R + L - 360°}{2}$$

因此，取盘左、盘右观测结果的平均值，可消除指标差 x 的影响。

任务实施

一、实训内容

（1）在 O 点安置经纬仪，按测回法的观测程序及技术要求观测目标 A 及 B 的竖直角。
（2）每人对中、整平观测、记录等工作轮换至少 1 遍。
（3）完成竖直角观测数据的计算及指标差检查。
（4）书写实训报告，每人交 1 份。

二、实训分组及设备（工具）准备

每 2～4 人 1 组，借领 DJ_6 经纬仪 1 台、记录板 1 块、三脚架 1 个；自备铅笔、卷笔刀、计算器等工具。

三、实训步骤

1. 安置仪器

各小组在指定的场地内，按组号选择 O 点作为测站点，安置经纬仪进行对中、整平。统一指定一个高目标 A 及低目标 B。

2. 观测、记录

使望远镜位于盘左位置，瞄准目标 A，打开补偿器按钮，读取竖盘读数并记入记录表。

松开制动螺旋，将望远镜从盘左换为盘右位置，瞄准目标 A，读取竖盘读数并记入记录表；同法观测 B 目标，读数记入记录表。

3. 计算与检核

按竖直角计算公式计算出半测回竖直角、平均竖直角及竖盘指标差。

四、实训注意事项

（1）仪器从箱中取出前，应记下它的放置位置，以免装箱时不能恢复到原位。

（2）将经纬仪由箱中取出并安放到三脚架上时，必须是一只手握住经纬仪的一个支架，另一只手托住基座底部，并立即旋紧中心连接螺旋，严防仪器从脚架上掉下摔坏。

（3）安置经纬仪时，应使三脚架架头大致水平，以便能较快地完成对中、整平操作。

（4）操作仪器时应用力均匀。转动照准部或望远镜时，要先松开制动螺旋，切不可强行转动仪器。旋紧制动螺旋时用力要适度，不宜过紧。微动螺旋、脚螺旋有一定调节范围，宜使用中间部分。

（5）在三脚架架头上移动经纬仪完成对中后，要立即旋紧中心连接螺旋。

（6）读数时应估读到 0.1′，即 6″，故读数的秒值部分应是 6″ 的整倍数。

（7）同一测回上、下半测回之间一般不允许重新整平，如照准部水准管气泡偏离中心大于一格，则重新整平后需要重测该测回。

（8）记录员听到观测员读数后应向观测员回报，经核实无误后方可记入手簿，以防听错而记错。

（9）仪器整平后要注意打开补偿器，同时弄清竖盘注记形式及计算竖直角的公式。

五、实训记录及报告

（1）什么是竖盘指标差？如何消除竖盘指标差？

（2）测回法观测竖直角的操作步骤有哪些？

（3）记录表格（表 8-2）

表 8-2　竖直角观测记录表

日期：_____　天气：_____　仪器号：_____　观测：_____　记录：_____

测点	目标	竖盘位置	竖盘读数 /(° ′ ″)	半测回竖直角 /(° ′ ″)	指标差 /(″)	一测回竖直角 /(° ′ ″)
		左				
		右				
		左				
		右				
		左				
		右				
		左				
		右				
		左				
		右				
		左				
		右				
		左				
		右				

考核评价

实训任务 8 考核评价表见表 8-3。

表 8-3　考核评价表

班　组			任务名称		综合评分	
任务分工						
（1）对测回法观测竖直角的技术要求等理论知识通过学习相应教程进行考核。 （2）竖直角观测的操作步骤、记录表的填写等实践操作，通过实操项目进行考核						
学生自评	实训任务完成情况					
	评价项目		评价内容	评价标准		评价结果
	技能目标	实训准备	设备及备品	仪器工具选择正确，自备品齐全		
			人员组织	人员到位，分工明确		
		实训方法	操作方法和步骤	置镜、整平、瞄准、读数正确		
			操作标准及规范	高度适中，按程序规范操作		
		实训质量	手簿记录	用规定的笔、记录表填写，保持原始记录，记录格式规范、完整，更改数据规范，按规定回报		
			数据处理	外业计算、心算准确、快速，内业计算方法正确，数据准确		
			成果精度	符合规定的精度		
	素质目标	实训安全	安全操作	取放仪器规范，观测结束螺旋归位，观测中无骑腿、坐仪器箱等行为，操作符合测量仪器使用规程		
			实训后现场整理	实训结束仪器复位，仪器室整洁		
	（根据个人实际情况选择：A. 能够完成；B. 基本能完成；C. 不能完成）					
小组评价	团队合作＿＿；学习效率＿＿；获取信息能力＿＿；交流沟通能力＿＿；动手操作能力＿＿（根据完成任务情况填写：A. 优秀；B. 良好；C. 合格；D. 有待改进）					
总结与反思						
教师评价						

实训任务 9　经纬仪的检验

教学目标

1. 素质目标
（1）培养科学分析问题的能力。
（2）培养严谨务实的工作态度，保证测量数据的可靠性。
（3）培养规范作业、耐心细致的责任心和职业意识。

2. 知识目标
（1）理解并掌握经纬仪各项目检验与校正的方法。
（2）掌握经纬仪检验的操作步骤。
（3）理解并掌握经纬仪检验的数据记录、计算方法。

3. 能力目标
（1）能够正确操作 DJ_6（DJ_2）经纬仪。
（2）能够正确按检验项目的步骤进行检验并填写记录表。
（3）能够正确评定经纬仪检验后的轴线关系。

任务引入

在经纬仪使用过程中，仪器状态会发生变化，因而仪器的使用者应经常利用室外方法进行检验和校正，以使仪器经常处于理想状态。如图 9-1 所示，经纬仪的轴线应满足的几何条件主要有哪些？如何检验经纬仪主要轴线之间的关系是否满足？

知识学习

一、经纬仪应满足的几何条件

从测角原理可知，经纬仪应满足以下主要几何条件：
（1）照准部的水准管轴应垂直于竖轴（$LL \perp VV$）。
（2）圆水准器轴应平行于竖轴（$L'L' // VV$）。
（3）十字丝竖丝应垂直于横轴（竖丝$\perp HH$）。
（4）视线应垂直于横轴（$CC \perp HH$）。
（5）横轴应垂直于竖轴（$HH \perp VV$）。
（6）光学对中器的视线应与竖轴的旋转中心线重合。

二、经纬仪的检验与校正

经纬仪检验的目的，就是检查上述的各种关系是否满足。如果不能满足，且偏差超过允许的范围时，则需进行校正。检验和校正应按一定的顺序进行。

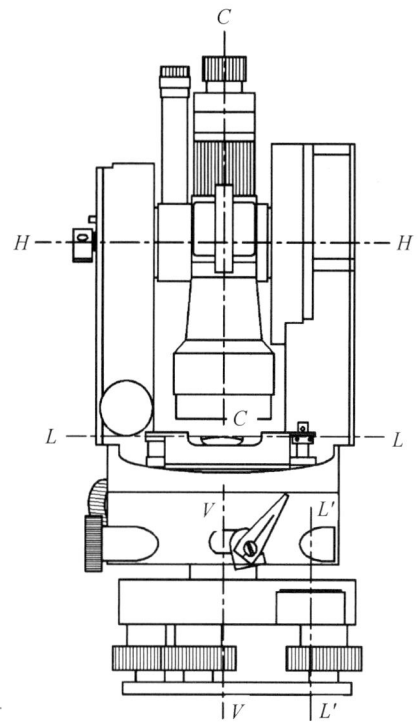

图 9-1 经纬仪的轴线关系

(一)照准部的水准管轴垂直于竖轴

检验:先将仪器粗略整平后,使水准管平行于一对脚螺旋,并用这一对脚螺旋使水准管气泡居中,如图 9-2(a)所示;然后将照准部平转 180°,看气泡是否居中,如图 9-2(b)所示。

校正:校正时用脚螺旋使气泡退回原偏移量的一半,则竖轴便处于铅垂位置,如图 9-2(c)所示。再用校正装置升高或降低水准管的一端,使气泡居中,则条件满足,如图 9-2(d)所示。水准管校正装置的构造如图 9-3 所示。

(二)圆水准器轴平行于竖轴

检验:利用已校好的照准部水准管将仪器整平,这时竖轴已居铅垂位置。如果圆水准器的理想关系满足,则气泡应该居中。否则需要校正。

校正:在圆水准器盒的底部有 3 个校正螺丝,根据气泡偏移的方向,将其旋进或旋出,直至气泡居中则条件满足。校正好后,应将 3 个螺丝旋紧,使其紧固。

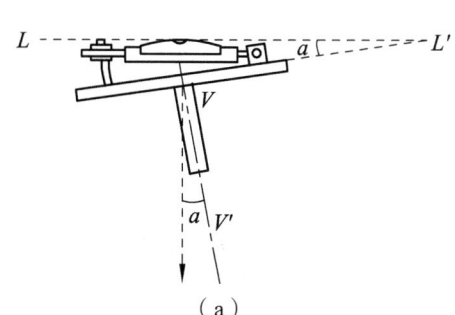

(a)

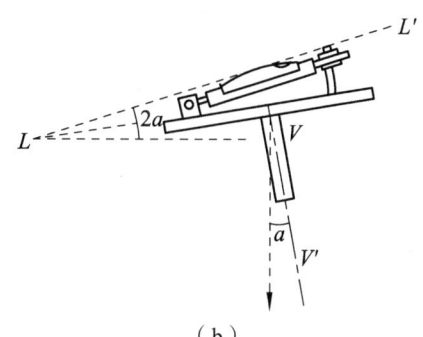

(b)

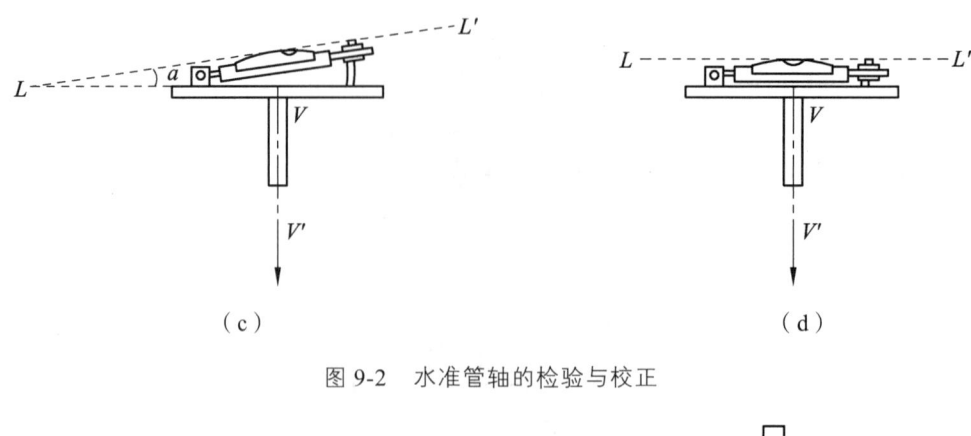

图 9-2 水准管轴的检验与校正

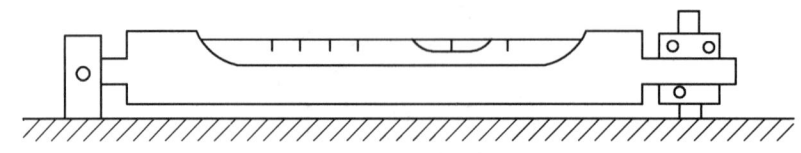

图 9-3 水准管校正装置

（三）十字丝竖丝垂直于横轴

检验：以十字丝竖丝的一端照准一个小而清晰的目标点，再用望远镜的微动螺旋使目标点移动到竖丝的另一端，如果目标点到另一端时仍位于竖丝上，则几何条件满足[图 9-4（a）]。否则，需要校正[图 9-4（b）]。

校正：将目镜前的护罩打开，可看到 4 个固定十字丝分划板的螺旋，如图 9-4（c）所示。稍微拧松这 4 个螺旋，则可转动分划板。待转动至满足轴线关系后，再旋紧固定螺旋，并将护罩上好。

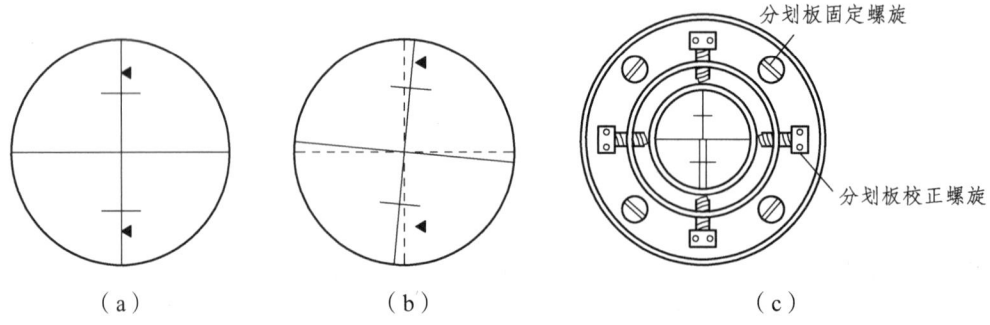

图 9-4 十字丝的检验与校正

（四）视线垂直于横轴

经纬仪视准轴的检验

检验：在平坦地面设相距约 100 m 的 A、B 两点，将仪器架设于中间 O 处，并将其整平，如图 9-5 所示，在 A 点设一照准目标，在 B 点横放一把有毫米分划的标尺，尺面与 OB 垂直，且与仪器大致同高。先用盘左位置瞄准 A 目标，固定照准部后倒转望远镜，在 B 的标尺上读数 B_1；再以盘右位置瞄准 A 目标，固定照准部后倒转望远镜，在 B 的标尺上读数 B_2。若 B_1、B_2 相同，说明视准轴垂直于横轴,否则存在视准轴误差 c。

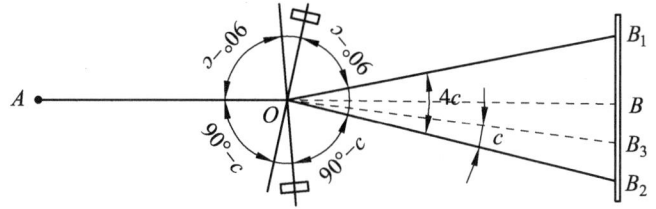

图 9-5　经纬仪视准轴的检验

校正:由图 9-5 可以看出,如果视线与横轴不相垂直,而有一偏差角 c,则 $\angle B_1OB_2=4c$。将 B_1B_2 距离分为 4 等份,取靠近 B_2 点的等分点 B_3,则可近似地认为 $\angle B_3OB_2=c$。在照准部不动的条件下,将视线从 OB_2 校正到 OB_3,则几何条件得到满足。

由于视线是物镜光心和十字丝交点的连线,所以校正的部位仍为十字丝分划板。在图 9-4 中,校正分划板左右两个校正螺旋,则可使视线左右摆动。旋转校正螺旋时,可先松一个,再紧另一个。待校正至正确位置后,应将两个螺旋旋紧,以防松动。

(五)横轴垂直于竖轴

检验:将仪器架设在一栋高的建筑物附近。仪器整平以后,盘左先照准高点 P(视线倾斜约 30°),再投影至仪器高度得 A 点;盘右先照准同一点 P,再投影至仪器高度得 B 点;如果 AB 不重合,则需校正,如图 9-6 所示。

校正:标明 A、B 的中点 M,照准 M 点,抬高望远镜至 P 附近,则视线必然偏离 P 点,在保持仪器不动的条件下,校正横轴的一端,使视线落在 P 上,则完成校正工作。

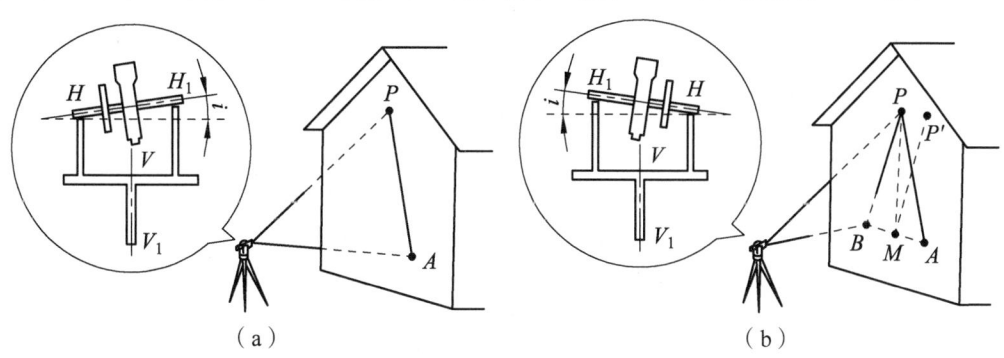

图 9-6　经纬仪横轴的检验

(六)光学对中器的视线与竖轴旋转中心线重合

检验:如果这个条件满足,光学对中器的望远镜绕仪器竖轴旋转时,视线在地面上照准的位置不变;否则,视线在地面上照准的轨迹为一个圆圈。

对于安装在照准部上的光学对中器,将仪器架好后,在地面上铺以白纸,在纸上标出视线的位置,然后将照准部平转 180°,如果视线仍在原来的位置,则条件满足;否则,需要校正。

校正:由于检验时所得前后两点之差是由 2 倍误差造成的,因而在标出两点的中间位置后,校正有关的螺旋,使视线落在中间点上即可。对中器分划板的校正与望远镜分划板的校正方法相同。

（七）竖盘指标差

检验：竖盘指标差的检验方法，是用盘左、盘右照准同一目标，并读得其读数 L 和 R 后，按公式 $(L+R-360°)/2$ 计算其指标差值 x。

校正：保持盘右照准原来的目标不变，这时的正确读数应为 $R-x$。用指标水准管微动螺旋将竖盘读数安置在 $R-x$ 的位置上，这时水准管气泡必不再居中，调节指标水准管校正螺旋，使气泡居中即可。对于带补偿装置的竖盘，打开补偿器的校正护盖，拨动校正螺丝，使读数为正确读数即可。

上述的每一项校正，一般都需反复进行几次，直至其误差在容许的范围以内。

任务实施

一、实训内容

（1）在指定地点安置经纬仪，按顺序检验水准管轴、视准轴、横轴、竖盘指标差等项目。
（2）每人对中、整平观测、记录等工作轮换至少 1 遍。
（3）完成各项检验观测数据的记录、计算。
（4）书写实训报告，每人交 1 份。

二、实训分组及设备（工具）准备

每 2~4 人 1 组，借领 DJ_6 经纬仪 1 台、记录板 1 块、三脚架 1 个；自备铅笔、卷笔刀、计算器等工具。

三、实训步骤

（1）安置仪器。各小组在指定的场地内，按组号选择 O 点作为测站点，安置经纬仪进行对中、整平。
（2）检验经纬仪水准管轴是否垂直于竖轴，将气泡偏移量记入记录表。
（3）检验经纬仪的十字丝竖丝是否垂直于横轴，将竖丝偏移量记入记录表。
（4）检验视准轴是否垂直于横轴，将盘左、盘右两次倒镜读数 B_1、B_2 记入记录表；第二次换 A 目标或将 B 处标尺移动位置后用同法观测，比较两次检验的 B_1B_2 之差，评定检验结果是否正确。
（5）检验横轴是否垂直于竖轴，选一竖直角约 30° 的目标 P，在 P 下放一标尺与视线垂直且同高，盘左瞄准 P，固定照准部，将视线放至水平读取标尺读数 P_1 并记入记录表；盘右采用同法观测，读取读数 P_2 记入记录表。第二次换 P 目标进行观测，比较两次检验的 P_1P_2 之差，评定检验结果是否正确。
（6）检验竖盘指标差，按竖直角的程序观测 P 目标的竖盘读数，应用公式计算竖盘指标差。

四、实训注意事项

（1）仪器从箱中取出前，应记下它的放置位置，以免装箱时不能恢复到原位。
（2）将经纬仪由箱中取出并安放到三脚架上时，必须是一只手握住经纬仪的一个支架，另一只手托住基座底部,并立即旋紧中心连接螺旋,严防仪器从脚架上掉下摔坏。

(3)安置经纬仪时,应使三脚架架头大致水平,以便能较快地完成对中、整平操作。

(4)操作仪器时应用力均匀。转动照准部或望远镜时,要先松开制动螺旋,切不可强行转动仪器。旋紧制动螺旋时用力要适度,不宜过紧。微动螺旋、脚螺旋有一定调节范围,宜使用中间部分。

(5)视准轴检验中倒镜读 B 处标尺读数时,盘左、盘右变换过程中标尺应保持不动,且与视线垂直、同高。

(6)横轴检验中视线水平读 P 下的标尺读数时,盘左、盘右变换过程中标尺应保持不动,且与视线垂直、同高。

(7)同一测回上、下半测回之间一般不允许重新整平,如照准部水准管气泡偏离中心大于一格,则重新整平后需要重测该测回。

(8)记录员听到观测员读数后应向观测员回报,经核实无误后方可记入手簿,以防听错而记错。

(9)检验竖盘指标差时,仪器整平后要注意打开补偿器,同时弄清指标差的计算公式。

五、实训记录及报告

(1)经纬仪的主要轴线应满足哪些几何条件?

(2)四分之一法如何检验视准轴垂直于横轴?

(3)记录表格(表9-1)。

表9-1 经纬仪的检验记录表

日期:_____ 天气:_____ 仪器号:_____ 观测:_____ 记录:_____

(1)一般检查。

三脚架是否牢固		望远镜制动螺旋是否有效	
脚螺旋是否有效		望远镜微动螺旋是否有效	
照准部转动是否灵活		望远镜成像是否清晰	
照准部制动螺旋是否有效		水平度盘变换手轮是否有效	
照准部微动螺旋是否有效		粗瞄准器方向是否正确	

(2)水准管轴垂直于竖轴的检验。

检验次第	1	2	3	平均	校正意见
气泡偏离格数					

（3）十字丝竖丝的检验。

检验次第	1	2	3	平均	校正意见
目标偏离纵丝最大距离/mm					

（4）视准轴误差的检验（1/4法）。

检验次第	1	2	3	平均	$2c$	校正意见
MN 的长/mm					$2c = \dfrac{1}{2} \cdot \dfrac{MN}{OB}\rho$ =	
OB 的距离/m						
检验略图						

（5）横轴误差的检验。

检验次第	1	2	3	平均	i	检验略图
m_1m_2 的长/mm					$i = \dfrac{1}{2} \cdot \dfrac{m_1m_2}{Pm}\rho$ =	
Pm 的距离/m						
校正意见						

（6）光学对中器的检验。

检验次第	1	2	3	平均	校正意见
旋转180°后的偏距/mm					
改变仪器高旋转180°后的偏距/mm					

（7）竖盘指标差的检验。

照准点号	盘左读数 L/(°′″)	盘右读数 R/(°′″)	$x = \dfrac{L+R-360°}{2}$	$R' = R - x$
校正意见				

检验结论：

考核评价

实训任务 9 考核评价单见表 9-2。

表 9-2　考核评价表

班　组		任务名称		综合评分	
任务分工					

（1）对经纬仪主要轴线关系检验的技术要求等理论知识通过学习相应教程进行考核。
（2）经纬仪水准管轴、视准轴、横轴等项检验步骤、记录表的填写，通过实操项目进行考核

		实训任务完成情况		
	评价项目	评价内容	评价标准	评价结果
学生自评	技能目标 - 实训准备	设备及备品	仪器工具选择正确，自备品齐全	
		人员组织	人员到位，分工明确	
	技能目标 - 实训方法	操作方法和步骤	置镜、整平、瞄准、读数正确	
		操作标准及规范	高度适中，按程序规范操作	
	技能目标 - 实训质量	手簿记录	用规定的笔、记录表填写，保持原始记录，记录格式规范、完整，更改数据规范，按规定回报	
		数据处理	外业计算、心算准确、快速，内业计算方法正确，数据准确	
		成果精度	符合规定的精度	
	素质目标 - 实训安全	安全操作	取放仪器规范，观测结束螺旋归位，观测中无骑腿、坐仪器箱等行为，操作符合测量仪器使用规程	
		实训后现场整理	实训结束仪器复位，仪器室整洁	
	（根据个人实际情况选择：A. 能够完成；B. 基本能完成；C. 不能完成）			
小组评价	团队合作＿＿；学习效率＿＿；获取信息能力＿＿；交流沟通能力＿＿；动手操作能力＿＿（根据完成任务情况填写：A. 优秀；B. 良好；C. 合格；D. 有待改进）			
总结与反思				
教师评价				

实训任务 10　全站仪的认识与使用

📖 教学目标

1. 素质目标

（1）培养科学分析问题的能力。
（2）培养严谨务实的工作态度，保证测量数据的可靠性。
（3）培养规范作业、耐心细致的责任心和职业意识。

2. 知识目标

（1）认识全站仪的操作界面、显示符号的含义、按键名称及其功能等。
（2）掌握全站仪的基本使用方法。
（3）理解并掌握全站仪的角度测量、距离测量方法。

3. 能力目标

（1）能够正确进行全站仪的对中、整平。
（2）能够正确按程序完成水平角、距离的观测并填写记录表。
（3）能够正确完成观测数据的计算并评定精度。

💼 任务引入

如图 10-1 所示，全站仪有哪些组成部分？如何操作全站仪进行角度测量和距离测量？下面介绍我国南方测绘公司生产的 NTS-300 系列全站仪的使用方法。

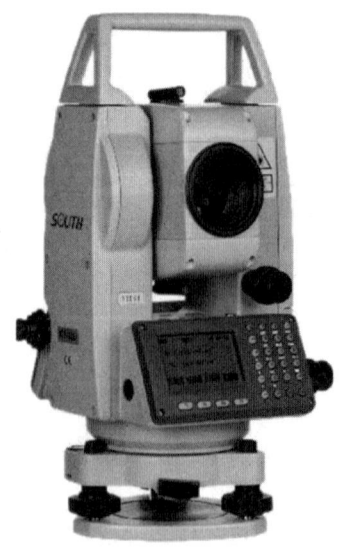

图 10-1　南方 NTS-332 全站仪

📘 知识学习

一、全站仪的特点

全站仪是一种集角度、距离、高差测量功能于一体的高技术测绘仪器系统。它由电源部分、测角系统、测距系统、数据处理部分、通信接口及显示屏、键盘等组成。南方 NTS300 系列全站仪主要有以下特点：

1. 功能丰富

南方 NTS-300 系列全站仪具备丰富的测量程序，同时具有数据存储功能、参数设置功能，功能强大，适用于各种专业测量和工程测量。

2. 数字键盘操作快速

南方 NTS-300 系列全站仪功能丰富，操作却相当简单，操作按键采用了软键和数字键盘结合的方式，按键方便、快速，易学易用。

3. 强大的内存管理

采用了具有内存的程序模块，可同时存储测量数据和坐标数据多达 3456 点，若仅存放放样坐标数据可存储 8126 个点，并可以方便地进行内存管理，可对数据文件进行编辑、修改、传输。

4. 自动化数据采集

野外自动化的数据采集程序，可以自动记录测量数据和坐标数据，可直接与计算机传输数据，实现真正的数字化测量。

5. 特殊测量程序

在具备常用的基本测量模式（角度测量、距离测量、坐标测量）之外，还具有悬高测量、偏心测量、对边测量、距离放样、坐标放样等特殊的测量程序，可满足专业测量的要求。

6. 中文界面和菜单

NTS-300 系列全站仪采用了汉化的中文界面，对于中国用户更直观，更便于操作，显示屏更大，设计更加人性化，字体更清晰、美观，使仪器操作更加得心应手。

二、全站仪盘的部件名称

全站仪的部件名称如图 10-2 所示。NTS-300 系列全站仪在棱镜模式下进行测量距离等作业时，须在目标处放置反射棱镜。反射棱镜有单（三）棱镜组，可通过基座连接器将棱镜组连接在基座上安置到三脚架上，也可直接安置在对中杆上（图 10-3）。

三、全站仪的安置

1. 安置三脚架

首先，将三脚架打开，伸到适当高度，拧紧 3 个固定螺旋。

2. 将仪器安置到三脚架上

将仪器小心地安置到三脚架上，松开中心连接螺旋，在架头上轻移仪器，直到垂球对准测站点标志中心，然后轻轻拧紧连接螺旋。

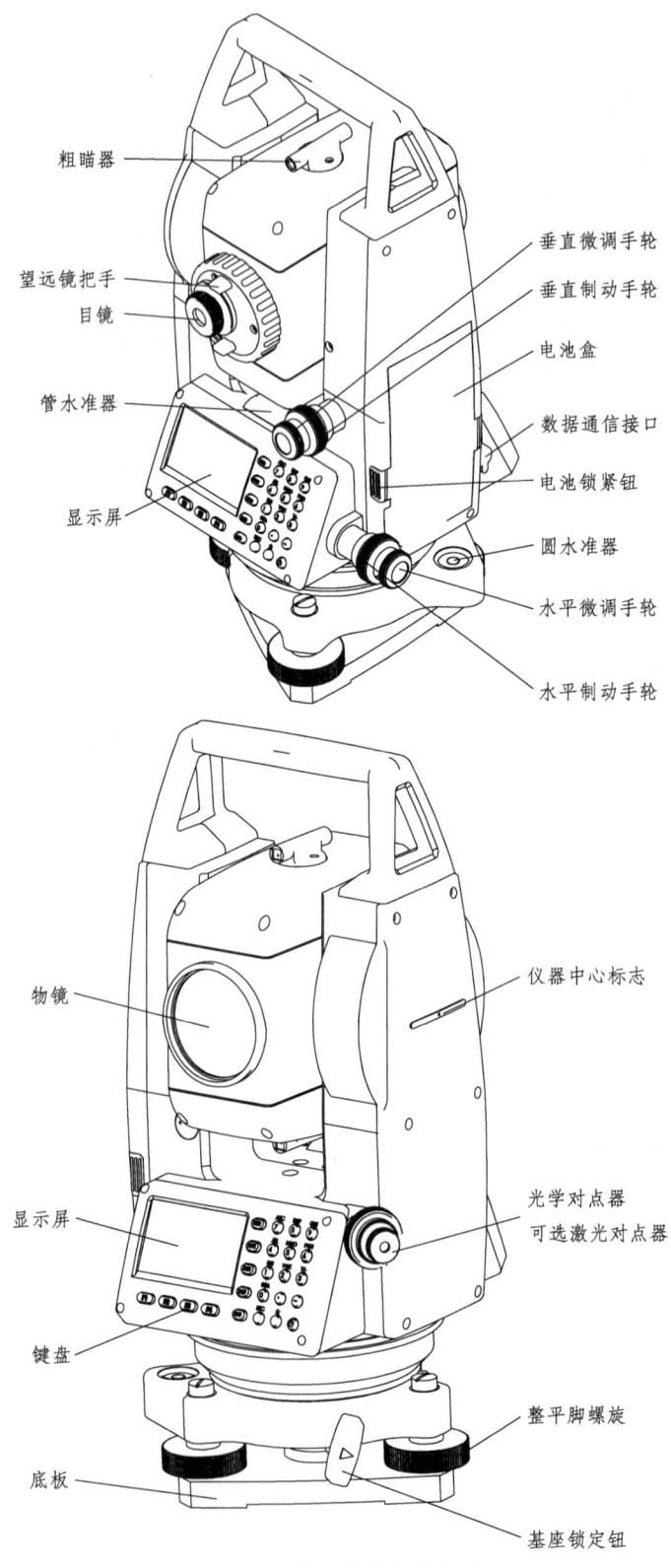

图 10-2 全站仪的部件名称

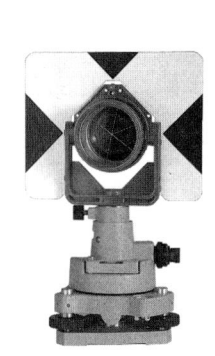

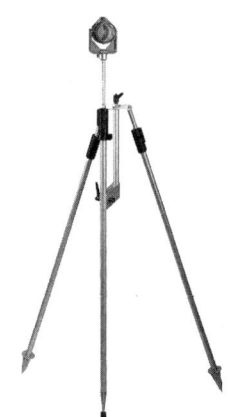

图 10-3　反射棱镜

3. 利用圆水准器粗平仪器

（1）旋转两个脚螺旋 A、B，使圆水准器气泡移到与这两个脚螺旋连线相垂直的一条直线上。

（2）旋转脚螺旋 C，使圆水准器气泡居中。

4. 利用长水准器精平仪器

（1）松开水平制动螺旋、转动仪器使管水准器平行于某一对脚螺旋 A、B 的连线。再旋转脚螺旋 A、B，使管水准器气泡居中。

（2）将仪器绕竖轴旋转 90°，再旋转另一个脚螺旋 C，使管水准器气泡居中。

（3）再次旋转 90°，重复（1）（2），直至 4 个位置上气泡均居中为止。

5. 利用光学对点器对中

根据观测者的视力调节光学对中器望远镜的目镜。松开中心连接螺旋、轻移仪器，将光学对点器的中心标志对准测站点，然后拧紧连接螺旋。在轻移仪器时不要让仪器在架头上有转动，以尽可能减少气泡的偏移。

6. 利用激光对点器对中（选配）

开机后按星号键，按 F4（对点）键，按 F1 打开激光对点器。松开中心连接螺旋、轻移仪器，将激光对点器的光斑对准测站点，然后拧紧连接螺旋。按 ESC 键退出，激光对点器自动关闭。

7. 最后精平仪器

按第 4 步精确整平仪器，直到仪器旋转到任何位置时，管水准气泡始终居中为止，然后拧紧连接螺旋。

四、键盘功能与信息显示

（一）操作键

全站仪操作键如图 10-4 所示，其按键名称和功能见表 10-1。

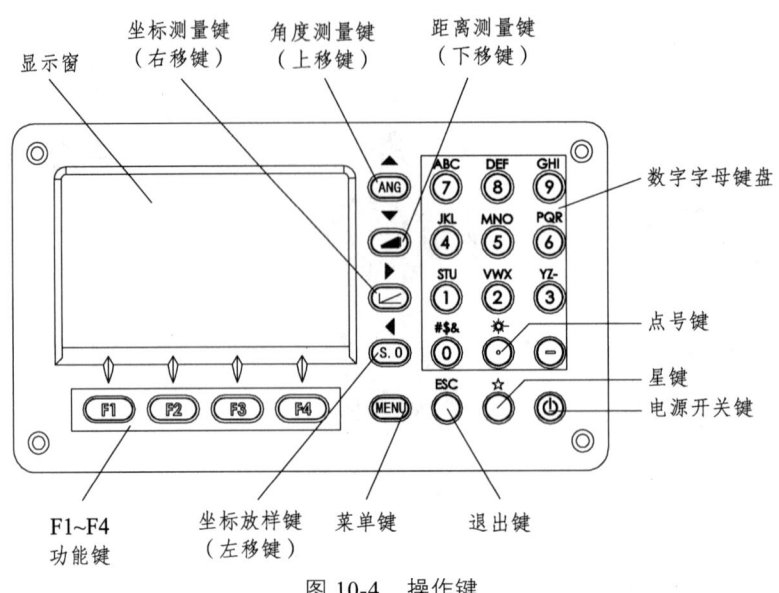

图 10-4 操作键

表 10-1 操作键按键名称和功能

按键	名称	功能
ANG	角度测量键	进入角度测量模式（▲上移键）
◢	距离测量键	进入距离测量模式（▼下移键）
⌐	坐标测量键	进入坐标测量模式（▶右移键）
S.O	坐标放样键	进入坐标放样模式（◀左移键）
MENU	菜单键	进入菜单模式
ESC	退出键	返回上一级状态或返回测量模式
POWER	电源开关键	电源开关
F1～F4	软键（功能键）	对应于显示的软键信息
0～9	数字字母键盘	输入数字和字母、小数点、负号
★	星键	进入星键模式或直接开启背景光
·	点号键	开启或关闭激光指向功能

显示符号内容见表 10-2。

表 10-2 显示符号的内容

显示符号	内容
V%	垂直角（坡度显示）
HR	水平角（右角）
HL	水平角（左角）

续表

显示符号	内容
HD	水平距离
VD	高差
SD	斜距
N	北向坐标
E	东向坐标
Z	高程
*	EDM（电子测距）正在进行
m	以米为单位
PSM	棱镜常数（以 mm 为单位）
PPM	大气改正值
⊢▣	NTS-300R 系列全站仪合作目标为棱镜
⊢▮	NTS-300R 系列全站仪合作目标为反射板
⊢⌇	NTS-300R 系列全站仪无合作目标

（二）功能键

1. 角度测量模式（3 个界面菜单）

角度测量模式（3 个界面菜单）如图 10-5 所示，其按键功能见表 10-3。

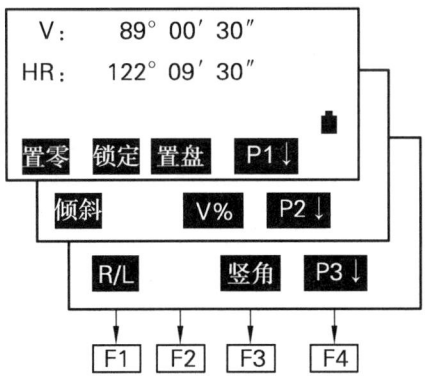

图 10-5　角度测量模式

表 10-3　角度测量模式中各按键的功能

页数	软键	显示符号	功能
第 1 页（P1）	F1	置零	水平角置为 0°0′0″
	F2	锁定	水平角读数锁定
	F3	置盘	通过键盘输入数字设置水平角
	F4	P1↓	显示第 2 页软键功能
第 2 页（P2）	F1	倾斜	设置倾斜改正开或关，若选择开则显示倾斜改正
	F2		—
	F3	V%	垂直角与百分比坡度的切换
	F4	P2↓	显示第 3 页软键功能
第 3 页（P3）	F1	R/L	水平角右/左计数方向的转换
	F2		—
	F3	竖角	垂直角显示格式（高度角/天顶距）的切换
	F4	P3↓	显示第 1 页软键功能

2. 距离测量模式（2 个界面菜单）

距离测量模式（2 个界面菜单）如图 10-6 所示，其按键功能见表 10-4。

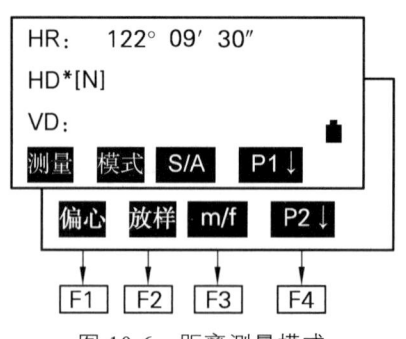

图 10-6　距离测量模式

表 10-4　距离测量模式中各按键的功能

页数	软键	显示符号	功能
第 1 页（P1）	F1	测量	启动测量
	F2	模式	设置测距模式为单次精测/连续精测/连续跟踪
	F3	S/A	温度、气压、棱镜常数等设置
	F4	P1↓	显示第 2 页软键功能
第 2 页（P2）	F1	偏心	偏心测量模式
	F2	放样	距离放样模式
	F3	m/f	单位 m 与 ft 转换
	F4	P2↓	显示第 1 页软键功能

3. 坐标测量模式（3 个界面菜单）

坐标测量模式（3 个界面菜单）如图 10-7 所示，其按键功能见表 10-5。

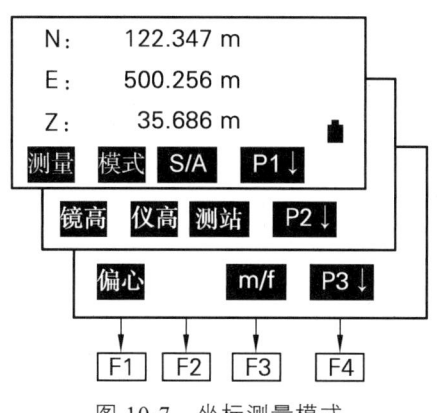

图 10-7 坐标测量模式

表 10-5 坐标测量模式中各按键的功能

页数	软键	显示符号	功能
第 1 页 （P1）	F1	测量	启动测量
	F2	模式	设置测距模式为单次精测/连续精测/连续跟踪
	F3	S/A	温度、气压、棱镜常数等设置
	F4	P1↓	显示第 2 页软键功能
第 2 页 （P2）	F1	镜高	设置棱镜高度
	F2	仪高	设置仪器高度
	F3	测站	设置测站坐标
	F4	P2↓	显示第 3 页软键功能
第 3 页 （P3）	F1	偏心	偏心测量模式
	F2		—
	F3	m/f	单位 m 与 ft 转换
	F4	P3↓	显示第 1 页软键功能

（三）初始设置

1. 设置温度和气压

可预先测得测站周围的温度和气压进行相应设置，见表 10-6。

表 10-6 设置温度和气压

步骤	操作	操作过程	显示
第 1 步	按 ◀ 键	进入距离测量模式	HR： 170°30′20″ HD： 235.343 m VD： 36.551 m 测量 模式 S/A P1↓

续表

步骤	操作	操作过程	显示
第2步	按 F3 键	进入设置。由距离测量或坐标测量模式预先测得测站周围的温度和气压	气象改正设置 PSM: -30 PPM: 0.0 棱镜　PPM　温度　气压
第3步	按 F3 键	按 F3（温度）键执行温度设置	温度设置 温度：　20.0　°C 输入　　　　　　回车
第4步	按 F1 键，输入温度	按 F1（输入）键输入温度，按 F4（回车）键确认	温度设置 温度：　25.0　°C 输入　　　　　　回车
备注	温度输入范围：-30°～+60°C（步长 0.1°C）或 -22～+140°F（步长 0.1°F）； 气压输入范围：560～1066 hPa（步长 0.1hPa）或 420～800 mmHg（步长 0.1 mmHg）或 16.5～31.5 inHg（步长 0.1 inHg）。 气压值的设置与设置温度步骤基本一致。 如果根据输入的温度和气压算出的大气改正值超过 $\pm 999.9 \times 10^{-6}$ 范围，则操作过程自动返回到第 4 步，重新输入数据。			

2. 设置反射棱镜常数

南方全站仪的棱镜常数出厂设置为-30，若使用棱镜常数不是-30 的配套棱镜，则必须设置相应的棱镜常数，见表 10-7。一旦设置了棱镜常数，则关机后该常数仍被保存。

表 10-7　设置反射棱镜常数

步骤	操作	操作过程	显示
第1步	F3	由距离测量或坐标测量模式按 F3（S/A）键	气象改正设置 PSM　　-30 PPM　　0.0 棱镜　PPM　温度　气压
第2步	F1	按 F1（棱镜）键	气象改正设置 PSM _ PPM　　0.0 回退　　　　　　回车

续表

步骤	操作	操作过程	显示
第3步	输入数据	输入棱镜常数改正值，按 F4 回车键，显示屏返回到设置模式	气象改正设置 PSM -30 PPM 0.0 棱镜 PPM 温度 气压

输入范围：-99.9 mm 至 +99.9 mm，步长 0.1 mm。

五、角度测量

（一）水平角和垂直角测量

确认处于角度测量模式，角度测量过程见表 10-8。

表 10-8　角度测量

操作过程	操作	显示
照准第一个目标 A	照准 A	V ： 82° 09′ 30″ HR： 90° 09′ 30″ 置零　锁定　置盘　P1↓
设置目标 A 的水平角为 0°00′00″ 按 F1（置零）键和 F3（确认）键	F1 F3	水平角置零 >OK? 　　　　　　确认　退出 V ： 82° 09′ 30″ HR： 0° 00′ 00″ 置零　锁定　置盘　P1↓
照准第二个目标 B，显示目标 B 的 V/HR	照准目标 B	V ： 92° 09′ 30″ HR： 67° 09′ 30″ 置零　锁定　置盘　P1↓

注：若关机，当前显示的水平角被保存，下次开机即显示被保存的水平角。

瞄准目标的方法：

（1）将望远镜对准明亮天空，旋转目镜筒，调焦看清十字丝。

（2）利用粗瞄准器内的三角形标志的顶尖瞄准目标点，眼睛与瞄准器之间应保留有一定距离。

（3）利用望远镜调焦螺旋使目标成像清晰，注意消除视差。

（二）水平角的设置

1. 通过锁定角度值进行设置（表10-9）

表10-9 水平角设置1

操作过程	操作	显示
用水平微动螺旋转到所需的水平角	显示角度	V： 122°09′30″ HR： 90°09′30″ 置零　锁定　置盘　P1↓
按 F2 （锁定）键	F2	水平角锁定 HR： 90°09′30″ 　>设置　? 　　　　　　确认　退出
照准目标	照准	
按 F3 （确认）键完成水平角设置*，显示窗变为正常的角度测量模式	F3	V： 122°09′30″ HR： 90°09′30″ 置零　锁定　置盘　P1↓

* 若要返回上一个模式，可按 F4 （退出）键。

2. 通过键盘输入值进行设置（表10-10）

表10-10 水平角设置2

操作过程	操作	显示
照准目标	照准	V： 122°09′30″ HR： 90°09′30″ 置零　锁定　置盘　P1↓
按 F3 （置盘）键	F3	水平角设置 HR=_ 回退　　　　　　　　回车

续表

操作过程	操作	显示
通过键盘输入所要求的水平角，如 150°10′20″，随后即可从所要求的水平角进行正常的测量	150.1020 F4	V： 122° 09′ 30″ HR： 150° 10′ 20″ 置零　锁定　置盘　P1↓

六、距离测量

（一）连续测量/单次测量

连续测量/单次测量的距离测量过程见表 10-11。

表 10-11　连续测量/单次测量

操作过程	操作	显示
照准棱镜中心	照准	V： 122° 09′ 30″ HR： 90° 09′ 30″ 置零　锁定　置盘　P1↓
按 ◀ 键，连续测量开始*	◀	HR： 170° 30′ 20″ HD*[N] VD： 测量　模式　S/A　P1↓
当连续测量不再需要时，可按 F2（模式）键，再按 F1（单次精测）键，转换为单次测量	F2 F1	测距模式设置 F1： 单次精测 F2： [连续精测] F3： 连续跟踪 HR： 170° 30′ 20″ HD： 566.346 m VD： 89.678 m 测量　模式　S/A　P1↓

* 在仪器开机时，测量模式可设置为单次测量模式或者连续测量模式，参阅"基本设置"。

（二）精测模式/跟踪模式

精测模式/跟踪模式的距离测量过程见表 10-12。

表 10-12　精测模式/跟踪模式

操作过程	操作	显示
距离测量模式下按 F2（模式）键设置测距模式	F2	HR： 170° 30′ 20″ HD： 566.346m VD： 89.678m 测量　模式　S/A　P1↓
按 F3（连续跟踪）键，进入跟踪测量模式	F3	测距模式设置 F1： 单次精测 F2：[连续精测] F3： 连续跟踪 HR： 170° 30′ 20″ HD： 566.346 m VD： 89.678 m 测量　模式　S/A　P1↓

（三）距离放样

该功能可显示出测量的距离与输入的放样距离之差。放样时可选择平距（HD）、高差（VD）和斜距（SD）中的任意一种放样模式，见表 10-13。

表 10-13　距离放样

操作过程	操作	显示
在距离测量模式下按 F4（P1↓）键，进入第 2 页功能	F4	HR： 170° 30′ 20″ HD： 566.346m VD： 89.678m 测量　模式　S/A　P1↓ 偏心　放样　m/f　P2↓
按 F2（放样）键，显示出上次设置的数据	F2	距离放样 HD： 0.000 m 平距　高差　斜距

续表

操作过程	操作	显示
通过按 F1～F3 键选择测量模式。F1 为平距，F2 为高差，F3 为斜距，本例中选择"水平距离"	F1	放样 HD:　　　　0.000　m 输入　　　　　　　回车
按 F1（输入）键输入放样距离 350 m	F1 输入 350 F4	放样 HD:　　　　350.000　m 输入　　　　　　　回车
照准目标（棱镜）测量开始，显示出测量距离与放样距离之差	照准 P	HR:　　120°30′20″ dHD*[N] VD: 测量　模式　S/A　P1↓
移动目标棱镜，直至距离差等于 0 m 为止		HR:　　120°30′20″ dHD*[N]　　25.688 m VD:　　　　　2.876 m 测量　模式　S/A　P1↓
若要返回到正常的距离测量模式，可设置放样距离为 0 m 或关闭电源。		

◆ 任务实施

一、实训内容

（1）在 O 点安置全站仪，按测回法的程序及技术要求观测目标 A、B 的水平角、竖直角和距离。

（2）每人对中、整平观测、记录等工作轮换至少 1 遍。

（3）完成水平角、竖直角和距离观测数据的计算及精度检查。

（4）书写实训报告，每人交 1 份。

二、实训分组及设备（工具）准备

每 3～5 人 1 组，借领南方全站仪 1 台、三脚架 1 个、统一安置反射棱镜 2 个；自备铅笔、卷笔刀、计算器等工具。

三、实训步骤

1. 安置仪器

在指定的实训场地内选择一点 O 作为测站，另两点 A、B 安置棱镜，各小组按组号选择 O

点安置全站仪进行对中、整平。

2. 全站仪的认识与功能学习

（1）全站仪的开机。按电源键开机，将仪器初始化，即松开望远镜的制动螺旋和水平制动螺旋，旋转望远镜和照准部。若仪器给出"X 补偿超限"信息，说明仪器没有整平，重新整平即可。

（2）全站仪的基本结构及各操作部件的认识。

（3）全站仪操作界面的认识。了解全站仪的操作界面上各按键的名称及其功能、显示符号的含义。

（4）全站仪的功能学习。

全站仪的基本测量功能有角度测量、距离测量和坐标测量，还可以利用全站仪进行放样测量以及应用测量（如悬高测量、对边测量等）。

3. 全站仪的使用

练习角度测量、距离测量等基本操作。

（1）角度测量。

① 在角度测量模式下，盘左瞄准目标 A，按置零键，使水平度盘读数显示为 $0°00'00''$，顺时针旋转照准部，瞄准目标 B，读取显示读数，记入记录表。

② 盘右瞄准目标 B，读取读数，逆时针旋转照准部，瞄准目标 A 并读取读数记入记录表。

③ 如果测竖直角，可在读取水平度盘的同时读取竖盘的显示读数。

④ 计算半测回角值，若上、下半测回角值互差满足要求，则计算平均水平角值。

（2）距离测量。

在距离测量模式下，设置好棱镜常数与大气改正值等参数，照准棱镜中心，按测量键，距离值就会显示出来。斜距和平距通过按键互换显示。具体按键参照知识学习的内容操作。对于博飞全站仪，再按一次测量键就显示平距，苏一光全站仪通过按操作界面的三角形符号键即可。

四、实训注意事项

（1）仪器从箱中取出前，应记下它的放置位置，以免装箱时不能恢复到原位。

（2）盘左盘右瞄准目标时，一定要瞄准同一目标同一部位。

（3）全站仪是目前价格昂贵的先进测量仪器之一，在使用时必须严格遵守操作规程，十分注意爱护仪器。操作仪器螺旋时，必须注意力度。

（4）在安装和拆卸仪器时，一定要一手握仪器，一手操作中心螺旋，必须及时将中心螺旋旋紧。

（5）在阳光下使用全站仪测量时，一定要撑伞遮掩仪器，严禁用望远镜对准太阳等强光源。

（6）禁止用手触摸仪器镜面、反光镜面。

（7）在装卸电池时，必须先关断电源。

（8）迁站时，即使距离很近，也必须取下全站仪装箱搬运，并注意防震。

五、实训记录及报告

（1）全站仪由哪些部分组成？

（2）全站仪主要有哪些优点？

（3）记录表格（表10-14）

表10-14 全站仪认识记录表

日期：_____ 天气：_____ 仪器号：_____ 观测：_____ 记录：_____

（1）水平角测量。

测站	竖盘位置	目标	水平度盘读数 /(° ′ ″)	半测回角值 /(° ′ ″)	一测回角值 /(° ′ ″)
	盘左				
	盘右				
	盘左				
	盘右				

（2）竖直角测量。

目标	盘左读数 /(° ′ ″)	盘右读数 /(° ′ ″)	竖盘指标差 /(″)	竖直角 /(° ′ ″)

（3）距离及高差测量。

目标	镜高 /m	竖盘位置	斜距 /m	斜距均值 /m	平距 /m	平距均值 /m	高差 /m	高差均值 /m
		盘左						
		盘右						
		盘左						
		盘右						

考核评价

实训任务 10 考核评价表见表 10-15。

表 10-15 考核评价表

班组				任务名称		综合评分	
任务分工							
（1）对全站仪的结构、功能特点、角度测量、距离测量等理论知识通过学习相应教程进行考核。 （2）全站仪的操作步骤、角度和距离测量记录表的填写等实践操作，通过实操项目进行考核							
实训任务完成情况							
	评价项目		评价内容	评价标准			评价结果
学生自评	技能目标	实训准备	设备及备品	仪器工具选择正确，自备品齐全			
			人员组织	人员到位，分工明确			
		实训方法	操作方法和步骤	置镜、整平、瞄准、读数正确			
			操作标准及规范	高度适中，按程序规范操作			
		实训质量	手簿记录	用规定的笔、记录表填写，保持原始记录，记录格式规范、完整，更改数据规范，按规定回报			
			数据处理	外业计算、心算准确、快速，内业计算方法正确，数据准确			
			成果精度	符合规定的精度			
	素质目标	实训安全	安全操作	取放仪器规范，观测结束螺旋归位，观测中无骑腿、坐仪器箱等行为，操作符合测量仪器使用规程			
			实训后现场整理	实训结束仪器复位，仪器室整洁			
	（根据个人实际情况选择：A. 能够完成；B. 基本能完成；C. 不能完成）						
小组评价	团队合作___；学习效率___；获取信息能力___；交流沟通能力___；动手操作能力___（根据完成任务情况填写：A. 优秀；B. 良好；C. 合格；D. 有待改进）						
总结与反思							
教师评价							

实训任务 11　全站仪的坐标测量与放样

📖 教学目标

1. 素质目标

（1）培养科学分析问题的能力。
（2）培养严谨务实的工作态度，保证测量数据的可靠性。
（3）培养规范作业、耐心细致的责任心和职业意识。

2. 知识目标

（1）熟悉全站仪的操作界面、显示符号的含义、按键名称及其功能等。
（2）掌握全站仪的基本使用方法。
（3）理解并掌握全站仪的坐标测量与放样方法。

3. 能力目标

（1）能够正确进行全站仪的对中、整平。
（2）能够正确按程序完成全站仪的坐标测量及放样，并填写记录表。
（3）能够正确完成观测及放样数据的处理。

📋 任务引入

如何使用南方测绘公司生产的 NTS-300 系列全站仪进行坐标测量和放样？

📦 知识学习

一、全站仪的坐标测量

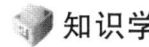
全站仪坐标测量原理

南方 NTS-300 系列全站仪除常用的基本测量模式（角度测量、距离测量、坐标测量）之外，还有偏心测量、坐标放样等特殊的测量程序，可满足专业测量的要求。

通过设置测站点坐标值，输入仪器高和棱镜高，设置后视方位角后可测定未知点的坐标，见表 11-1。

表 11-1　坐标测量

操作过程	操作	显示
设置已知点 A 的方向角*	设置方向角	V:　　122° 09′ 30″ HR:　　90° 09′ 30″ 置零　锁定　置盘　P1↓

续表

操作过程	操作	显示
照准目标B，按 ⌧ 键	照准棱镜 ⌧	N* 286.245 m E: 76.233 m Z: 14.568 m 测量 模式 S/A P1↓

* 参阅"水平角的设置"。
在测站点的坐标未输入的情况下，(0，0，0)作为缺省的测站点坐标。
当仪器高未输入时，仪器高以0计算；当棱镜高未输入时，棱镜高以0计算。

未知点的坐标由下面公式计算并显示出来（图11-1）：

测站点坐标：(N_0，E_0，Z_0)   相对于仪器中心点的棱镜中心坐标：(n，e，z)

仪器高：仪高   未知点坐标：(N_1，E_1，Z_1)

棱镜高：镜高   高差：Z(VD)

$N_1 = N_0 + n$

$E_1 = E_0 + e$

$Z_1 = Z_0 + 仪高 + Z - 镜高$

仪器中心坐标（N_0，E_0，Z_0+仪高）

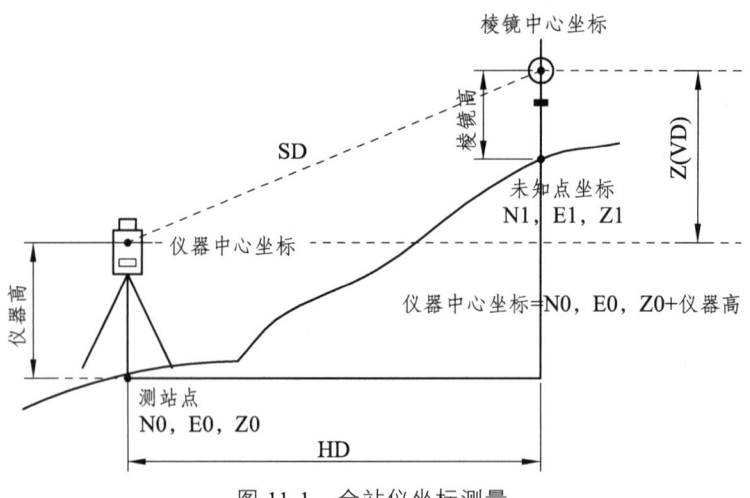

图 11-1   全站仪坐标测量

1. 测站点坐标的设置（表 11-2）

表 11-2   测站点坐标的设置

操作过程	操作	显示
在坐标测量模式下，按 F4（P1↓）键，转到第2页功能	F4	N: 286.245 m E: 76.233 m Z: 14.568 m 测量 模式 S/A P1↓ 镜高 仪高 测站 P2↓

续表

操作过程	操作	显示
按 F3（测站）键	F3	N->　　0.000　m E:　　　0.000　m Z:　　　0.000　m 输入　　　　　　回车
输入 N 坐标	F1 输入数据 F4	N:　　　36.976　m E->　　0.000　m Z:　　　0.000　m 输入　　　　　　回车
按同样方法输入 E 和 Z 坐标，输入数据后，显示屏返回坐标测量显示		N:　　　36.976　m E:　　　298.578　m Z:　　　45.330　m 测量　模式　S/A　P1↓
输入范围：-999999.999 m ↘ N、E、Z ↗ +999999.999 m。		

2. 仪器高的设置（表 11-3）

表 11-3　仪器高的设置

操作过程	操作	显示
在坐标测量模式下，按 F4（P1↓）键，转到第 2 页功能	F4	N:　　　286.245　m E:　　　76.233　m Z:　　　14.568　m 测量　模式　S/A　P1↓ 镜高　仪高　测站　P2↓
按 F2（仪高）键，显示当前值	F2	输入仪器高度 仪高:　　0.000　m 输入　　　　　　回车
输入仪器高	F1 输入仪器高 F4	N:　　　286.245　m E:　　　76.233　m Z:　　　14.568　m 测量　模式　S/A　P1↓
输入范围：-999.999 m ≤ 仪器高 ≤ +999.999 m。		

3. 棱镜高的设置（表 11-4）

表 11-4 棱镜高的设置

操作过程	操作	显示
在坐标测量模式下，按 F4（P1↓）键，进入第 2 页功能	F4	N: 286.245 m E: 76.233 m Z: 14.568 m 测量　模式　S/A　P1↓ 镜高　仪高　测站　P2↓
按 F1（镜高）键，显示当前值	F1	输入棱镜高度 镜高：　0.000　m 输入　　　　　　回车
输入棱镜高	F1 输入棱镜高 F4	N: 286.245 m E: 76.233 m Z: 14.568 m 测量　模式　S/A　P1↓

输入范围：−999.999 m ≤ 棱镜高 ≤ +999.999 m。

二、全站仪的坐标放样

放样模式有两个功能，即测定放样点和利用内存中的已知坐标数据设置新点；如果坐标数据未被存入内存，则也可从键盘输入坐标。坐标数据可通过个人计算机从传输电缆装入仪器内存。

全站仪坐标放样（图 11-2）的步骤为：
（1）选择数据采集文件，使其所采集数据存储在该文件中。
（2）选择坐标数据文件。可进行测站坐标数据及后视坐标数据的调用。
（3）置测站点。
（4）置后视点，确定方位角。
（5）输入所需的放样坐标，开始放样。

图 11-2　全站仪坐标放样

（一）准备工作

1. 坐标格网因子的设置（表 11-5）

计算公式

（1）高程因子 = $R/(R+高程)$

其中：R 为地球平均曲率半径（m）；高程为平均海水面之上的高程（m）。

（2）比例尺因子：测站上的比例尺因子。

（3）坐标格网因子=高程因子×比例尺因子，坐标格网距离 $HD_g = HD×$坐标格网因子。

其中：HD_g 为坐标格网距离；HD 为地面上的距离。

表 11-5　坐标格网因子的设置

操作过程	操作	显示
按 S.O 键	S.O	选择一个文件 FN: 输入　调用　跳过　回车
按 F3 跳过键，进入坐标放样菜单， 按 F4（P↓）键，进入放样菜单 2/2， 按 F3（格网因子）键	F3 F4 F3	坐标放样　　　　　2/2 F1：　选择文件 F2：　新点 F3：　格网因子　　P↓ 格网因子 　　= 0.998843 >修改？　　　[否]　[是]
按 F4（是）键		格网因子 　高程.-> 1000 m 　比例:　0.999000 输入　　　　　　　回车
按 F1（输入）键，输入高程，按 F4（回车）键	F1 输入高程 F4	格网因子 　高程.: 2000　m 　比例 -> 1.001000 输入　　　　　　　回车
按同样方法输入比例尺因子，显示坐标格网因子 1～2 s，然后显示屏返回到放样菜单 2/2	F1 输入高程 F4	格网因子 　　= 1.000685
输入范围：高程为 -9999 m 至 +9999 m，比例尺因子为 0.990000～1.010000。		

2. 坐标数据文件的选择（表11-6）

运行放样模式首先要选择一个坐标数据文件，也可以将新点测量数据存入所选定的坐标数据文件中。

表11-6 坐标数据文件的选择

操作过程	操作	显示
由坐标放样菜单2/2按 F1（选择文件）键	F1	放样　　　　　　　2/2 F1：选择文件 F2：新点 F3：格网因子　　P↓ 选择一个文件 FN： 输入　调用　　　回车
按 F2（调用）键，显示坐标数据文件目录*	F2	文件调用 ->& SOUTHDATA　/C0228 　 SATADDATA 　/C0080 查阅　　　　　　　回车
按[▲]或[▼]键可使文件表向上或向下滚动，选择一个工作文件**	[▲]或[▼]	文件调用 -> SATADDATA 　/C0080 　 KLLLSDATA 　/C0085 查阅　　　　　　　回车
按 F4（回车）键，文件即被确认	F4	坐标放样　　　　　2/2 F1：选择文件 F2：新点 F3：格网因子　　P↓

* 如果要直接输入文件名，可按 F1（输入）键，然后输入文件名。
** 如果菜单文件已被选定，则在该文件名的右边显示一个&符号；文件类型识别标志（*、&）参见"文件管理"。

3. 设置测站点（表11-7）

设置测站点的方法有如下两种：利用内存中的坐标设置；直接键入坐标数据。

本例采用"直接输入测站点坐标"。

表 11-7　设置测站点

操作过程	操作	显示
由放样菜单 1/2 按 F1（输入测站点）键，即显示原有数据	F1	测站点 点名： 输入　调用　坐标　回车
按 F3（坐标）键	F3	N->　　　0.000　m E:　　　　0.000　m Z:　　　　0.000　m 输入　　　　　　　回车
按 F1（输入）键，输入坐标值按 F4（回车）键	F1 输入坐标 F4	N:　　　　10.000　m E:　　　　25.000　m Z:　　　　63.000　m 输入　　　　　　　回车
按同样方法输入仪器高，显示屏返回到放样菜单 1/2	F1 输入仪高 F4	输入仪器高度 仪高：　　0.000　m 输入　　　　　　　回车 坐标放样　　　　　1/2 F1：输入测站点 F2：输入后视点 F3：输入放样点　　P↓

4. 设置后视点（表 11-8）

有三种后视点设置方法可供选用：利用内存中的坐标数据文件设置后视点；直接键入坐标数据；直接键入设置角。

本例选择"直接输入后视点坐标"。

表 11-8　设置后视点

操作过程	操作	显示
由坐标放样菜单 1/2 按 F2（输入后视点）键，即显示原有数据	F2	后视点 点名： 输入　调用　坐标　回车

续表

操作过程	操作	显示
按 F3（坐标）键	F3	N-> m E: m [输入] [角度] [回车]
按 F1（输入）键，输入坐标值按 F4（回车）键	F1 输入坐标 F4	照准后视点 HB = 120° 30′ 20″ >照准? [否] [是]
照准后视点	照准后视点	
按 F4（是）键，显示屏返回到放样菜单 1/2	照准后视点 F4	坐标放样 1/2 F1：输入测站点 F2：输入后视点 F3：输入放样点 P↓

（二）实施放样

实施放样有两种方法可供选择：通过点号调用内存中的坐标值；直接键入坐标值。本例中选择"调用内存中的坐标值"，见表 11-9。

表 11-9   实施放样

操作过程	操作	显示
由坐标放样菜单 1/2 按 F3（输入放样点）键	F3	坐标放样 1/2 F1：输入测站点 F2：输入后视点 F3：输入放样点 P↓ 放样点 点名： [输入] [调用] [坐标] [回车]
F1（输入）键，输入点号，按 F4（回车）键*	F1 输入点号 F4	输入棱镜高度 镜高： 0.000 m [输入] [回车]

续表

操作过程	操作	显示
按同样方法输入反射镜高，当放样点设定后，仪器就进行放样元素的计算。 HR 为放样点的水平角计算值； HD 为仪器到放样点的水平距离计算值	F1 输入镜高 F4	放样参数计算 HR： 122° 09′ 30″ HD： 245.777 m 继续
照准棱镜，按 F4 继续键。 HR 为实际测量的水平角； dHR 为对准放样点仪器应转动的水平角， dHR=实际水平角-计算的水平角， 当 dHR=0°00′00″时，即表明放样方向正确	照准	角度差调为零 HR： 2° 09′ 30″ dHR： 22° 39′ 30″ 距离 坐标 换点
按 F2（距离）键。 HD 为实测的水平距离； dHD 为对准放样点尚差的水平距离； dZ=实测高差-计算高差	F1	HD*[1] dHD： dZ： 模式 角度 坐标 换点 HD* 245.777 m dHD： - 3.223 m dZ： - 0.067m 模式 角度 坐标 换点
按 F1（模式）键进行精测	F1	HD*[T] dHD： dZ： 模式 角度 坐标 换点 HD* 244.789 m dHD： - 3.213 m dZ： - 0.047m 模式 角度 坐标 换点
当显示值 dHR、dHD 和 dZ 均为 0 时，则放样点的测设已经完成		
按 F3（坐标）键，即显示坐标值	F3	N： 12.322 m E： 34.286 m Z： 1.5772 m 模式 角度 换点

续表

操作过程	操作	显示
按 F4（换点）键，进入下一个放样点的测设	F4	放样点 点名： 输入　调用　坐标　回车

* 若文件中不存在所需的坐标数据，则无须输入点名，直接按（坐标）键输入放样坐标。

🗂 任务实施

一、实训内容

（1）在 O 点安置全站仪，完成指定点的坐标测量及已知点的放样。

（2）每人对中、整平、坐标测量、放样等工作轮换至少 1 遍。

（3）完成坐标测量、放样数据的记录、计算及精度检查。

（4）书写实训报告，每人交 1 份。

二、实训分组及设备（工具）准备

每 3~5 人 1 组，借领南方全站仪 1 台、三脚架 1 个、放样对中杆及棱镜 1 组、统一安置后视棱镜 1 个；自备铅笔、卷笔刀、计算器等工具。

三、实训步骤

1. 安置仪器

在指定的实训场地内选择一点 O 作为测站，在后视点 A 安置棱镜，各小组按组号选择 O 点安置全站仪进行对中、整平。

2. 全站仪的坐标测量

（1）全站仪的开机。按电源键开机，将仪器初始化，即松开望远镜的制动螺旋和水平制动螺旋，旋转望远镜和照准部。若仪器给出"X 补偿超限"信息，说明仪器没有整平，重新整平即可。

（2）按坐标测量键，进入坐标测量模式，输入测站坐标、仪器高、棱镜高，照准后视点定向。

（3）瞄准待测点棱镜中心，按测量键，观测出棱镜点的坐标，记入记录表。

3. 全站仪的坐标放样

（1）进入坐标放样菜单，输入测站坐标、仪器高、棱镜高，照准后视点定向。

（2）调用或输入放样点坐标，根据仪器计算的放样元素 HR、HD，转动照准部，当 dHR=0°00′00″时，即表明放样方向正确，按 F2（距离）键。指挥 1 人在视线上立放样小棱镜，根据准放样点尚差的水平距离 dHD，指挥小棱镜前后移动位置，直到 dHD 为 0 时，则完成放样点的测设。按 F3（坐标）键，即显示坐标值，按 F4（换点）键，进入下一个放样点的测设。

四、实训注意事项

（1）仪器从箱中取出前，应记下它的放置位置，以免装箱时不能恢复到原位。

（2）盘左盘右瞄准目标时，一定要瞄准同一目标同一部位。

（3）全站仪是目前价格昂贵的先进测量仪器之一，在使用时必须严格遵守操作规程，十分注意爱护仪器。操作仪器螺旋时，必须注意力度。

（4）在安装和拆卸仪器时，一定要一手握仪器，一手操作中心螺旋，必须及时将中心螺旋旋紧。

（5）在阳光下使用全站仪测量时，一定要撑伞遮掩仪器，严禁用望远镜对准太阳等强光源。

（6）禁止用手触摸仪器镜面、反光镜面。

（7）在装卸电池时，必须先关断电源。

（8）迁站时，即使距离很近，也必须取下全站仪装箱搬运，并注意防震。

五、实训记录及报告

（1）如何用全站仪测定点的坐标？

（2）记录表格（表11-10）。

表 11-10　全站仪测量记录表

日期：_____ 天气：_____ 仪器号：_____ 观测：_____ 记录：_____

① 已知点坐标。

点号	X/m	Y/m	H/m

② 放样点实测坐标与理论坐标较差。

点号	理论坐标/m		实测坐标/m		较差/mm	
	X	Y	X	Y	ΔX	ΔY

③ 坐标测量。

目标	X/m	Y/m	H/m

考核评价

实训任务 11 考核评价表见表 11-11。

表 11-11 考核评价单

班组			任务名称		综合评分	
任务分工						
（1）对全站仪的角度测量、坐标测量、坐标放样等理论知识通过学习相应教程进行考核。 （2）全站仪的操作步骤、坐标测量与放样等实践操作，通过实操项目进行考核						
			实训任务完成情况			
	评价项目		评价内容	评价标准		评价结果
学生自评	技能目标	实训准备	设备及备品	仪器工具选择正确，自备品齐全		
			人员组织	人员到位，分工明确		
		实训方法	操作方法和步骤	置镜、整平、瞄准、读数正确		
			操作标准及规范	高度适中，按程序规范操作		
		实训质量	手簿记录	用规定的笔、记录表填写，保持原始记录，记录格式规范、完整，更改数据规范，按规定回报		
			数据处理	外业计算、心算准确、快速，内业计算方法正确，数据准确		
			成果精度	符合规定的精度		
	素质目标	实训安全	安全操作	取放仪器规范，观测结束螺旋归位，观测中无骑腿、坐仪器箱等行为，操作符合测量仪器使用规程		
			实训后现场整理	实训结束仪器复位，仪器室整洁		
	（根据个人实际情况选择：A. 能够完成；B. 基本能完成；C. 不能完成）					
小组评价	团队合作___；学习效率___；获取信息能力___；交流沟通能力___；动手操作能力___（根据完成任务情况填写：A. 优秀；B. 良好；C. 合格；D. 有待改进）					
总结与反思						
教师评价						

实训任务 12　图根导线测量

教学目标

1. 素质目标

（1）培养科学分析问题的能力。
（2）培养严谨务实的工作态度，保证测量数据的可靠性。
（3）培养规范作业、耐心细致的责任心和职业意识。

2. 知识目标

（1）熟练掌握全站仪测回法观测水平角及距离测量的方法。
（2）掌握图根导线的外业选点、施测、记录和计算方法。
（3）掌握图根导线测量的内业成果计算方法。

3. 能力目标

（1）能够熟练操作全站仪正确观测导线的转折角及水平距离。
（2）能够规范完成图根导线测量的外业观测、记录及计算。
（3）能够正确进行图根导线测量的内业计算。

任务引入

如图 12-1 所示，已知 A 点坐标及 AB 边的坐标方位角 $α_{AB}$ 与 3 个未知点组成闭合导线，若按图根导线测量的要求，如何观测导线的内角及水平距离？如何评定导线测量的精度并计算出未知点的坐标？

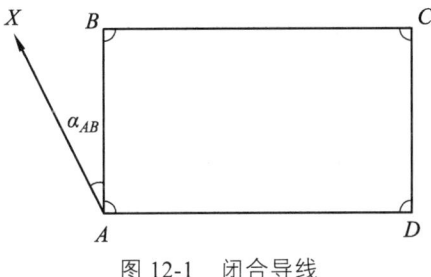

图 12-1　闭合导线

知识学习

一、图根导线测量的技术要求

图根导线测量宜采用 6″级仪器一测回测定水平角，其边长可用全站仪单向施测，主要技术要求不超过表 12-1 的限差规定。

表 12-1　图根导线测量主要技术要求

等级	测回数	水平角半测回较差/(″)	距离两次读数差/mm	方位角闭合差/(″)	导线相对全长闭合差
图根	1	40	10	$60\sqrt{n}$	1/2000

二、图根导线测量的外业工作

1. 选点

在指定的测区内选定由 4～5 个点组成闭合导线（边长不短于 40 m）。在各导线点打下木桩并钉上小钉、水泥钉或用油漆标定点位，绘出导线略图。

2. 测角

采用全站仪测回法观测导线各转折角（内角），每个角观测 1 个测回，上、下半测回较差不超过表 12-1 的要求。若为独立测区，则可用罗盘仪观测起始边的磁方位角。

3. 测距

采用全站仪往返测量各导线边的水平距离，单程两次测距的较差不超过 10 mm 时取两次水平距离的均值作为该边水平距离的单程观测值，往返测距相对误差符合要求时取其平均值作为该导线边水平距离最终值。

三、图根导线测量的内业计算

1. 检查核对所有已知数据和外业数据资料
2. 角度闭合差的计算和调整

角度闭合差：$f_\beta = \sum \beta - (n-2) \times 180°$

限差：$f_{\beta 允} = \pm 60'' \sqrt{n}$

角度闭合差调整：反号平均分配 f_β，计算改正后的 β。

3. 坐标方位角的推算

若顺时针编号时，$\alpha_前 = \alpha_后 + 180° - \beta_右$；若逆时针编号时，$\alpha_前 = \alpha_后 + \beta_左 - 180°$。

由起始边 AB 算起，应再算回 AB，并校核无误。

4. 坐标增量计算

$$\Delta x_{AB} = D_{AB} \cdot \cos\alpha_{AB}$$
$$\Delta y_{AB} = D_{AB} \cdot \sin\alpha_{AB}$$

5. 坐标增量闭合差的计算和调整

纵坐标增量闭合差：$f_x = \sum \Delta x_测$

横坐标增量闭合差：$f_y = \sum \Delta y_测$

导线全长闭合差：$f = \sqrt{f_x^2 + f_y^2}$

导线全长相对闭合差：$K = \dfrac{f}{\sum D}$

若 $K < \dfrac{1}{2000}$，则符合精度要求，可以平差。将 f_x、f_y 按符号相反、边长成正比例的原则分配给各边的坐标增量，余数分给长边。各边分配数如下：

$$V_{xi} = -\dfrac{f_x}{\sum D} \cdot D_i$$

$$V_{yi} = -\frac{f_y}{\sum D} \cdot Di$$

分配后要符合：

$$\sum V_x = -f_x$$
$$\sum V_y = -f_y$$

6. 坐标计算

$$x_B = x_A + \Delta x_{AB}$$
$$y_B = y_A + \Delta y_{AB}$$

由 A 算起，应再算回 A 并校核无误。

任务实施

一、实训内容

（1）在测区内选定 4 个导线点组成闭合导线，用全站仪完成图根导线内角及边长的测量。
（2）每人至少观测 1 个角、1 条边并记录、计算 1 次。
（3）完成导线测量内业的数据计算及精度检查。
（4）书写实训报告，每人交 1 份。

二、实训分组及设备（工具）准备

每 4~6 人 1 组，借领全站仪 1 台、三脚架 3 个、单棱镜 2 组、记录板 1 个；自备铅笔、卷笔刀、计算器等工具。

三、实训步骤

1. 外业观测

如图 12-1 所示，在选定的导线点 B、D 上分别安置反射棱镜，在 A 点安置全站仪，对中、整平后用盘左位置瞄准棱镜 B，选择角度测量模式，将水平度盘读数置零或置成略大于 0 的数（如 0°01′30″），选择距离测量模式，按测量键，将显示的水平度盘读数 HR 及水平距离 HD 记入表 12-2。松开制动螺旋，转动全站仪瞄准棱镜 D，按测量键，记录水平度盘读数 HR 及水平距离 HD。

倒镜成盘右位置，先观测 D，再观测 B 棱镜，将 HR 和 HD 记入记录表。计算半测回角值互差，合格后迁站到下一个导线点，同法观测水平角及边长。

完成闭合导线所有内角及边长的往返观测后，按要求计算角度闭合差及距离误差，若超限，应查明原因进行重测，若合格，则进行导线的坐标计算。

2. 内业计算

（1）将外业观测数据整理在导线坐标计算表（表 12-3）内。
（2）计算角度闭合差，并按要求分配闭合差后，推算出坐标方位角。
（3）计算导线边的坐标增量及增量闭合差，评定导线测量的精度。
（4）将坐标增量闭合差按要求分配，并计算改正后坐标增量及各点的坐标。

四、实训注意事项

（1）仪器从箱中取出前，应记下它的放置位置，以免装箱时不能恢复到原位。

（2）对于导线的布设范围，各小组应服从统一安排，避免各小组间在作业时相互干扰。

（3）导线点不要选在路中间，以免妨碍交通。导线点选在水泥地上时，要特别注意保护仪器安全。

（4）导线点间应互相通视，边长以 60~100 m 为宜。若边长较短，则测角时应特别注意提高对中和瞄准的精度。

（5）外业工作完成后，应立即计算角度闭合差。如角度闭合差超限，应查明原因，重测相应的角。

（6）在阳光下使用全站仪测量时，一定要撑伞遮掩仪器，严禁用望远镜对准太阳等强光源。

（7）禁止用手触摸仪器镜面、反光镜面。

（8）在装卸电池时，必须先关断电源。

（9）迁站时，即使距离很近，也必须取下全站仪装箱搬运，并注意防震。

五、实训记录及报告

（1）全站仪的精度指标是＿＿＿＿＿和＿＿＿＿＿。

（2）全站仪按其结构可分为＿＿＿＿＿和＿＿＿＿＿两种。

（3）直线定向的标注方向有哪些？什么是方位角？

（4）导线测量的坐标增量闭合差如何分配？

（5）记录表格（表 12-2、表 12-3）。

表 12-2 导线测量记录表

日期：＿＿＿＿　天气：＿＿＿＿　仪器号：＿＿＿＿　观测：＿＿＿＿　记录：＿＿＿＿

测站	竖盘位置	目标	水平度盘读数/(° ′ ″)	半测回角值/(° ′ ″)	一测回角值/(° ′ ″)	水平距离/m
	左					
	右					
	左					
	右					

续表

测站	竖盘位置	目标	水平度盘读数 /(° ′ ″)	半测回角值 /(° ′ ″)	一测回角值 /(° ′ ″)	水平距离/m
	左					
	右					
	左					
	右					
	左					
	右					
	左					
	右					

表 12-3 导线坐标计算表

点号	导线转折角		方位角 /(° ′ ″)	边长 /m	坐标增量		改正后增量		坐 标		点号
	观测角值 /(° ′ ″)	改正后角值 /(° ′ ″)			ΔX/m	ΔY/m	ΔX/m	ΔY/m	Y/m	Y/m	
1	2	3	4	5	6	7	8	9	10	11	12
									略图:		
Σ											
辅助计算											

考核评价

实训任务 12 考核评价表见表 12-4。

表 12-4 考核评价表

班 组			任务名称		综合评分	
任务分工						
（1）对导线测量的选点、测角、测距及坐标计算等理论知识通过学习相应教程进行考核。 （2）全站仪测量水平角及水平距离的操作步骤、记录表的填写等实践操作，通过实操项目进行考核						
学生自评	实训任务完成情况					
	评价项目		评价内容	评价标准		评价结果
	技能目标	实训准备	设备及备品	仪器工具选择正确，自备品齐全		
			人员组织	人员到位，分工明确		
		实训方法	操作方法和步骤	置镜、整平、瞄准、读数正确		
			操作标准及规范	高度适中，按程序规范操作		
		实训质量	手簿记录	用规定的笔、记录表填写，保持原始记录，记录格式规范、完整，更改数据规范，按规定回报		
			数据处理	外业计算、心算准确、快速、内业计算方法正确，数据准确		
			成果精度	符合规定的精度		
	素质目标	实训安全	安全操作	取放仪器规范，观测结束螺旋归位，观测中无骑腿、坐仪器箱等行为，操作符合测量仪器使用规程		
			实训后现场整理	实训结束仪器复位，仪器室整洁		
	（根据个人实际情况选择：A. 能够完成；B. 基本能完成；C. 不能完成）					
小组评价	团队合作___；学习效率___；获取信息能力___；交流沟通能力___；动手操作能力___（根据完成任务情况填写：A. 优秀；B. 良好；C. 合格；D. 有待改进）					
总结与反思						
教师评价						

实训任务 13　视距测量

📖 教学目标

1. 素质目标

（1）培养科学分析问题的能力。
（2）培养严谨务实的工作态度，保证测量数据的可靠性。
（3）培养规范作业、耐心细致的责任心和职业意识。

2. 知识目标

（1）理解并掌握视距测量的技术要求。
（2）掌握经纬仪视距测量的操作步骤。
（3）理解并掌握视距测量的读数、记录、计算方法。

3. 能力目标

（1）能够熟练操作 DJ_6（DJ_2）经纬仪。
（2）能够正确按视距测量的操作步骤读数并填写记录表。
（3）能够正确计算视距、水平距离、高差等。

📦 任务引入

视距测量是利用测量仪器望远镜中的视距丝并配合视距尺，根据几何光学及三角学原理，同时测定两点间的水平距离和高差的一种方法。此法操作简单，速度快，不受地形起伏的限制，但测距精度较低，一般可达 1/200，因此常用于地形测图。如图 13-1 所示，如何在 A 点安置经纬仪观测出目标 B 与测站 A 之间的水平距离和高差呢？

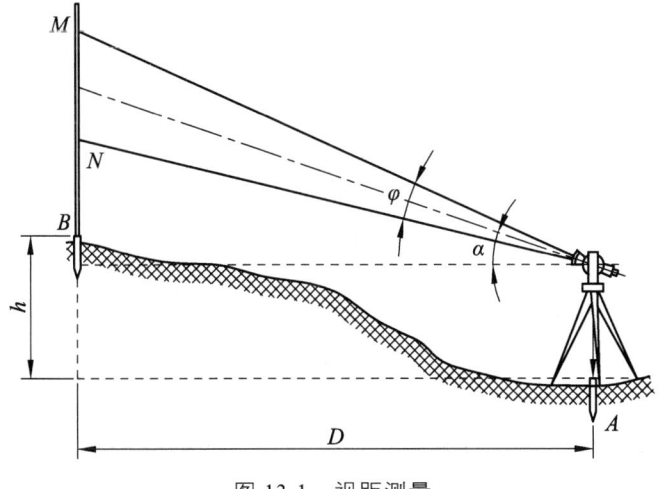

图 13-1　视距测量

知识学习

一、视距测量原理

（一）水平视线计算公式

如图 13-2 所示，在 A 点安置经纬仪，在 B 点竖立标尺，望远镜视线水平时，用十字丝的上、下丝读出标尺数 m 和 n，则尺间隔 $l=m-n$，由图中相似三角形可知：$d=\dfrac{f}{p}l$，则水平距离：

$$D = d + f + \delta$$

令 $K=\dfrac{f}{p}$，$C=f+\delta$，则

$$D = Kl + C$$

目前望远镜的视距常数设计时已使 $K=100$，C 接近于零，因此水平距离 $D=Kl$。两点间的高差为仪器高 i 与中丝读数 v 之差，即 $h=i-v$。

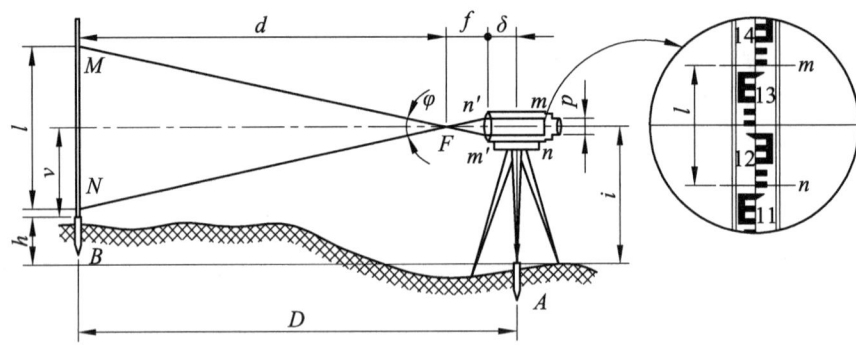

图 13-2 水平视线视距测量

（二）倾斜视线的计算公式

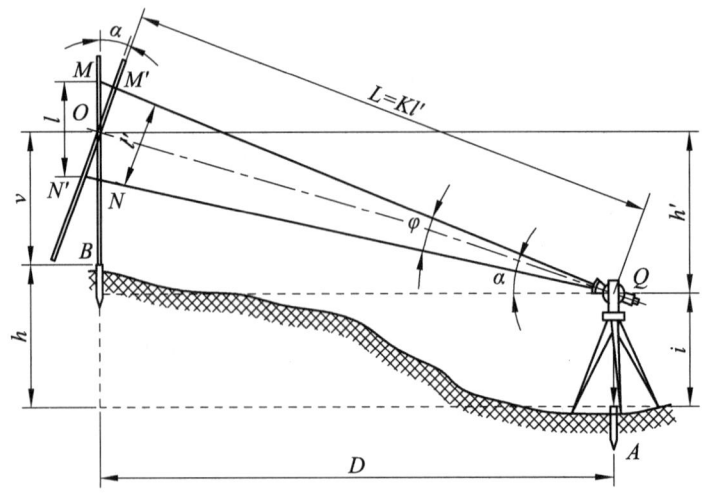

图 13-3 倾斜视线视距测量

当地面起伏较大时，必须将望远镜倾斜才能照准视距尺，如图 13-3 所示，此时的视准轴不再垂直于尺子，前面推导的公式就不适用了。因此，在推导倾斜视线的视距公式时，必须加上视距尺不垂直于视准轴的改正和倾斜距离化为水平距离的改正。

由图 13-3 可知：

$$l' = M'N' = l\cos\alpha$$

斜距　　　　$L = Kl' = Kl\cos\alpha$

水平距离　　$D = L\cos\alpha = Kl\cos^2\alpha$

初算高差　　$h' = D\tan\alpha = L\sin\alpha = \frac{1}{2}Kl\sin 2\alpha$

高程差　　　$h = h' + i - v$

二、视距测量方法

（1）安置仪器于测站点上，对中、整平后，量取仪器高 i 至厘米。

（2）在待测点上竖立视距尺。

（3）转动仪器照准部照准视距尺，在望远镜中分别用上、下、中丝读得读数 M、N、V；再使竖盘指标水准管气泡居中（或补偿器打开至 on），在读数显微镜中读取竖盘读数。

（4）根据读数 M、N 算得视距间隔 l，根据竖盘读数算得竖角 α，利用水平距离和高差计算公式，计算平距 D 和高差 h。记录及计算见表 13-1。

表 13-1　视距测量记录表

测站点：__D1-1__　　后视点：__D1-2__　　仪器高 i：__1.51__ m　　测站高程：__101.25__ m

点号	上丝读数/m	下丝读数/m	视距 Kl/m	中丝读数/m	水平读数 β/(° ′)	竖盘读数 L/(° ′)	竖直角 α/(° ′)	水平距离 $Kl\cos^2\alpha$/m	高差 $D\tan\alpha+i-v$/m	高程/m
1	1.685	1.300	38.5	1.51	45 36	83 20	6 40	37.98	4.44	105.69
2	2.384	1.820	56.4	2.10	189 15	86 15	3 45	56.16	3.68	104.93
3	1.236	1.000	23.6	1.10	301 20	93 34	-3 34	23.51	-1.47	99.78

🔷 任务实施

一、实训内容

（1）在 A 点安置经纬仪，按视距测量的要求观测 B、C 点的平距和高差。

（2）每人安置仪器至少 1 次，观测、跑点、记录、计算等工作至少 2 次。

（3）完成视距测量的平距、高差等计算。

（4）书写实训报告，每人交 1 份。

二、实训分组及设备（工具）准备

每 2～4 人 1 组，借领 DJ$_6$ 经纬仪 1 台、记录板 1 块、三脚架 1 个；自备铅笔、卷笔刀、计算器等工具。

三、实训步骤

1. 安置仪器

各小组在指定的场地内，按组号选择 A 点安置经纬仪，对中、整平后量出仪器高 i。

2. 观测、记录

使望远镜位于盘左位置，瞄准目标 B，读上、下丝读数，并填入记录表，计算出视距；中丝对准仪器高处，读竖盘读数、水平盘读数，记入记录表。

松开制动螺旋，转动照准部瞄准 C 点，按上述方法观测并记录读数。

3. 计算与检核

按视距测量的要求用公式计算竖直角、水平距离、高差和高程。

四、实训注意事项

（1）仪器从箱中取出前，应记下它的放置位置，以免装箱时不能恢复到原位。

（2）将经纬仪由箱中取出并安放到三脚架上时，必须是一只手握住经纬仪的一个支架，另一只手托住基座底部，并立即旋紧中心连接螺旋，严防仪器从脚架上掉下摔坏。

（3）安置经纬仪时，应使三脚架架头大致水平，以便能较快地完成对中、整平操作。

（4）操作仪器时应用力均匀。转动照准部或望远镜时，要先松开制动螺旋，切不可强行转动仪器。旋紧制动螺旋时用力要适度，不宜过紧。微动螺旋、脚螺旋有一定调节范围，宜使用中间部分。

（5）在三脚架架头上移动经纬仪完成对中后，要立即旋紧中心连接螺旋。

（6）水平度盘和竖盘读数只需准确读到 1′即可。

（7）视距读数时，下丝应尽量对准整分划数，再读取上丝读数，以减少读数误差。

（8）记录员听到观测员读数后应向观测员回报，经核实无误后方可记入手簿，以防听错而记错。

（9）视距测量只需盘左观测，因此观测前要检查竖盘指标差，观测中不要倒镜。

五、实训记录及报告

（1）什么是视距测量？

（2）视距测量的操作步骤有哪些？

（3）记录表格（表13-2）。

表13-2 视距测量记录表

日期：_____ 天气：_____ 仪器号：_____ 观测：_____ 记录：_____
测站点：_____ 后视点：_____ 仪器高 i：_____ m 测站高程：_____ m

点号	上丝读数/m	下丝读数/m	视距 Kl/m	中丝读数 v/m	水平读数 β /(° ′)	竖盘读数 L /(° ′)	竖直角 α /(° ′)	水平距离 $Kl\cos^2\alpha$ /m	高差 $D\tan\alpha+i-v$ /m	高程 /m

考核评价

实训任务 11 考核评价表见表 13-3。

表 13-3　考核评价表

班　组			任务名称		综合评分	
任务分工						
（1）对视距测量的观测、记录、计算等理论知识通过学习相应教程进行考核。 （2）经纬仪视距测量的操作步骤、记录表的填写等实践操作，通过实操项目进行考核						
学生自评	\multicolumn{5}{c}{实训任务完成情况}	
	评价项目		评价内容	评价标准		评价结果
	技能目标	实训准备	设备及备品	仪器工具选择正确，自备品齐全		
			人员组织	人员到位，分工明确		
		实训方法	操作方法和步骤	置镜、整平、瞄准、读数正确		
			操作标准及规范	高度适中，按程序规范操作		
		实训质量	手簿记录	用规定的笔、记录表填写，保持原始记录，记录格式规范、完整，更改数据规范，按规定回报		
			数据处理	外业计算、心算准确、快速，内业计算方法正确，数据准确		
			成果精度	符合规定的精度		
	素质目标	实训安全	安全操作	取放仪器规范，观测结束螺旋归位，观测中无骑腿、坐仪器箱等行为，操作符合测量仪器使用规程		
			实训后现场整理	实训结束仪器复位，仪器室整洁		
	\multicolumn{5}{c}{（根据个人实际情况选择：A. 能够完成；B. 基本能完成；C. 不能完成）}	
小组评价	\multicolumn{6}{l}{团队合作___；学习效率___；获取信息能力___；交流沟通能力___；动手操作能力___（根据完成任务情况填写：A. 优秀；B. 良好；C. 合格；D. 有待改进）}
总结与反思						
教师评价						

实训任务 14　经纬仪视距法测图

教学目标

1. 素质目标

（1）培养科学分析问题的能力。

（2）培养严谨务实的工作态度，保证测量数据的可靠性。

（3）培养规范作业、耐心细致的责任心和职业意识。

2. 知识目标

（1）理解并掌握视距法测图的技术要求。

（2）掌握经纬仪视距法测图的操作步骤。

（3）理解并掌握视距法测图的读数、记录、计算方法及展点绘图。

3. 能力目标

（1）能够熟练操作 DJ_6（DJ_2）经纬仪。

（2）能够正确按视距测量的操作步骤读数并填写记录表。

（3）能够正确计算视距、水平距离、高差及展绘地形点等。

任务引入

如图 14-1 所示，如何在 A 点安置经纬仪用视距法观测出地物（地貌）点 P，并根据水平角及计算的水平距离和高程展点绘图？

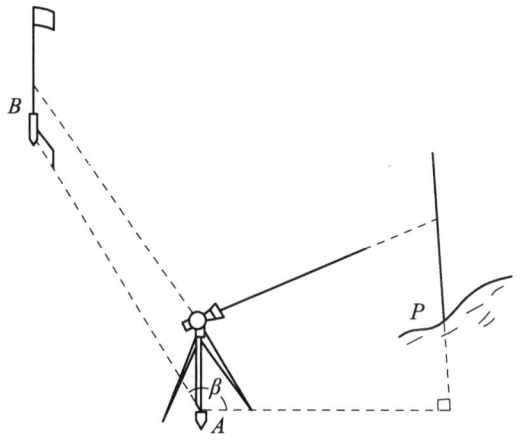

图 14-1　经纬仪视距法测图

知识学习

一、测图前的准备工作

（一）图纸准备

大比例尺地形图的图幅大小一般为 50 cm×50 cm、50 cm×40 cm、40 cm×40 cm。为保

证测图的质量，应选优质绘图纸。一般临时性测图，可直接将图纸固定在图板上进行测绘。

（二）绘制坐标格网

为了准确地将控制点展绘在图纸上，首先要在图纸上绘制 10 cm×10 cm 的直角坐标格网。绘制坐标格网的工具和方法很多，一般临时性测图常用对角线法绘制格网。

（三）展绘控制点

展绘控制点前，首先要按图的分幅位置，确定坐标格网线的坐标值（图 14-2），也可根据测图控制点的最大和最小坐标值来确定，使控制点安置在图纸上的适当位置。

展绘控制点，先要根据其坐标，确定所在的方格。例如图 14-2 中 D 点的坐标 X=1420.34 m，Y=2423.43 m，根据 D 点的坐标值，可确定其位置在 $efhg$ 方格内。分别从 ef 和 gh 按比例各量取 20.34m，得 i、j 两点；然后从 i 点开始沿 ij 方向按比例量取 23.43 m，得 D 点。同法可将图幅内所有控制点展绘在图纸上，最后用比例尺量取各相邻控制点间的距离作为检查，其误差不应超过图上 0.3 mm。图纸上的控制点一般在其右侧以分数形式注记，分子为点名，分母为高程。

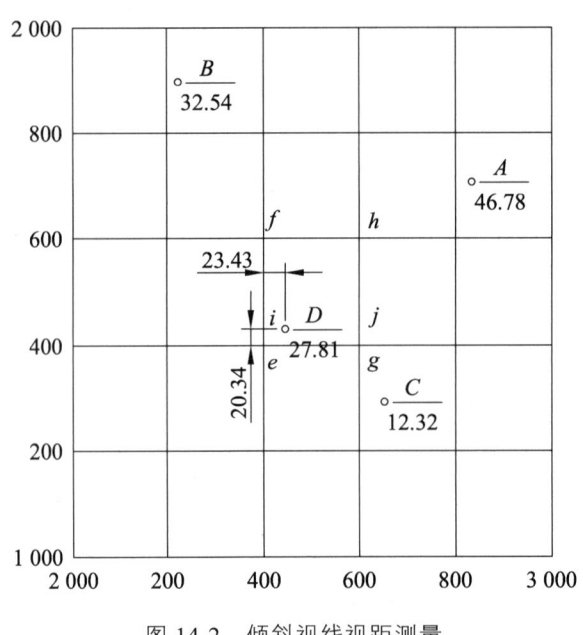

图 14-2　倾斜视线视距测量

二、碎部测量

碎部测量是以控制点为测站，测定周围碎部点的平面位置和高程，并按规定的图示符号绘制成图。

（一）碎部点的选择

地物特征点，一般选在地物轮廓的方向线变化处，如房屋角点、道路转折点或交叉点、河岸水涯线或水渠的转弯点等。对于形状不规则的地物，通常要进行取舍。一般的规定是主要地物凸凹部分在地形图上大于 0.4 mm 均应测定出来，小于 0.4 mm 时可用直线连接。一些非比例表示的地物，如独立树、纪念碑和电线杆等独立地物，则应选在中心点位置。地貌特征点，通常选在最能反映地貌特征的山脊线、山谷线等地性线上，如山顶、鞍部、山脊、山谷、山坡、山脚等坡度或方向的变化点。利用这些特征点勾绘等高线，才能在地形图上真实地反映出地貌来。

（二）地物、地貌的描绘

碎部点展绘在图上后，就可对照实地按图式规定的符号描绘地物和勾绘等高线。等高线勾绘的高程均为等高距 h 的整倍数，因而需要在两碎部点之间内插以 h 为间隔的等高点。常用的勾绘方法有目估法（图 14-3）和图解法。

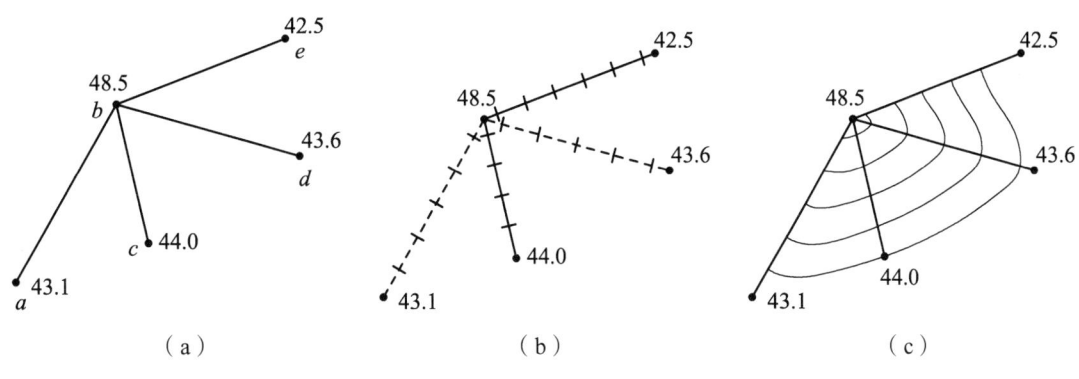

图 14-3　目估法勾绘等高线

（三）经纬仪测图方法

（1）仪器安置：如图 14-1 所示，在测站 A 上安置经纬仪，量取仪器高 i，填入手簿，在视距尺上用红绳条标出仪器高的位置 v，以便照准。将水平度盘读数配置为 0°，照准控制点 B，作为后视点的起始方向，并用视距法测定其距离和高差填入手簿，以便进行检查。

（2）跑尺：在地形特征点上立尺的工作通称为跑尺。立尺点的位置、密度、远近及跑尺的方法影响着成图的质量和功效。立尺员在立尺之前，应弄清实测范围和实地情况，选定立尺点，并与观测员、绘图员共同商定跑尺路线，依次将尺立置于地物、地貌特征点上。

（3）观测：将经纬仪照准地形点 P 的标尺，中丝对准仪器高处的红绳（或另一位置读数），按上下丝读取视距间隔 l，并读取竖盘读数 L 及水平角，记入手簿进行计算。然后将 P 点水平读数、平距、高程报给绘图员。同法测定其他各碎部点。结束前，应检查经纬仪的零方向是否符合要求。

（4）绘图：根据图上已知的零方向，在 A 点上用量角器定出 P 的方向，并在该方向上按比例尺针刺平距定出 P 点；以该点为小数点注记其高程。同法展绘其他各点，并根据这些点绘图。地形测量记录表见表 14-1。

表 14-1　地形测量记录表

日期：_____　　天气：_____　　仪器号：_____　　观测：_____　　记录：_____

测站	测点	上丝读数 /m	下丝读数 /m	视距 Kl/m	中丝读数 v/m	水平读数 β /(°′)	竖盘读数 L /(°′)	竖直角 α /(°′)	水平距离 $D=Kl\cos^2\alpha$ /m	仪器高 i/m	高差 $h=D\tan\alpha+i-v$/m	高程 /m	注记
D1-1	D1-2									1.51		101.25	
	1	1.685	1.300	38.5	1.51	45 36	83 20	6 40	37.98		4.44	105.69	地形
	2	2.384	1.820	56.4	2.10	189 15	86 15	3 45	56.16		3.68	104.93	地形
	3	1.236	1.000	23.6	1.10	301 20	93 34	-3 34	23.51		-1.47	99.78	地形

◆ 任务实施

一、实训内容

（1）在控制点 A 上安置经纬仪，按视距测量的要求观测附近地物、地貌特征点，并展点绘图。

（2）视距法测图的观测、跑点、记录、绘图等工作每人至少轮流 1 遍。

（3）完成碎部测量的各项记录、计算及地物、地貌的描绘。

（4）书写实训报告，每人交 1 份。

二、实训分组及设备（工具）准备

每 4～6 人 1 组，借领 DJ_6 经纬仪 1 台、三脚架 1 个、标尺 1 对、图板 1 块、记录板 1 块、半圆仪 1 个；自备铅笔、卷笔刀、计算器、图纸（提前绘制方格网）、三角板等工具。

三、实训步骤

1. 安置仪器

各小组在指定的场地内，按组号选择导线测量的控制点 A 安置经纬仪，对中、整平后量出仪器高 i，瞄准另一控制点 B 归零，检查 AB 边的距离与图上长度是否一致。

2. 碎部点的观测、记录及计算

小组内成员做好分工，跑尺、观测、绘图人员协商好跑尺路线。各碎部点的观测方法：跑尺员将标尺立在地形特征点上，观测员将望远镜置于盘左位置，瞄准标尺，读上、下丝读数，中丝对准仪器高处，读竖盘读数、水平盘读数；记录员回报读数并填入记录表，用计算器按视距公式计算出视距、水平距离、高差及高程，并将各点的水平读数 β、平距 D 及高程 H 报给绘图员展绘。

3. 展点绘图

绘图员将半圆仪用大头针钉在图上 A 点，以 AB 为定向边，根据水平读数 β 找到碎部点的方向，再根据平距 D 按比例尺定出点的平面位置，以该点为小数点注记其高程。最后根据展出的地物、地貌点，结合实际地形，用图式符号连接、描绘同类地物点；根据相邻地貌点的高程，用目估法内插勾绘等高线，完成所测地形图的清绘、整饰。

四、实训注意事项

（1）仪器从箱中取出前，应记下它的放置位置，以免装箱时不能恢复到原位。

（2）将经纬仪由箱中取出并安放到三脚架上时，必须是一只手握住经纬仪的一个支架，另一只手托住基座底部，并立即旋紧中心连接螺旋，严防仪器从脚架上掉下摔坏。

（3）安置经纬仪时，应使三脚架架头大致水平，以便能较快地完成对中、整平操作。

（4）操作仪器时应用力均匀。转动照准部或望远镜时，要先松开制动螺旋，切不可强行转动仪器。旋紧制动螺旋时用力要适度，不宜过紧。微动螺旋、脚螺旋有一定调节范围，宜使用中间部分。

（5）在三脚架架头上移动经纬仪完成对中后，要立即旋紧中心连接螺旋。

（6）水平度盘和竖盘读数只需准确读到 $1'$ 即可。

（7）视距读数时，下丝应尽量对准整分划数，再读取上丝读数，以减少读数误差。

（8）记录员听到观测员读数后应向观测员回报，经核实无误后方可记入手簿，以防听错而记错。

（9）视距测量只需盘左观测，因此观测前要检查竖盘指标差，观测中不要倒镜。

（10）坚持野外边测边绘，即观测员报出水平角后，绘图员随即将零方向线对准半圆仪上水平角读数。待报出平距和高程后，马上展绘出该碎部点。

（11）每测 30 个碎部点或结束观测时要检查零方向，即归零，归零差不得超过 $5'$。

五、实训记录及报告

（1）经纬仪视距法测绘地形图有哪些工作？

（2）记录表格（表 14-2）。

表 14-2　地形测量记录表

日期：_____　天气：_____　仪器号：_____　观测：_____　记录：_____

测站	测点	上丝读数/m	下丝读数/m	视距Kl/m	中丝读数v/m	水平读数β/(°′)	竖盘读数L/(°′)	竖直角α/(°′)	水平距离$D=Kl\cos^2\alpha$/m	仪器高i/m	高差$h=D\tan\alpha+i-v$/m	高程/m	注记

考核评价

实训任务 14 考核评价表见表 14-3。

表 14-3　考核评价表

班　组			任务名称		综合评分	
任务分工						
（1）对视距法测图的观测、记录、计算、绘图等理论知识通过学习相应教程进行考核。 （2）经纬仪视距法测图的操作步骤、记录表的填写等实践操作，通过实操项目进行考核						
学生自评	实训任务完成情况					
	评价项目		评价内容	评价标准		评价结果
	技能目标	实训准备	设备及备品	仪器工具选择正确，自备品齐全		
			人员组织	人员到位，分工明确		
		实训方法	操作方法和步骤	置镜、整平、瞄准、读数正确		
			操作标准及规范	高度适中，按程序规范操作		
		实训质量	手簿记录	用规定的笔、记录表填写，保持原始记录，记录格式规范、完整，更改数据规范，按规定回报		
			数据处理	外业计算、心算准确、快速，内业计算方法正确，数据准确		
			成果精度	符合规定的精度		
	素质目标	实训安全	安全操作	取放仪器规范，观测结束螺旋归位，观测中无骑腿、坐仪器箱等行为，操作符合测量仪器使用规程		
			实训后现场整理	实训结束仪器复位，仪器室整洁		
	（根据个人实际情况选择：A. 能够完成；B. 基本能完成；C. 不能完成）					
小组评价	团队合作＿＿＿；学习效率＿＿＿；获取信息能力＿＿＿；交流沟通能力＿＿＿；动手操作能力＿＿＿（根据完成任务情况填写：A. 优秀；B. 良好；C. 合格；D. 有待改进）					
总结与反思						
教师评价						

实训任务 15　全站仪数字化测图

📖 教学目标

1. 素质目标
（1）培养科学分析问题的能力。
（2）培养严谨务实的工作态度，保证测量数据的可靠性。
（3）培养规范作业、耐心细致的责任心和职业意识。

2. 知识目标
（1）熟悉全站仪的操作界面、显示符号的含义、按键名称及其功能等。
（2）掌握全站仪草图法数字化测图的方法。
（3）理解并掌握全站仪的数据采集方法。

3. 能力目标
（1）能够正确进行全站仪的对中、整平。
（2）能够正确按程序完成全站仪的数据采集，存储并传输数据。
（3）能够正确绘制数据采集时的草图。

📦 任务引入

如图 15-1 所示，已知两个图根导线点，如何使用全站仪草图法采集池塘及附近地物、地貌数据，并用 CASS 软件数字化成图？

📦 知识学习

一、数字测图概述

数字测图实质是一种全解析的机助制图方法。它是以计算机为核心，在外联输入输出设备的支持下，对地形和地物空间数据进行采集、输入、绘图、输出、管理的测绘方法。数字测图有野外数字测量、数字摄影测量、内业扫描数字化测量等作业模式，其作业流程分为数据采集、数据处理和数据输出三个阶段。

数字测图系统包括硬件和软件两部分。硬件主要由计算机、全站仪、数据记录器（电子手簿）、绘图仪等设备组成；软件必须通用性强，稳定性好，且具有数据采集、输入、数据处理、数据库管理、图形编辑、修改和绘图等功能。

数字测图的野外测量模式是用全站仪或 GPS 进行实地测量，将野外采集的数据存储到记录设备，并在现场绘制地形（草）图，到室内将数据传输到计算机，人机交互编辑后，自动生成地形图。

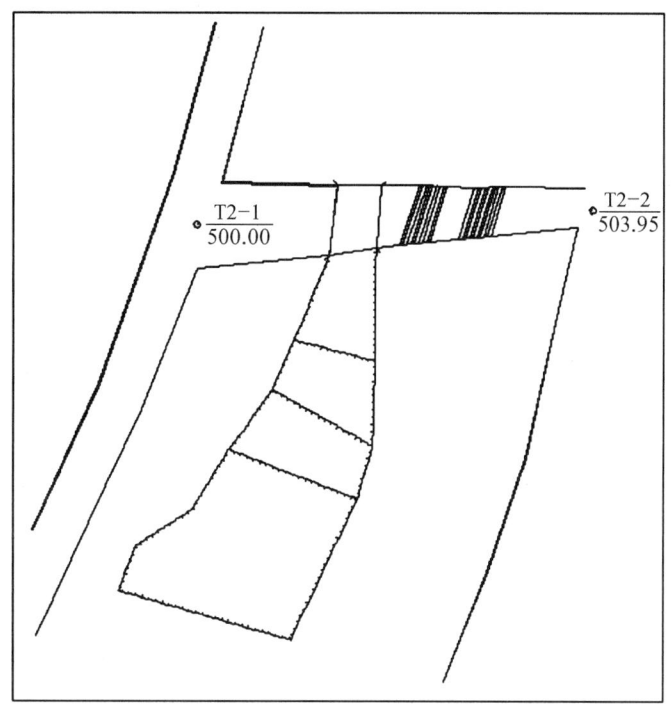

图 15-1 校园池塘平面图

二、全站仪数字化测图

全站仪数据采集有草图法、简码法、编码引导法等作业方式,草图法因不需要记忆地形符号编码而被广泛使用。下面介绍草图法的作业流程。

(一)人员组织

(1)观测员 1 人:操作全站仪,观测并记录数据。
(2)领图员 1 人:指挥跑点员,并现场绘制草图。
(3)跑点员 1~2 人:现场跑点,与观测员、领图员协商跑点路线。
(4)内业制图员 1 人:一般由领图员兼任,担负内业制图任务,用 CASS 软件展点绘图。

(二)数据采集(以南方 NTS-300 系列全站仪为例)

1. 操作步骤
(1)选择数据采集文件,使其所采集数据存储在该文件中。
(2)选择坐标数据文件,可进行测站坐标数据及后视坐标数据的调用。(当无须调用已知点坐标数据时,可省略此步骤。)
(3)设置测站点,包括仪器高和测站点号及坐标。
(4)设置后视点,通过测量后视点进行定向,确定方位角。
(5)设置待测点的点名、编码和棱镜高,开始采集,存储数据。

2. 准备工作
(1)数据采集文件的选择。

首先必须选定一个数据采集文件，在启动数据采集模式之前即可出现文件选择显示屏，由此可选定一个文件，见表15-1。

表15-1 数据采集文件的选择

操作过程	操作	显示
按 MENU 键	MENU	菜单　　　　　　　　1/2 F1：数据采集 F2：测量程序 F3：内存管理　　　P↓
由主菜单1/2按 F1（数据采集）键	F1	选择一个文件 FN： 输入　调用　　　回车
按 F2（调用）键，显示文件目录*	F2	文件调用 ->*LIFDATA　　/M0234 　DIEDATA　　　/M0355 查阅　　　　　　　回车
按[▲]或[▼]键使文件表向上下滚动，选定一个文件**	[▲]或[▼]	文件调用 　DIEDATA　　　/M0355 ->KLSDATA　　/M0038 查阅　　　　　　　回车
按 F4（回车）键，文件即被确认，显示数据采集菜单1/2	F4	数据采集　　　　　1/2 F1：输入测站点 F2：输入后视点 F3：测量　　　　　P↓

* 如果您要创建一个新文件，并直接输入文件名，可按 F1（输入）键，然后键入文件名。
** 如果菜单文件已被选定，则在该文件名的左边显示一个符号"*"。按 F1（查阅）键可查看箭头所标定的文件数据内容。
选择文件也可由数据采集菜单2/2按上述同样方法进行。

（2）坐标文件的选择（供数据采集用）。

若需调用坐标数据文件中的坐标作为测站点或后视点坐标用，则预先应由数据采集菜单2/2选择一个坐标文件，见表15-2。

表 15-2　坐标文件的选择

操作过程	操作	显示
由数据采集菜单 2/2 按 F1（选择文件）键	F1	选择文件 F1：测量文件 F2：坐标文件
按 F2（坐标文件）键	F2	选择一个文件 FN： 输入　调用　　　回车
按 F2（调用）键	F2	文件调用 ->&A　　　　/C　10 　B　　　　/C　8 查阅　　　　　　回车
按[▲]或[▼]键使文件表向上下滚动，选定一个文件*，按 F4（回车）键确认，回到数据采集菜单 2/2	F4	数据采集　　　　　2/2 F1：选择文件 F2：输入编码 F3：设置　　　　P↓

* "&" 表示当前选定的坐标文件。按 F1（查阅）键可查看箭头所标定的坐标文件内容。

（3）测站点和后视点。

测站点与定向角在数据采集模式和正常坐标测量模式中是相互通用的，可以在数据采集模式下输入或改变测站点和定向角数值。

① 测站点坐标可按如下两种方法设定：利用内存中的坐标数据来设定；直接由键盘输入。

② 后视点定向角可按如下三种方法设定：利用内存中的坐标数据来设定；直接键入后视点坐标；直接键入设置的定向角。

③ 方位角的设置需要通过测量来确定。

设置测站点示例见表 15-3（利用内存中的坐标数据来设置测站点的操作步骤）。

表 15-3　设置测站点示例

操作过程	操作	显示
由数据采集菜单 1/2，按 F1（输入测站点）键，即显示原有数据	F1	点名 -> 编码： 仪高：　　0.000　m 输入　查找　测站　记录

续表

操作过程	操作	显示
按 F3（测站）键	F3	测站点 点名： 输入　调用　坐标　回车
按 F1（输入）键	F1	测站点 点名：_ 回退　空格　　　回车
输入点名，按 F4 键	输入点名 F4	点名 ->PT-11 编码： 仪高：　　0.000　m 输入　查找　测站　记录
输入编码，仪高*	输入编码 输入仪高	点名：　　PT-11 编码-> 仪高：　　1.235　m 输入　查找　测站　记录
按 F4（记录）键	F4	点名：　　PT-11 编码： 仪高->　　1.235　m 输入　查找　测站　记录 记录？　　　[否]　[是]
按 F4（是）键，显示屏返回数据采集菜单 1/2	F4	数据采集　　　　1/2 F1：输入测站点 F2：输入后视点 F3：测量　　　　P↓

* 如果不需要输入仪高（仪器高），则可按 F3（记录）键。
在数据采集中，测量文件存入的测站数据有点号、标识符和仪高，坐标文件中存储测站坐标。
如果在内存中找不到给定的点，则在显示屏上就会显示"点名错误"。

　　设置方向角示例见表 15-4（方位角一定要通过测量来确定）。以下通过输入点号设置后视点将后视定向角数据寄存在仪器内。

表 15-4　设置方向角示例

操作过程	操作	显示
由数据采集菜单 1/2 按 F2（后视），即显示原有数据	F2	点名 -> 编码： 镜高：　　　0.000 m 输入　置零　后视　测量
按 F3（后视）键*	F3	后视点 点名： 输入　调用　坐标　回车
按 F1（输入）键	F1	后视点 点名：_ 回退　空格　　　回车
输入点名，按 F4（回车）键 按同样方法，输入点编码，反射镜高**	输入 PT-22 F4	点名 ->PT-22 编码： 镜高：　　　0.000 m 输入　置零　后视　测量
按 F4（测量）键	F4	点名 ->PT-22 编码： 镜高：　　　0.000 m 角度　斜距　坐标
照准后视点，选择一种测量模式并按相应的软键，如 F2（斜距）键。 进行斜距测量，根据定向角计算结果设置水平度盘读数，测量结果被寄存，显示屏返回到数据采集菜单 1/2	照准 F2	V:　　90° 00′ 00″ HR:　　0° 00′ 00″ SD*　　　　　　m 测量 数据采集　　　　1/2 F1：输入测站点 F2：输入后视点 F3：测量　　　　P↓

* 每次按 F3 键，输入方法就在坐标值、设置角和坐标点之间交替交换。

** 点编码可以通过输入字母数字来输入，为了显示编码库文件内容，可按 F2（查找）键，如果在内存中找不到给定的点，则在显示屏上就会显示"点名错误"。

3. 进行待测点的测量,并存储数据(表 15-5)

表 15-5 测量并储存数据

操作过程	操作	显示
由数据采集菜单 1/2, 按 F3(测量)键,进入待测点测量	F3	数据采集　　　　　　1/2 F1：测站点输入 F2：输入后视 F3：测量　　　　　　P↓ 点名 -> 编码： 镜高：　　0.000　m 输入　查找　测量　同前
按 F1(输入)键,输入点名后按 F4 确认	F1 输入点名 F4	点名 ->_ 编码： 镜高：　　0.000　m 回退　空格　数字　回车 点名：PT-01 编码 -> 镜高：　　0.000　m 输入　查找　测量　同前
按同样方法输入编码,棱镜高*	F1 输入编码 F4 F1 输入镜高 F4	点名：PT-01 编码 -> SOUTH 镜高：　　1.200　m 输入　查找　测量　同前
按 F3(测量)键	F3	点名：PT-01 编码 -> SOUTH 镜高：　　1.200　m 角度　斜距　坐标　偏心
照准目标点	照准	
按 F1 到 F3 中的一个键, 如 F3(坐标)键开始测量, 按 F4(记录)键,数据被存储, 显示屏变换到下一个镜点**	F2	V:　　　90°00′00″ HR:　　　0°00′00″ SD* [n]　　　0.133m 　　　　　　　　记录 　　＜已记录!＞

续表

操作过程	操作	显示
输入下一个镜点数据并照准该点		点名 -> PT-02 编码： SOUTH 镜高： 1.200 m 输入 查找 测量 同前
按 F4（同前）键， 按照上一个镜点的测量方式进行测量，测量数据被存储。 按同样方式继续测量 按 ESC 键即可结束数据采集模式	照准 F4	V： 90° 00′ 00″ HR： 0° 00′ 00″ SD* [n] 0.345 m 记录 < 已记录!> 点号-> PT-03 编码： SOUTH 镜高： 1.200 m 输入 查找 测量 同前

* 点编码可以通过输入字母数字来输入，为了显示编码库文件内容，可按 F2（查找）键。
** 若测量模式为单次测量，则测量数据自动存入内存中，不需要按记录键。

4. 查找记录数据

在运行数据采集模式时，可以查阅记录数据（表 15-6）。

表 15-6　查找记录数据

操作过程	操作	显示
运行数据采集模式期间可按 F2（查找）键，此时在显示屏的右上方会显示出工作文件名	F2	点名 ->PT-03 编码： 镜高： 1.200 m 输入 查找 测量 同前
在三种查找模式中选择一种按 F1 到 F3 中的一个键	F1～F3	FN： SOUTH F1： 第一个数据 F2： 最后一个数据 F3： 按点名查找

（三）数据传输与保存

将通信电缆连接全站仪与计算机 COM 口，设置好全站仪的通信参数，执行菜单"数据/

读取全站仪数据",选择全站仪类型,设置与全站仪一致的通信参数,选择 CASS 坐标文件,单击"转换"按钮,即可将外业采集数据转换成用于 CASS 展点的坐标数据,保存到设定的文件中,如图 15-2 所示。

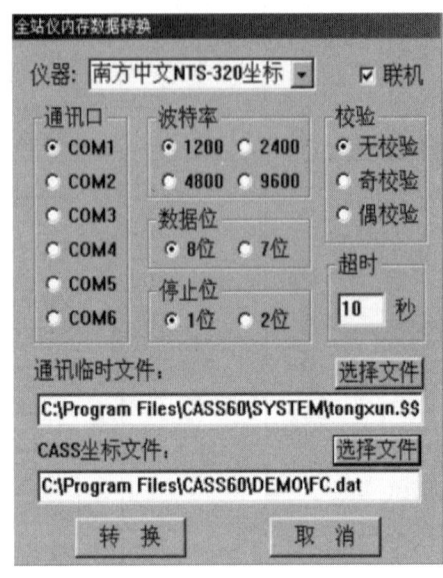

图 15-2　全站仪数据转换

（四）展点绘图

通过 CASS 软件的定显示区、展野外测点点号、展高程点展出碎部点,然后根据野外绘制的草图,从屏幕菜单中选择相应的图式符号绘制地物平面图,最后勾绘出等高线并进行编辑、加方格网、绘图幅及图廓注记等,完成数字地形图的绘制（具体步骤见实训任务 16）。

任务实施

一、实训内容

（1）在一个导线点安置全站仪,进行测站设置,以另一个导线点定向。
（2）每人在跑点、观测、绘草图等工作中轮换至少 1 遍。
（3）完成指定区域的地物、地貌点数据采集及记录,并按要求绘制草图（图 15-1）。
（4）书写实训报告,每人交 1 份。

二、实训分组及设备（工具）准备

每 3~5 人 1 组,借领南方全站仪 1 台、三脚架 1 个、对中杆及棱镜 1 组、记录板 1 个；自备铅笔、卷笔刀、图纸等用具。

三、实训步骤

1. 准备工作

（1）各小组做好分工（观测、跑点、绘草图等）安排。

（2）全站仪的开机。按电源键开机，将仪器初始化，即松开望远镜的制动螺旋和水平制动螺旋，旋转望远镜和照准部。若仪器给出"X 补偿超限"信息，说明仪器没有整平，重新整平即可。

（3）在指定的实训场地内选择一导线点作为测站，进行对中、整平，并量出仪器高。

（4）按坐标测量键，进入坐标测量模式，或用 MENU 键选择数据采集，再选择坐标文件或直接输入测站坐标、仪器高，完成测站设置。

（5）在坐标测量模式或数据采集模式中选择数据文件或直接输入后视点的坐标及棱镜高，照准后视点，完成定向设置。

2. 全站仪的数据采集（或坐标测量）

（1）在坐标测量模式或数据采集模式下，照准待测点，输入棱镜高，按测量键，记录测点坐标（表 15-1），绘制测站附近地形（草）图，图上点号与记录测点号一致。

（2）继续下一个点的观测、记录及草图绘制，直至测完测区内地形点。

3. 展点绘图

（1）将外业观测数据用"记事本"编辑录入，格式为"点名，编码，Y，X，H"，数据文件保存后将后缀名改为.dat（录入时应为英文输入状态）。

（2）打开 CASS 软件，按步骤要求定显示区、展点号、绘地物平面图、绘等高线、编辑地形图。

四、实训注意事项

（1）仪器从箱中取出前，应记下它的放置位置，以免装箱时不能恢复到原位。

（2）数据采集只需盘左测量即可。

（3）全站仪是目前价格昂贵的先进测量仪器之一，在使用时必须严格遵守操作规程，十分注意爱护仪器。操作仪器螺旋时，必须注意力度。

（4）在安装和拆卸仪器时，一定要一手握仪器，一手操作中心螺旋，必须及时将中心螺旋旋紧。

（5）在阳光下使用全站仪测量时，一定要撑伞遮掩仪器，严禁用望远镜对准太阳等强光源。

（6）禁止用手触摸仪器镜面、反光镜面。

（7）在装卸电池时，必须先关断电源。

（8）迁站时，即使距离很近，也必须取下全站仪装箱搬运，并注意防震。

五、实训记录及报告

（1）如何进行全站仪测站设置？

（2）全站仪定向的方法有哪些？

（3）记录表格（表15-7）。

表 15-7　全站仪坐标测量记录表

日期：_____　天气：_____　仪器号：_____　观测：_____　记录：_____

测点	X/m	Y/m	H/m	注记

（4）工作草图（图15-3）。

图 15-3 工作草图

考核评价

实训任务 15 考核评价表见表 15-8。

表 15-8 考核评价表

班 组			任务名称		综合评分	
任务分工						
（1）对全站仪的坐标测量、数据采集等理论知识通过学习相应教程进行考核。 （2）全站仪的操作步骤、坐标测量等实践操作，通过实操项目进行考核						
学生自评	实训任务完成情况					
	评价项目		评价内容	评价标准		评价结果
	技能目标	实训准备	设备及备品	仪器工具选择正确，自备品齐全		
			人员组织	人员到位，分工明确		
		实训方法	操作方法和步骤	置镜、整平、瞄准、读数正确		
			操作标准及规范	高度适中，按程序规范操作		
		实训质量	手簿记录	用规定的笔、记录表填写，保持原始记录，记录格式规范、完整，更改数据规范，按规定回报		
			数据处理	外业计算、心算准确、快速，内业计算方法正确，数据准确		
			成果精度	符合规定的精度		
	素质目标	实训安全	安全操作	取放仪器规范，观测结束螺旋归位，观测中无骑腿、坐仪器箱等行为，操作符合测量仪器使用规程		
			实训后现场整理	实训结束仪器复位，仪器室整洁		
	（根据个人实际情况选择：A. 能够完成；B. 基本能完成；C. 不能完成）					
小组评价	团队合作___；学习效率___；获取信息能力___；交流沟通能力___；动手操作能力___（根据完成任务情况填写：A. 优秀；B. 良好；C. 合格；D. 有待改进）					
总结与反思						
教师评价						

实训任务 16　CASS 软件的使用

📖 教学目标

1. 素质目标

（1）培养科学分析问题的能力。

（2）培养严谨务实的工作态度，保证测量数据的可靠性。

（3）培养规范作业、耐心细致的责任心和职业意识。

2. 知识目标

（1）熟悉 CASS 软件的基本界面及其功能。

（2）掌握 CASS 软件展点、绘制平面图的方法及要求。

（3）掌握 CASS 软件绘等高线、地形编辑及图廓注记等操作方法及要求。

3. 能力目标

（1）能够正确展绘地形碎部点。

（2）能够根据野外工作草图正确选取图式符号绘制地物平面图。

（3）能够正确绘制等高线、编辑地形要素，并进行分幅、加绘图廓。

💡 任务引入

实训任务 15 采集的地形点数据已转换成 CASS 数据，如何将其在软件中正确展出？又如何根据工作草图绘制地物平面、勾绘等高线、编辑地形要素、分幅及加注图廓，最终数字化成图呢？下面我们就来学习 CASS 软件的基本功能及使用方法。

💡 知识学习

一、CASS 软件概述

CASS 地形地籍成图软件是基于 AutoCAD 平台技术的 GIS 前端数据处理系统，广泛应用于地形成图、地籍成图、工程测量应用、空间数据建库等领域，全面面向 GIS，彻底打通数字化成图系统与 GIS 接口，使用骨架线实时编辑、简码用户化、GIS 无缝接口等先进技术。

地形图绘制的基本绘制流程如图 16-1 所示。

二、CASS 软件绘制地形图

CASS 软件有坐标定位、点号定位、电子图板等多种成图模式，下面以点号定位的成图模式介绍软件的基本功能，并以 STUDY.dwg 地形图的绘制过程为例进行说明。

（1）定显示区：顶部下拉菜单"绘图处理"→"定显示区"。在弹出的对话框中选取 STUDY.DAT 文件所在的路径。

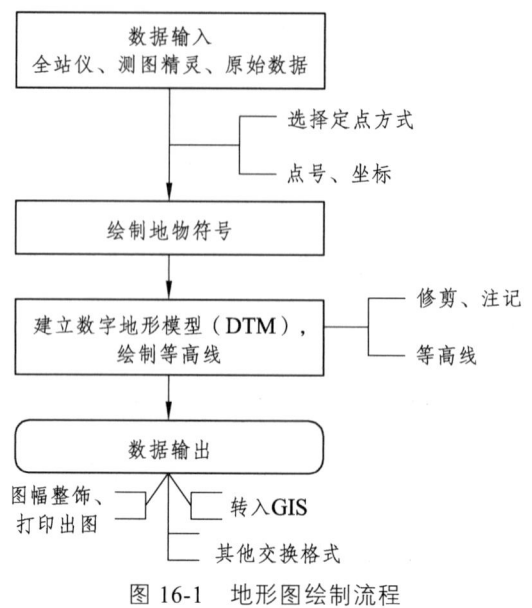

图 16-1 地形图绘制流程

（2）选择"点号定位"：单击右侧屏幕菜单"点号定位"，选取与第 1 步相同的文件路径。

（3）展点：顶部下拉菜单"绘图处理"→"展野外点点号"，选取与第 1 步相同的文件路径，如图 16-2 所示。

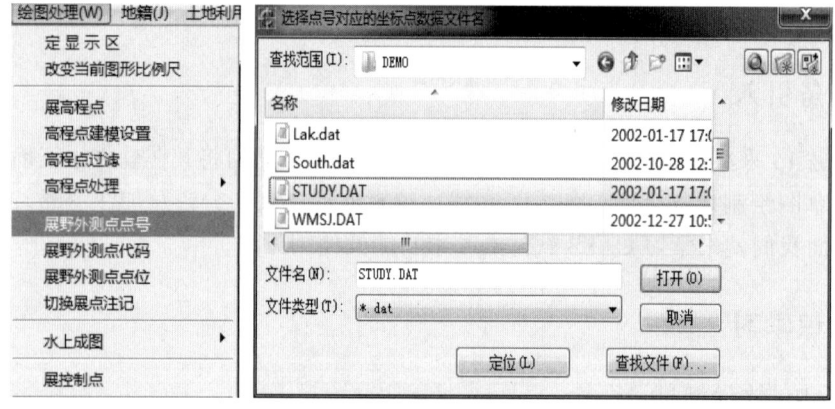

图 16-2 展野外测点点号

（4）绘制平面图：

① 单击右侧屏幕菜单"交通设施"下的"城际公路"，选取"平行省道"，按命令提示输入点号 92、45、46、13、47、48，每输入一次都要回车，最后回车结束命令，按提示输入 Y 拟合成光滑曲线，再按提示选"1 边点式"回车，输入点号 19，绘出平行省道。

② 单击右侧菜单"居民地"，选取"多点砼房屋"，依次输入 49、50、51 后键入 J 隔点，再输入 52、53 后键入 C 闭合。

③ 回车重复上次命令，依次键入 60、61、62 后，输入 A 微导线，按提示用鼠标在 62 点上方单击确定方向（平行或垂直），然后键入 4.5 回车，再键入 63 后输入 J 回车，然后输入 64、65、C 回车，输入楼层数 2，结束命令，绘出第二栋多点砼房屋。

④ 类似以上操作，在"居民地"菜单中用 3、39、16 三点绘制 2 层砖结构四点房；用 68、

67、66 绘制依比例围墙，不拟合；用 76、77、78 绘四点棚房。

⑤ 在"交通设施"菜单下的"乡村道路"中用 86、87、88、89、90、91 绘拟合小路，用 103、104、105、106 绘制拟合不依比例乡村路。

⑥ 在"地貌土质"菜单中用 54、55、56、57 绘制拟合的坎高 1 m 的未加固陡坎，用 93、94、95、96 绘制不拟合的 1 m 加固陡坎。

⑦ 在"独立地物"菜单中用 69、70、71、72、97、98 绘制路灯，用 73、74 绘制宣传橱窗，用 59 绘制不依比例肥气池。

⑧ 在"水系设施"菜单中用 79 绘制水井。

⑨ 在"管线设施"菜单中用 75、83、84、85 绘制地面上输电线。

⑩ 在"植被土质"菜单中用 99、100、101、102 绘制果树独立树；用 58、80、81、82 绘制菜地，边界不拟合，并保留边界。

⑪ 在"控制点"菜单中用 1、2、4 绘制埋石图根点，"等级-名"依次为 D121、D123、D135。

⑫ 最后关闭"ZDH"图层，或选取"编辑"菜单下的"删除实体所在图层"，选取任一点号数字删除所有点号。

CASS 展绘地物平面图如图 16-3 所示。

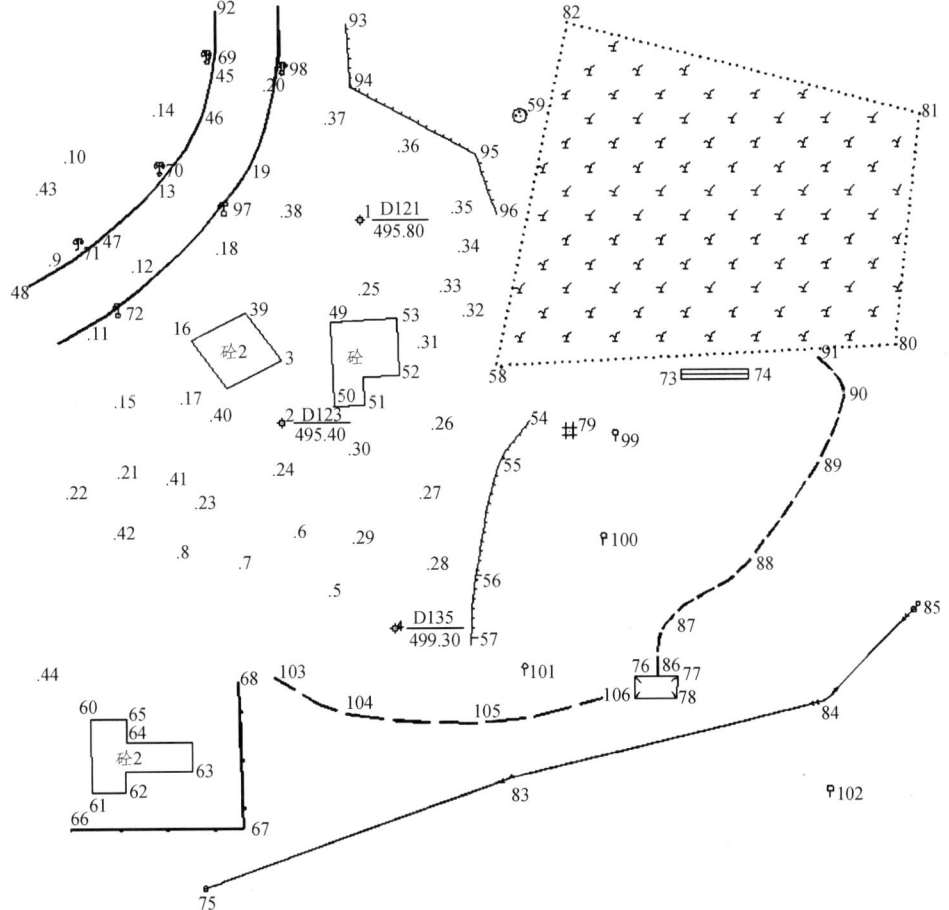

图 16-3 CASS 展绘地物平面图

（5）绘制等高线：顶部下拉菜单"绘图处理"→"展高程点"，选取 STUDY.DAT 文件，单击 OK 回车；再选"等高线"→"建立 DTM"→"由数据文件生成"，选取 STUDY.DAT 文件"打开"后单击确定按钮，显示建三角网结果；再用"等高线"→"绘制等高线"，输入等高距 0.5 m，选择"三次 B 样条拟合"后单击确定；最后用"等高线"→"删三角网"，删除所有三角形。

（6）顶部下拉菜单"等高线"→"等高线修剪"→"批量修剪等高线（切除二线间等高线）"，删剪穿建筑物和穿高程注记的等高线，以及穿过道路的等高线。

（7）加注记：用右侧屏幕菜单"文字注记"在平行省道上加注"经纬路"三个字。

（8）加图框：顶部下拉菜单"绘图处理"→"任意图幅（40×40）"，添加图框。在图名、测量员、绘图员、检查员栏内输入相应内容，在左下角坐标的东、北栏内输入 53100、31050，并选取"取整到十米"及"删除图框外实体"后确定，完成整幅地形图的绘制，如图 16-4 所示。

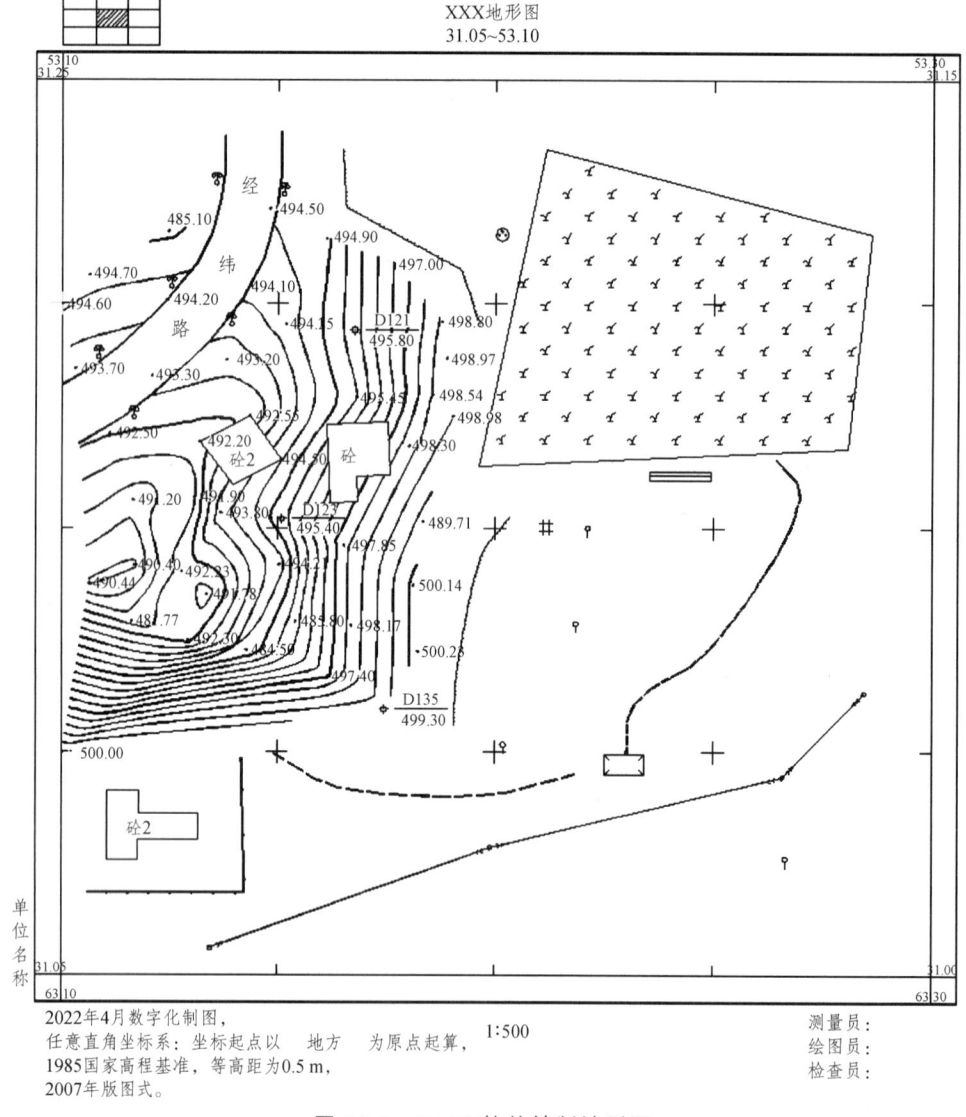

图 16-4　CASS 软件绘制地形图

任务实施

一、实训内容

（1）将实训任务 15 采集的地物、地貌点数据展到 CASS 软件里，或展绘 STUDY.dat 文件数据。

（2）根据野外工作草图，选择地物符号连线，绘制小组平面图，或绘制 STUDY 文件的平面地物。

（3）结合实际地形，勾绘等高线，编辑地物、地貌符号，分幅并注记图廓，生成数字地形图。

（4）书写实训报告，每人交 1 份。

二、实训分组及设备（工具）准备

每 3~5 人 1 组，每人 1 台安装有 CASS 软件的电脑，1 份小组数据或 STUDY.dat 文件。

三、实训步骤

1. 准备工作

（1）各小组将上次实训采集的坐标数据转换成 CASS 数据文件（*.dat）（图 16-5）。

```
全站仪测图.dat - 记事本
文件(F) 编辑(E) 格式(O) 查看(V)
1,,500.00,475.48,499.15          24,,523.73,512.04,500.10
2,,509.64,495.92,499.59          25,,515.69,492.34,499.50
3,,520.29,525.51,500.30          26,,500.48,460.61,498.71
4,,526.26,546.51,501.43          27,,512.40,466.96,498.94
5,,533.18,545.88,501.50          28,,514.82,473.22,498.90
6,,527.28,524.07,500.37          29,,522.75,478.11,498.60
7,,543.83,523.71,500.58          30,,528.32,486.69,499.61
8,,555.63,523.81,500.62          31,,534.54,495.08,499.93
9,,559.57,523.65,502.31          32,,537.71,502.04,500.26
10,,563.42,523.39,502.33         33,,549.27,499.12,500.27
11,,568.04,523.54,503.95         34,,548.90,487.20,499.97
12,,579.41,523.44,504.00         35,,546.71,479.77,499.62
13,,559.10,454.13,502.26         36,,537.22,460.02,498.95
14,,565.37,469.62,503.57         37,,552.20,464.08,501.38
15,,570.94,485.52,503.75         38,,555.70,484.09,501.32
16,,575.63,506.23,503.85         39,,557.02,497.90,501.54
17,,578.26,517.85,503.87         40,,558.67,506.19,502.40
18,,565.85,516.67,503.95         41,,560.34,513.13,502.75
19,,561.18,516.21,502.30         42,,570.74,512.09,504.46
20,,557.13,515.81,502.30         43,,569.50,503.69,504.06
21,,552.77,515.36,500.61         44,,569.18,496.48,503.68
22,,549.37,514.93,500.59         45,,535.35,511.71,500.63
23,,542.68,513.88,500.46         46,,526.45,504.99,500.37
                                 47,,531.17,502.78,501.35
```

图 16-5　全站仪测图小组数据文件

（2）在自备的笔记本电脑上正确安装 CAD 及 CASS 软件。

（3）打开 CASS 软件，按"知识学习"的步骤，用 STUDY.dat 文件展点，绘制地物平面图，绘制等高线并编辑地形要素，加绘图廓等，以熟悉 CASS 绘制地形图的基本功能。

2. 展绘小组地形图

（1）打开 CASS 软件，先定显示区，选择小组数据文件，再展野外测点点号。

（2）根据小组野外工作草图，选择相应地物符号连线绘制平面图（图 16-6）。

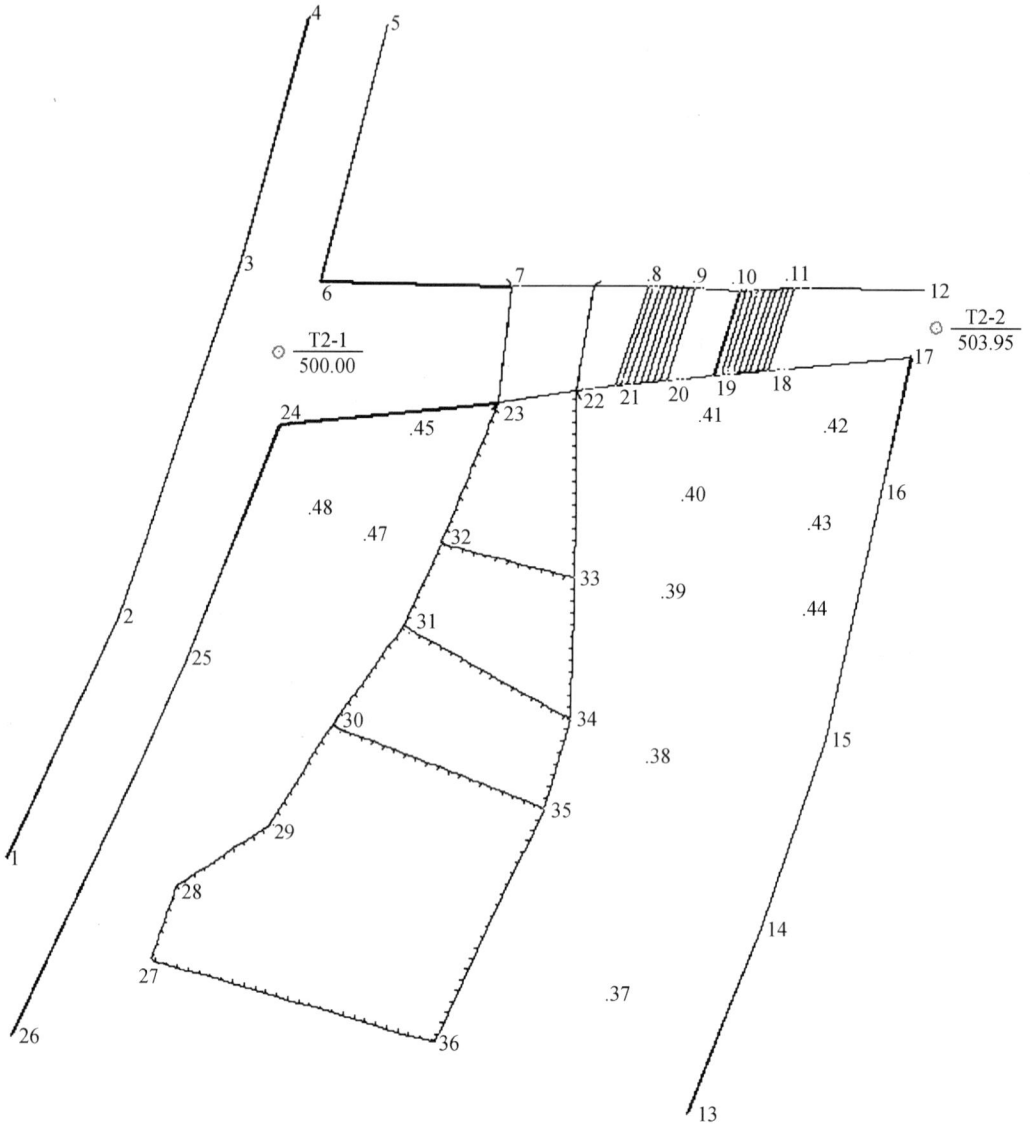

图 16-6　CASS 展绘校园池塘平面图

（3）用"绘图处理"→"展高程点"，选取小组数据文件，展出所有高程点。

（4）用"等高线"菜单下的"建立 DTM"→"由图面高程点生成"，选取所测山坡地形点建立三角网；再用"绘制等高线"子菜单，绘制山坡等高线（等高距 0.5 m，不拟合）；然后编辑、检查、整饰图中地物、地貌符号，无误后用"地物编辑"→"复合线处理"→"批量拟合复合线"，对等高线（DGX 层）进行拟合；最后分幅、注记图廓，完成小组地形图的绘制，如图 16-7 所示。

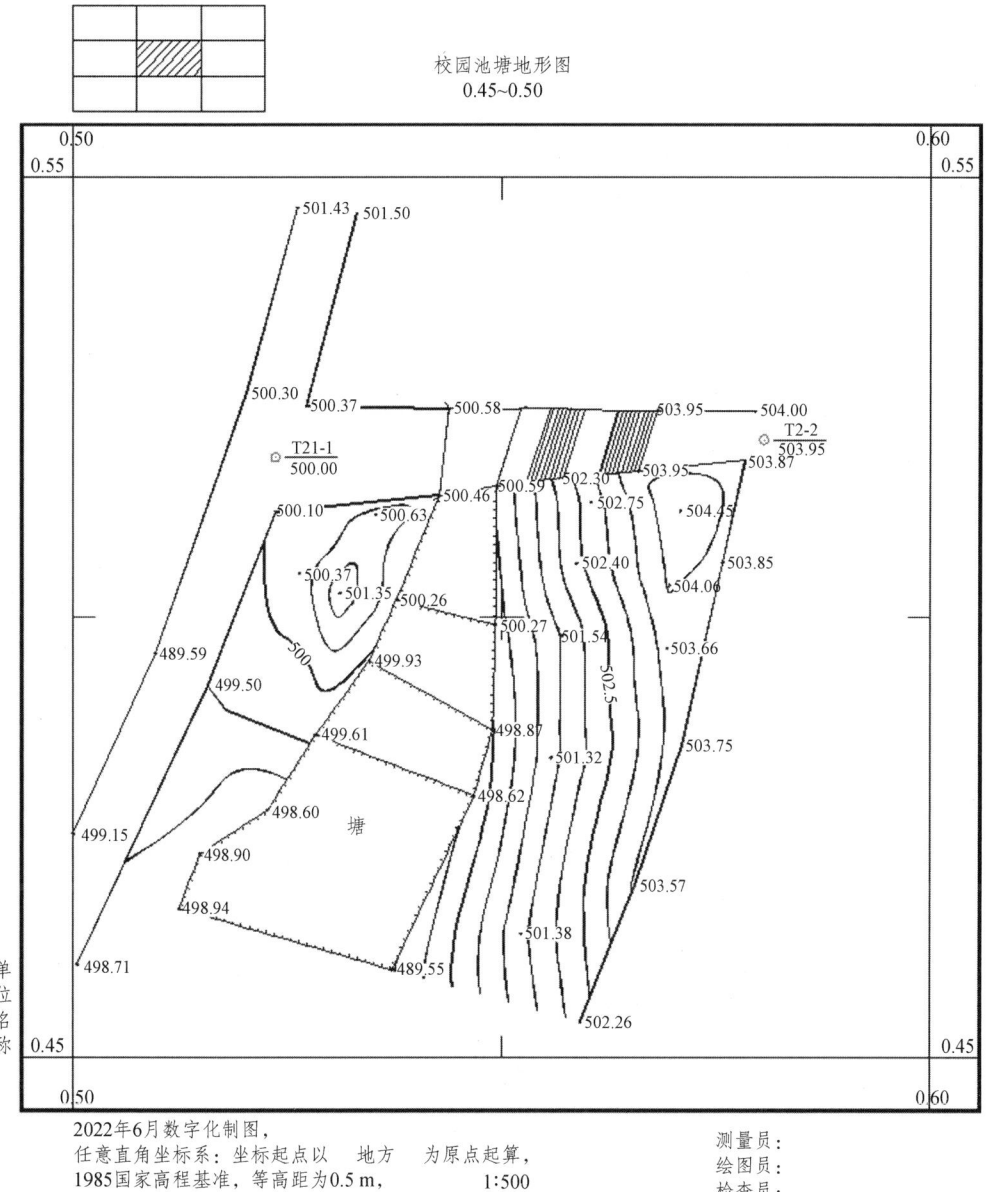

图 16-7　CASS 软件绘制校园池塘地形图

四、实训注意事项

（1）提前安装好 CAD 和 CASS 软件，并将全站仪采集数据转换成 CASS 绘图数据。

（2）展绘出点号后可从屏幕菜单选"坐标定位"或"点号定位"，连线绘制平面地物时注意打开对象捕捉，选择"散点"。

（3）平面地物有："城市道路"的"次干道"、"水系设施"的"有坎池塘"、"居民地"的"台阶"、"交通设施"的"平行桥"或"涵洞"。

（4）平面地物绘完，展高程点后关闭"ZDH"层，注意池塘两侧的等高线分别"建立DTM"，绘制等高线不要直接用"样条曲线"，先绘"折线"，修剪完后再用"复合线处理"进行拟合。

(5)"绘图处理"选"任意图幅",根据需要加图框,注意修改图廓注记。

五、实训记录及报告

提交小组全站仪数字测图的数据文件、校园池塘地形图及用 STUDY.dat 文件绘制的地形图。

考核评价

实训任务 16 考核评价表见表 16-1 所示。

表 16-1 考核评价表

班 组				任务名称		综合评分	
任务分工							
(1)对 CASS 软件的功能、绘制地形图的方法等理论知识通过学习相应教程进行考核。 (2)CASS 软件展点绘图的步骤、图形编辑等实践操作,通过实操项目进行考核							
学生自评		实训任务完成情况					
		评价项目	评价内容	评价标准		评价结果	
	技能目标	实训准备	设备及备品	仪器工具选择正确,自备品齐全			
			人员组织	人员到位,分工明确			
		实训方法	操作方法和步骤	置镜、整平、瞄准、读数正确			
			操作标准及规范	高度适中,按程序规范操作			
		实训质量	手簿记录	用规定的笔、记录表填写,保持原始记录,记录格式规范、完整,更改数据规范,按规定回报			
			数据处理	外业计算、心算准确、快速,内业计算方法正确,数据准确			
			成果精度	符合规定的精度			
	素质目标	实训安全	安全操作	取放仪器规范,观测结束螺旋归位,观测中无骑腿、坐仪器箱等行为,操作符合测量仪器使用规程			
			实训后现场整理	实训结束仪器复位,仪器室整洁			
	(根据个人实际情况选择:A. 能够完成;B. 基本能完成;C. 不能完成)						
小组评价	团队合作___;学习效率___;获取信息能力___;交流沟通能力___;动手操作能力___(根据完成任务情况填写:A. 优秀;B. 良好;C.合格;D. 有待改进)						
总结与反思							
教师评价							

实训任务 17 RTK 技术的认识与使用

📖 教学目标

1. 素质目标
（1）培养科学分析问题的能力。
（2）培养严谨务实的工作态度，保证测量数据的可靠性。
（3）培养规范作业、耐心细致的责任心和职业意识。

2. 知识目标
（1）熟悉 GNSS 接收机的操作界面、符号的含义及其功能等。
（2）掌握 RTK 的仪器配置及求转换参数的方法。
（3）理解并掌握 RTK 数据采集及放样的技术要求。

3. 能力目标
（1）能够正确进行 RTK 作业时基准站和移动站参数的配置。
（2）能够正确按步骤求取 RTK 作业转换参数。
（3）能够正确应用 RTK 进行数据采集和放样。

📦 任务引入

随着科学技术的发展，我国的测量技术有了很大进展。GPS-RTK 技术具有测量效率高、定位准确、自动化程度较高等特点，已经被广泛应用到工程测量中。那么，RTK 是什么？它的设备有哪些？怎样配置项目参数？怎样应用 RTK 技术开展控制测量、地形测图、施工放样等作业？下面我们就来学习 RTK 技术的基本知识及作业方法。

📦 知识学习

一、RTK 工作原理

实时动态测量（Real time kinematic），简称 RTK。

RTK 技术是全球导航卫星定位技术与数据通信技术相结合的载波相位实时动态差分定位技术，包括基准站和移动站，基准站将其数据通过电台或网络传给移动站后，移动站进行差分解算，便能够实时地提供测站点在指定坐标系中的坐标。

根据差分信号传播方式的不同，RTK 分为电台模式和网络模式两种，本次实训介绍电台模式。

二、创享测量系统的认识与使用

（一）创享测量系统简介

创享测量系统主要由主机、手簿、配件三大部分组成，如图 17-1 所示：

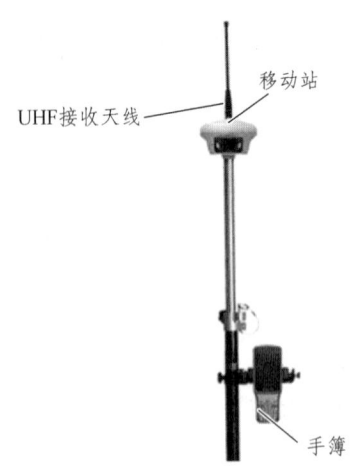

图 17-1 创享测量系统

1. 主机（图 17-2）

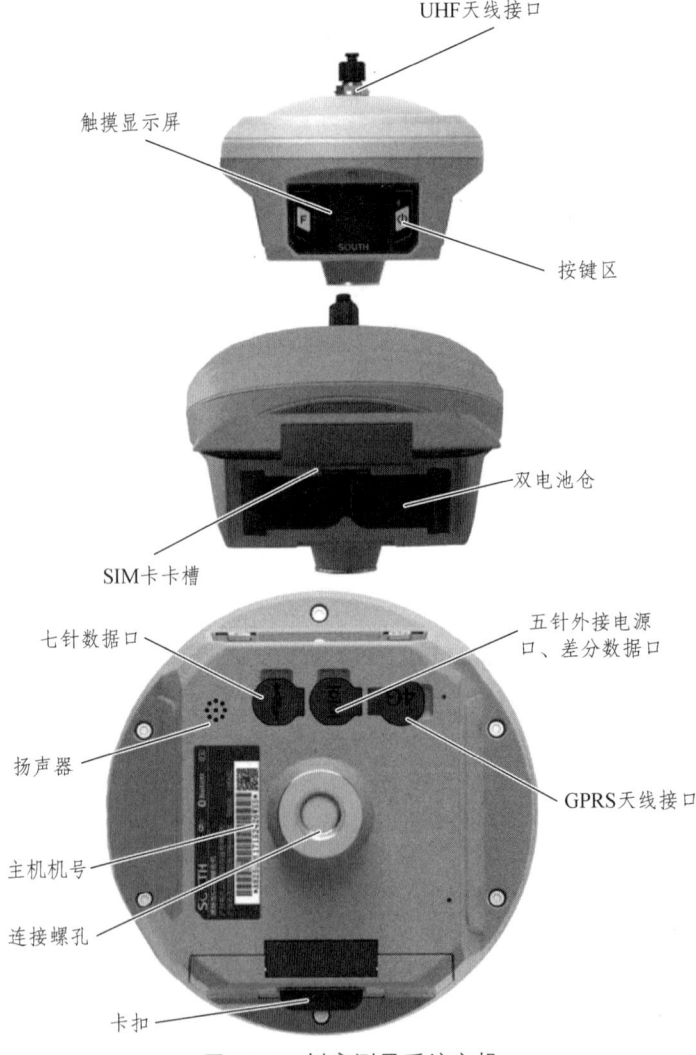

图 17-2 创享测量系统主机

UHF 天线接口：安装 UHF 电台天线上。
SIM 卡卡槽：在使用 GSM/CDMA/4G 等网络时，芯片面向上插入手机卡。
GPRS 接口：安装网络信号天线。
五针外接电源口、差分数据口：作为电源接口使用，可外接移动电源、大电瓶等供电设备；作为串口输出接口使用，可以通过串口软件查看主机输出数据、调试主机。
七针数据口：USB 传输接口，具备 OTG 功能，可外接 U 盘。
连接螺孔：用于固定主机于基座或对中杆上。
主机机号：用于申请注册码，和手簿蓝牙识别主机及对应连接。

2. 手簿

（1）手簿特点：

工业级设计，IP67 级，抗 1.2 m 跌落，能适应野外各种复杂作业环境；

阳光液晶屏，在强阳光下液晶屏均正常可读；

内置 1300 万像素摄像头，支持高清影像信息的现场采集；

内置不可拆卸大容量锂电池，连续工作 20 h 以上；

内置 NFC 芯片，支持 NFC 数据传输功能，可实现 RTK 与手簿智能配对；

采用标准 Type-C 接口，集充电、显示、数据传输等功能于一身；

支持 4G（5G）全网通；

支持内置 Esim 卡。

创享测量系统手簿如图 17-3 所示。

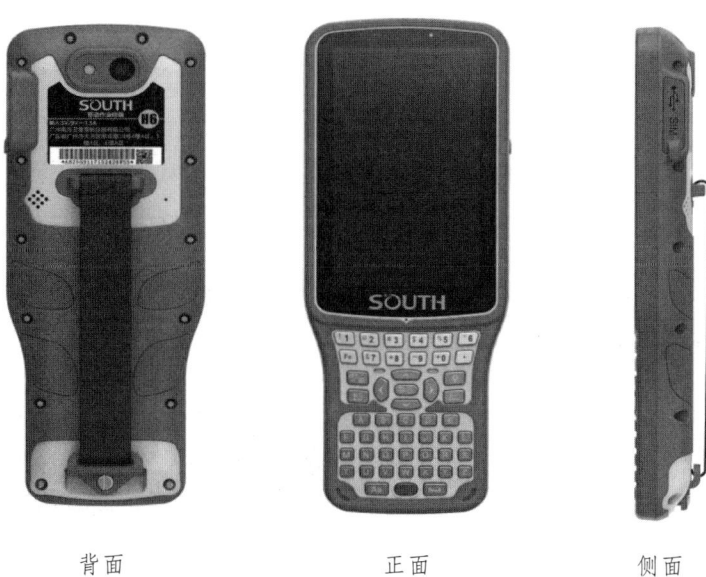

背面　　　　　　　正面　　　　　　　侧面

图 17-3　创享测量系统手簿

（2）手簿键盘及功能。

如触摸屏出现问题或是反应不灵敏，可以用键盘来实现。不支持同时按两个或多个键，每次只能按一个键。创享测量系统手簿按键功能见表 17-1。

表 17-1　创享测量系统手簿按键功能

图标	键名	功能
	返回键/Home 键	返回上一页或长按返回手簿主页面
	APP/菜单键	自定义软件快捷启动，默认工程之星 5.0，长按进入后台菜单
	电源键	启动/关闭手簿及熄屏（双击快速截屏，长按 8 s 强制重启机器）
	采集键	手动进行数据采集
	Fn 键	实现数字与符号间切换，开机同时按电源键+Fn 组合键，进入刷机界面
	回车键	确认/发送操作
	自定键	退格删除键
	空格键	输入空格
	Aa 键	输入法大小写切换
	十字导航键	上、下、左、右方向键

3. 配件

创享测量系统的配件主要有仪器箱、主机锂电池及充电器、移动电源、差分天线、数据线、移动站对中杆、手簿托架、测高片等，图 17-4 所示为部分配件。

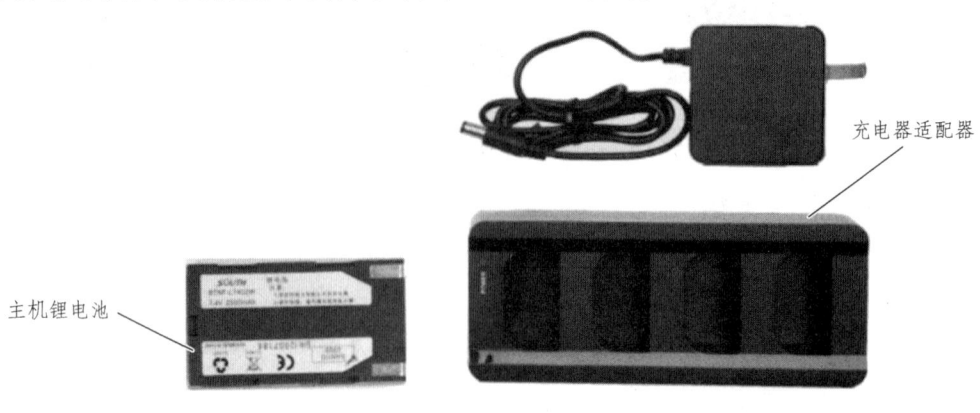

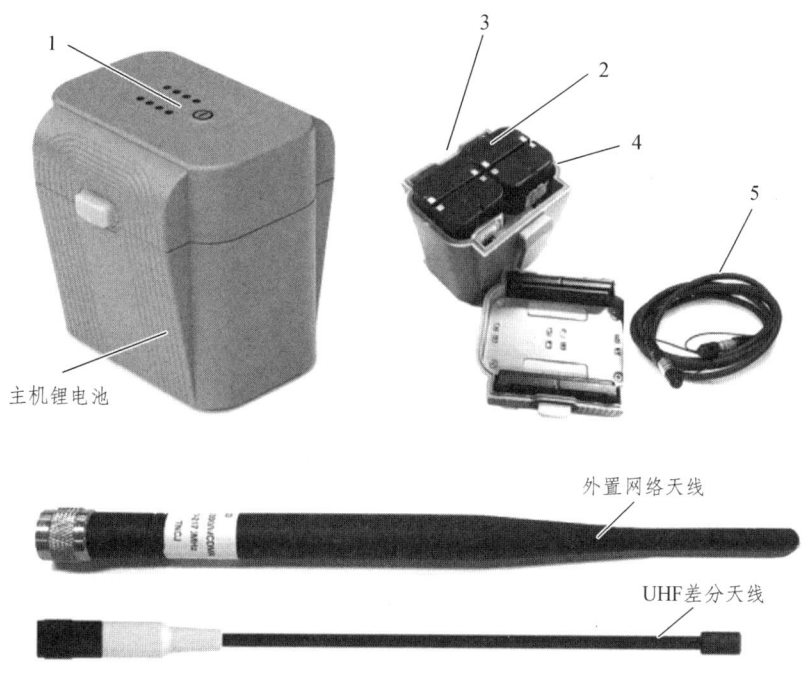

1—移动电源指示灯,实时指示电源电量,四个灯全亮表示电量充足;2—移动电源电池装配创享主机锂电池;
3—移动电源挂扣,可直接挂在基站脚架上;4—移动电源适配线接口,七针接口;
5—移动电源适配线,用于连接移动电源和PTK主机。

图 17-4　创享测量系统部分配件

141

（二）RTK 作业（内置电台模式）

1. 基准站设置

（1）架设基准站。

基准站一定要架设在视野比较开阔、周围环境比较空旷、地势比较高的地方；避免架在高压输变电设备附近、无线电通信设备收发天线旁边、树荫下以及水边，这些都会对 GPS 信号的接收以及无线电信号的发射产生不同程度的影响。

① 将接收机设置为基准站内置电台模式。

② 架好三脚架，放电台天线的三脚架最好放到高一些的位置，两个三脚架之间保持至少 3 m 的距离。

③ 用测高片固定好基准站接收机（如果架在已知点上，需要用基座并严格对中整平），打开基准站接收机。

（2）启动基准站。

第一次启动基准站时，需要对启动参数进行设置，设置步骤如下：

操作："配置" → "仪器设置" → "基准站设置"，点击 "基准站设置" 则默认将主机工作模式切换为基准站，如图 17-5 所示。

图 17-5　创享测量基准设置

差分格式：一般都使用国际通用的 RTCM32 差分格式。

发射间隔：选择 1 s 发射一次差分数据。

基站启动坐标：如图 17-6 所示，如果基站架设在已知点，可以直接输入该已知控制点坐标作为基站启动坐标（**建议输入经纬度坐标作为已知点坐标启动，若已知点输入地方坐标或平面坐标启动时，务必先在工程之星手簿上将参数设置好并使用，再输入地方坐标或平面坐**

标启动）；如果基站架设在未知点，则可以点击"外部获取"按钮，然后点击"获取定位"直接读取基站坐标作为基站启动坐标。

图 17-6　基站启动坐标设置

天线高：有直高、斜高、杆高（推荐）、侧片高 4 种，并对应输入天线高度（随意输入）。
截止角：建议选择默认值（10）。
PDOP：位置精度衰减因子，一般设置为 4。
数据链：内置电台。
数据链设置：
通道设置：1～16 通道选其一。
功率档位：有 HIGH 和 LOW 两种功率。
空中波特率：有 9600 和 19200 两种（建议 9600）。
协议：Farlink（注意基站与移动站协议要一致）。
以上设置完成后，点击"启动"即可发射。
注意：判断电台是否正常发射的标准是数据链灯是否规律闪烁。
第一次启动基站成功后，以后作业如果不改变配置可直接打开基准站，主机即可自动启动发射。

2. 移动站设置
（1）架设移动站。
确认基准站发射成功后，即可开始移动站的架设。步骤如下：
① 将接收机设置为移动站电台模式。
② 打开移动站主机，并将其固定在碳纤对中杆上面，拧上 UHF 差分天线。
③ 安装好手簿托架和手簿。
（2）启动移动站。
移动站架设好后需要对移动站进行设置才能达到固定解状态，步骤如下：
① 打开手簿及工程之星。

② 配置→仪器设置→移动站设置，点击移动站设置则默认将主机工作模式切换为移动站。
③ 数据链：内置电台。
④ 数据链设置：

通道设置：与基站通道一致。

功率档位：有 HIGH 和 LOW 两种功率。

空中波特率：有 9600 和 19200 两种（建议 9600）。

协议：Farlink（注意基站与移动站协议要一致）。

电台设置如图 17-7 所示。

图 17-7　电台设置

设置完毕，等待移动站达到固定解，即可在手簿上看到高精度的坐标，如图 17-8 所示。

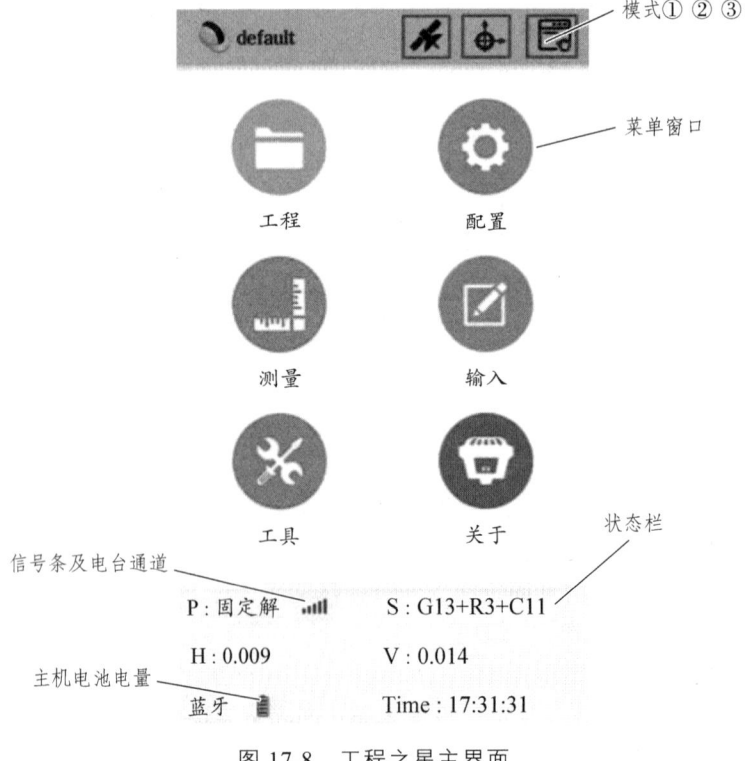

图 17-8　工程之星主界面

3. 求转换参数

GPS 接收机输出的数据是 CGCS2000 经纬度坐标，需要转化到施工测量坐标，这就需要软件进行坐标转换参数的计算和设置。求转换参数主要是计算四参数或七参数和高程拟合参数。该系统可以方便直观地编辑、查看、调用参与计算四参数和高程拟合参数的控制点。

求转换参数的方法：假设利用 A、B 两个已知点来求转换参数，那么首先要有 A、B 两点的 GPS 原始记录坐标和测量施工坐标。A、B 两点的 GPS 原始记录坐标的获取有两种方式：一种是布设静态控制网，采用静态测量经后处理软件的 GPS 原始记录坐标；另一种是 GPS 移动站在没有任何校正参数作用时，固定解状态下记录的 GPS 原始坐标。其次在操作时，先在坐标库中输入 A 点的已知坐标，之后软件会提示输入 A 点的原始坐标，然后再输入 B 点的已知坐标和 B 点的原始坐标，录入完毕并保存后（保存文件为*.cot 文件），自动计算出四参数或七参数和高程拟合参数。

（1）四参数。

软件中的四参数指的是在投影设置下选定的椭球内 GPS 坐标系和施工测量坐标系之间的转换参数。需要特别注意的是参与计算的控制点原则上至少要用两个点，控制点等级的高低和点位分布直接决定了四参数的控制范围。经验上四参数理想的控制范围一般都在 20~30 km^2 以内。

操作："输入"→"求转换参数"，如图 17-9 左图所示。首先点击右上角的设置按钮，将"坐标转换方法"改为"一步法"，点击"确定"，则可以开始四参数的设置，如图 17-6 右图所示。

图 17-9　求转换参数设置

添加：点击"添加"，输入已知平面坐标，如图 17-10 左图所示，大地坐标可以点击更多获取方式，里面有"定位获取"和"点库获取"，输入完成以后，点击"确定"。添加完第一个坐标 Pt1。以同样的方法添加第二个坐标 Pt2，如图 17-10 右图所示。如果输入有误，可以单击 Pt1 或 Pt2，进行修改或者删除，如图 17-11 左图所示。然后点击"计算"→"应用"，如图 17-11 右图所示。将该参数应用到该工程以后，可以在"配置"→"转换参数设置"→"四参数"中查看四参数的北偏移、东偏移、旋转角和比例尺。

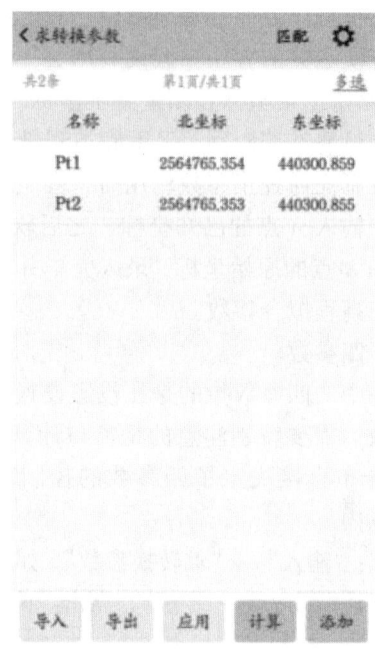

图 17-10　求转换参数添加坐标

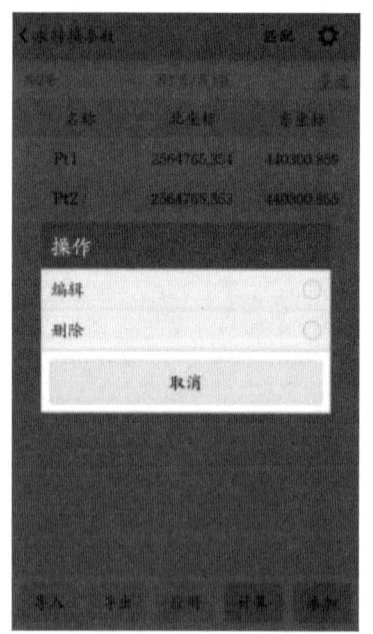
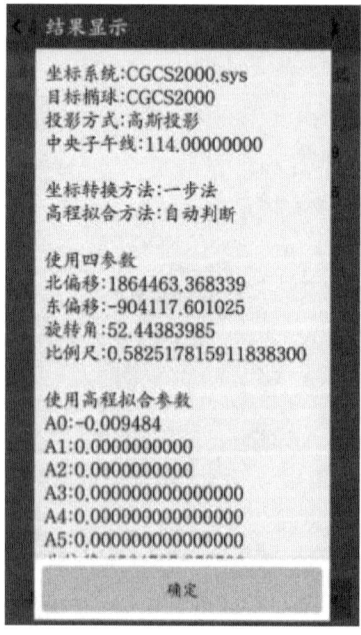

图 17-11　求转换参数修改与计算

（2）七参数。

七参数的应用范围较大（一般大于 50 km^2），计算时用户需要知道 3 个已知点的地方坐标和 CGCS2000 坐标，即 CGCS2000 坐标转换到地方坐标的 7 个转换参数，这 7 个参数是 X 平移、Y 平移、Z 平移、X 轴旋转、Y 轴旋转、Z 轴旋转与缩放比例（尺度比）。计算七参数的操作与计算四参数的基本相同，具体操作如下。

操作："输入"→"求转换参数"。首先点击右上角的设置按钮，将"坐标转换方法"改为"七参数"，点击"确定"，则可以开始七参数的设置。其操作与四参数法类似，只是七参数至少要添加 3 个已知点的工程坐标和原始坐标，添加完成后，点击"计算"→"应用"。将该参数应用到该工程以后，可以在"配置"→"转换参数设置"→"七参数"中查看 3 个坐标平移量、旋转角度以及尺度因子，如图 17-12 所示。

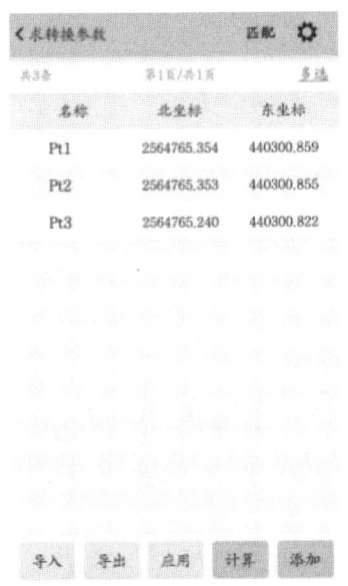 

图 17-12　求转换参数（七参数）

4. 校正向导

校正向导是灵活运用转换参数的一个工具。由于 GPS 输出的是 CGCS2000 坐标，而且 RTK 基准站的输入坐标也只认 CGCS2000 坐标，所以大多数 GPS 在使用转化参数时的普遍方式为，把基准站架设在已知点上，在基准站直接或间接地输入 CGCS2000 坐标启动基准站。这种方式的缺点是每次都必须用控制器与基准站连接后启动基准站，这种模式在测量外业作业时在操作上会带来一定的麻烦。而使用校正向导则可以避免用控制器启动基准站，可以选择基准站架设在任意点上自动启动，大大提高了使用的灵活性。

校正向导需要在已经打开转换参数的基础上进行。校正参数一般是用在求完转换参数而基站进行过开关机操作，或是有工作区域的转换参数，可以直接输入的时候。校正向导产生的参数实际上是使用一个公共点计算两个不同坐标的"三参数"，在软件里称为校正参数。校正向导有两种途径，基站架在已知点上或未知点上；还有两种方法，输入已知点坐标直接校正，或先采点再进行校正。

（1）基准站架设在已知点。

连接基准站，进入基准站设置界面，设置好基准站启动坐标并启动基准站，如图 17-13 所示。

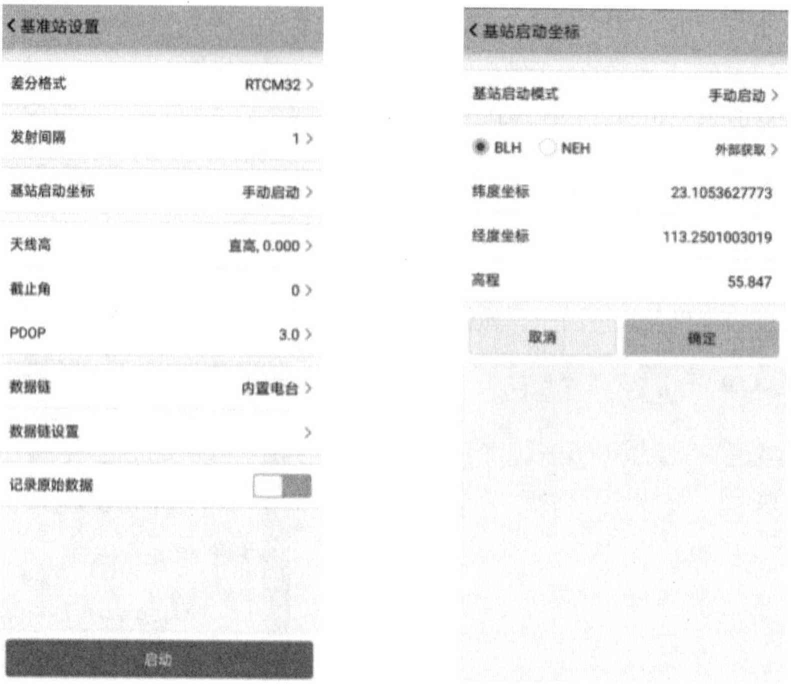

图 17-13 基准站设置及启动

连接移动站(在收到基站信号情况下),进入校正向导界面,选择"基准站架设在已知点",获取基站相关信息并设置相关参数,点击"校正",完成基准站架设在已知点模式的校正,如图 17-14 所示。

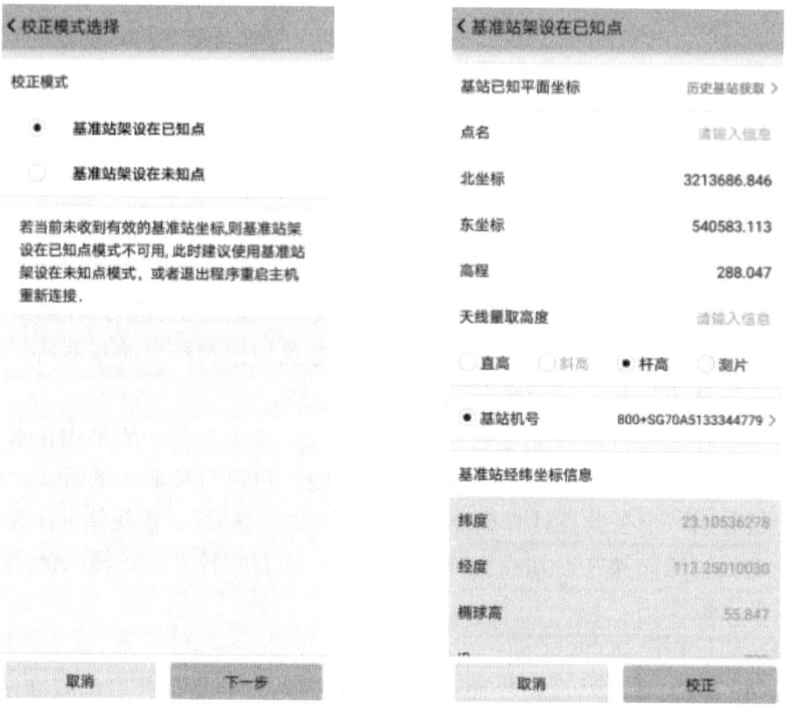

图 17-14 基准站架设在已知点上

（2）基准站架设在未知点。

操作："输入"→"校正向导"→"基准站架设在未知点"，再点击"下一步"。然后将移动站对中立于已知点 A 上，输入 A 点的坐标、天线高和天线高的量取方式后"校正"，系统会提示是否校正，"确定"即可，如图 17-15 所示。通常情况下，非地方坐标系或非自定义坐标系的平面校正参数在几百米之内。在"配置"→"当前坐标系统设置"→"校正参数"里面查看校正参数。

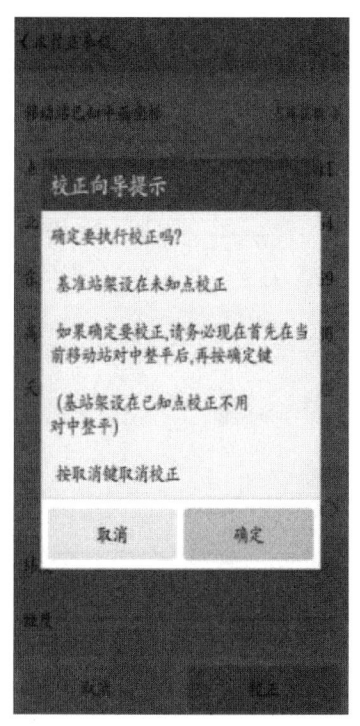 

图 17-15　基准站架设在未知点上校正参数

5. RTK 测量

（1）点测量。

操作："测量"→"点测量"。在测量显示界面下面有 4 个显示按钮，在工程之星里面，这些按钮的显示顺序和显示内容是可以根据自己的需要来设置的（测量的存储坐标是不会改变的）。单击显示按钮，左边会出现选择框，选择需要选择显示的内容即可。这里能够显示的内容主要有：点名、北坐标、东坐标、高程、天线高、航向、速度、上方位、上平距、上高差、上斜距，如图 17-16 所示。

保存：保存当前测量点坐标，如图 17-17 左所示，可以输入点名，继续存点时，点名将自动累加，点击"确定"。

偏移存储：输入偏距、高差、正北方位角，然后点击"确定"，如图 17-17 右所示。

平滑存储：点击"平滑"，选择平滑次数，点击"确定"。如平滑次数为 5 次，则该点的坐标是连续采集 5 次坐标的平均值。

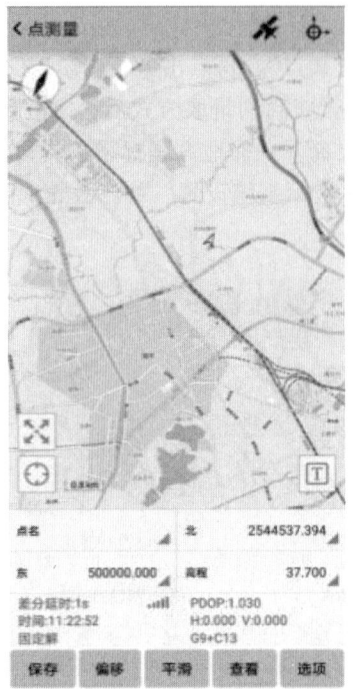 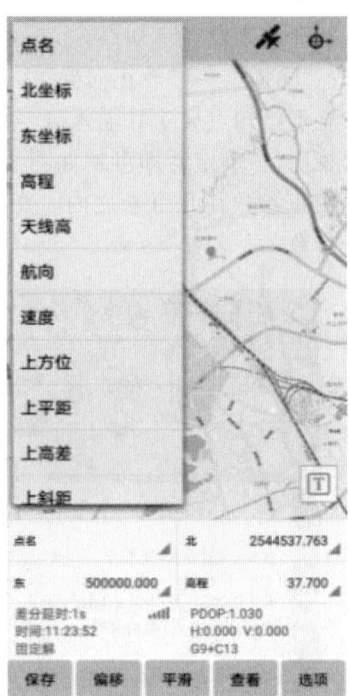

图 17-16　点测量设置

图 17-17　保存测量点及偏移存储

（2）点放样

操作："测量"→"点放样"，进入放样界面，如图 17-18 所示。点击"目标"，选择需要放样的点，点击"点放样"。也可点击右上角三条黑线组成的图案，直接放样坐标管理库里的点。点击"选项"，选择"提示范围"，选择 1 m（图 17-19），则当前点移动到离目标点 1 m 范围以内时，系统会语音提示。在放样主界面上也会三方向上提示往放样点移动多少距离。

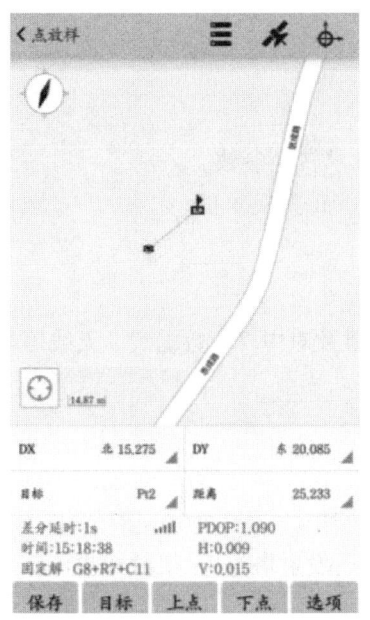 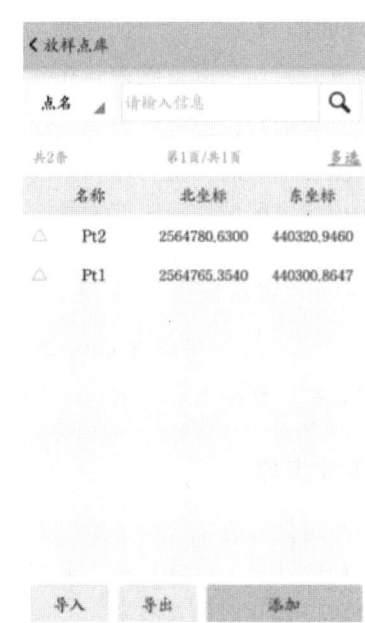

图 17-18　点放样

图 17-19　点放样设置

放样与当前点相连的点时，可以不用进入放样点库，点击"上点"或"下点"根据提示选择即可。创享测量系统的其他测量功能参见工程之星用户手册，这里就不赘述了。

任务实施

一、实训内容

（1）架设基准站，设置并启动基准站。
（2）架设移动站，设置并启动移动站。
（3）根据已知点的测量坐标和GPS原始记录坐标求转换参数。
（4）完成指定区域地形碎部测量，书写实训报告，每人交1份。

二、实训分组及设备（工具）准备

每3~5人1组，借领南方GPS接收机1台，手簿及对中杆、数据线、天线等配件；公用基准站1台，配齐移动电源、天线、数据线等配件。

三、实训步骤

（1）各小组做好分工（采集地形点、绘草图等）安排。
（2）选地势开阔、位置较高、无干扰（移动、联通发射塔等），架设好主机，连接天线、电源等，开机设置并启动基准站。

操作："配置"→"仪器设置"→"基准站设置"，点击"基准站设置"则默认将主机工作模式切换为基准站。基站启动坐标，如果架设在已知点则直接输入该点坐标作为基站启动坐标；如果架设在未知点，则点击"外部获取"按钮，点击"获取定位"来直接读取基站坐标作为基站启动坐标。数据链选择内置电台，数据链设置的通道、频率、波特率等与移动站一致，其他设置默认或根据需要选定。

（3）架设移动站，手簿连接移动站，设置并启动移动站。

操作："配置"→"仪器连接"。扫描仪器号，连接成功后进入移动站设置。

操作："配置"→"仪器设置"→"移动站设置"，点击"移动站设置"则默认将主机工作模式切换为移动站。数据链选择内置电台，数据链设置的通道、频率、波特率等与基准站一致，其他设置默认或根据需要选定。设置完毕，返回主界面等待移动站达到固定解，即可开始测量。

（4）求转换参数。先将移动站安置在测区已知点上，进入"点测量"，输入点名保存（不要与已知点重名），采集完已知点后求转换参数。

操作："输入"→"求转换参数"。首先点击右上角的设置按钮，将"坐标转换方法"改为"一步法"（或七参数），点击"确定"，则可以开始四参数（或七参数）的设置。点击"添加"，输入（或点库获取）已知点平面坐标及对应大地坐标（定位获取或点库获取），继续完成所有点的添加，然后点击"计算""应用"，则完成参数求取并应用于所建项目。

（5）碎部测量。基准站、移动站启动成功，并完成转换参数求取或校正向导，则可在项目测量坐标系下进行各项工程测量。本次实训为指定区域地形碎部点采集，并绘制工作草图。

（6）RTK 野外碎部测量结束后，导出采集的数据。在 CASS 软件里导入 RTK 数据，按步骤要求展点、绘平面地物、绘制等高线、编辑输出地形图。

四、实训注意事项

（1）基准站应置于相对制高点，周围应视野开阔，且无信号反射物（大面积水域、大型建筑物），远离通信塔、高压线等，并尽量避开交通要道、过往行人的干扰。

（2）RTK 作业期间，不允许基准站移动或关机又重启，若重启后必须重新校正。

（3）RTK 作业前，应检查仪器内存容量是否满足工程要求，并备足电量。

（4）打开工程之星后，确保手簿与主机蓝牙已配置好端口。

（5）移动站一般采用 2 m 流动杆作业，当高度不同时应修正。

五、实训记录及报告

（1）简述 RTK 作业求转换参数的基本步骤。

（2）RTK 碎部测量工作草图（图 17-20）。

图 17-20 RTK 碎部测量工作草图

考核评价

实训任务 17 考核评价表见表 17-2。

表 17-2　考核评价表

班　组			任务名称		综合评分	
任务分工						
（1）对 RTK 技术的认识、作业流程等理论知识通过学习相应教程进行考核。 （2）RTK 的基准站、移动站设置及求转换参数等实践操作，通过实操项目进行考核							
	实训任务完成情况					
	评价项目		评价内容	评价标准	评价结果	
学生自评	技能目标	实训准备	设备及备品	仪器工具选择正确，自备品齐全	
			人员组织	人员到位，分工明确	
		实训方法	操作方法和步骤	置镜、整平、瞄准、读数正确	
			操作标准及规范	高度适中，按程序规范操作	
		实训质量	手簿记录	用规定的笔、记录表填写，保持原始记录，记录格式规范、完整，更改数据规范，按规定回报	
			数据处理	外业计算、心算准确、快速，内业计算方法正确，数据准确	
			成果精度	符合规定的精度	
	素质目标	实训安全	安全操作	取放仪器规范，观测结束螺旋归位，观测中无骑腿、坐仪器箱等行为，操作符合测量仪器使用规程	
			实训后现场整理	实训结束仪器复位，仪器室整洁	
	（根据个人实际情况选择：A. 能够完成；B. 基本能完成；C. 不能完成）					
小组评价	团队合作___；学习效率___；获取信息能力___；交流沟通能力___；动手操作能力___（根据完成任务情况填写：A. 优秀；B. 良好；C. 合格；D. 有待改进）					
总结与反思						
教师评价						

实训任务 18　偏角法测设圆曲线

📖 教学目标

1. 素质目标
（1）培养科学分析问题的能力。
（2）培养严谨务实的工作态度，保证测量数据的可靠性。
（3）培养规范作业、耐心细致的责任心和团队意识。

2. 知识目标
（1）理解并掌握圆曲线要素计算及主要点的测设方法。
（2）理解并掌握偏角资料计算及详细测设的方法。
（3）掌握经纬仪偏角法测设圆曲线的操作步骤及精度检查。

3. 能力目标
（1）能够正确计算曲线要素及偏角资料。
（2）能够正确描述主要点测设步骤及偏角法详细测设的步骤。
（3）能够正确操作经纬仪偏角法测设圆曲线主要点及详细点并检查精度。

📦 任务引入

如图 18-1 所示，线路中线测设已定出 ZD_1、JD_1、ZD_2 中桩，现需要在转向处 JD_1 设置圆曲线，如何用偏角法测设该处圆曲线的主要点 ZY、QZ、YZ 及详细点？

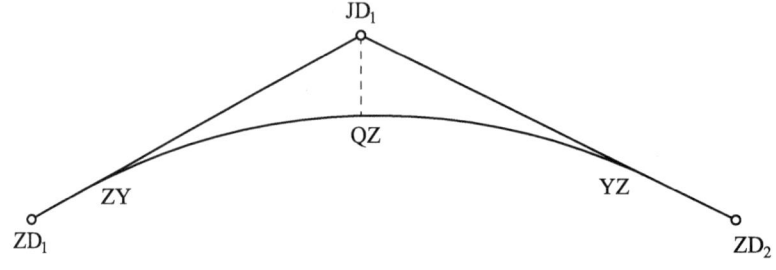

图 18-1　圆曲线测设

📦 知识学习

一、圆曲线要素计算与主点测设

（一）圆曲线要素计算

如图 18-2 所示，已知转角 α 及半径 R，则圆曲线的要素计算如下：

切线长　$T = R \tan \dfrac{\alpha}{2}$

曲线长　$L = R\dfrac{\alpha\pi}{180°}$

外矢距　$E_0 = R\left(\sec\dfrac{\alpha}{2} - 1\right)$

切曲差　$q = 2T - L$

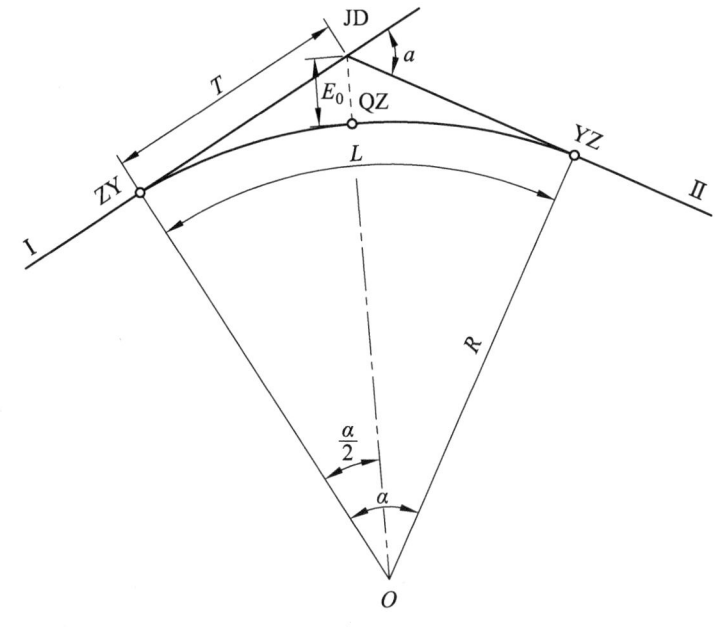

图 18-2　圆曲线要素

（二）主要点里程计算及测设

1. 主点里程的计算

ZY 里程=JD 里程-T

QZ 里程=ZY 里程+$L/2$

YZ 里程=ZY 里程+L

检核：YZ 里程=JD 里程+T-q

2. 测设步骤

（1）在 JD 架设仪器，照准路线的起始方向，沿此方向量取 T，打下曲线起点桩得 ZY 点。

（2）照准路线的前进方向，沿此方向量取 T，打下曲线终点桩得 YZ 点。

（3）后视 YZ 点，顺时针转动 90°-$\alpha/2$ 的角度得角分线方向，沿此方向自 JD 点量出外矢距 E_0，打下曲线中点桩得 QZ 点。

二、偏角法测设圆曲线

（一）偏角法测设原理

偏角即为弦切角，实质上是一种根据偏角和弦长交会出曲线点的方法，如图 18-3 所示。

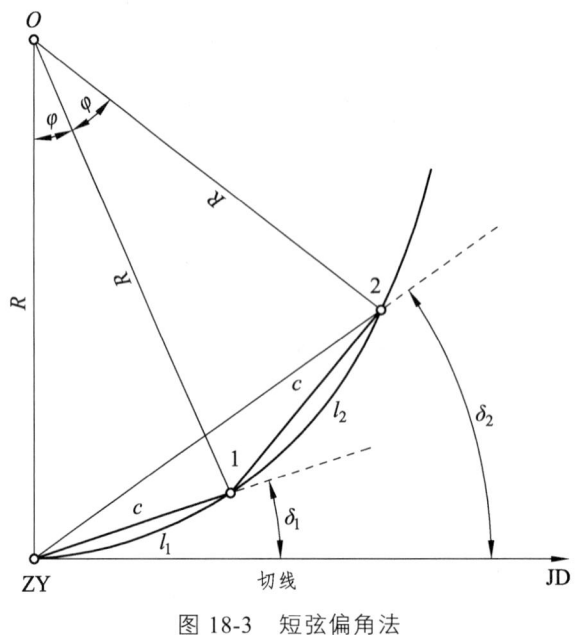

图 18-3 短弦偏角法

1. 偏角计算

$$\delta_i = \frac{\varphi_i}{2} = \frac{l_i}{2R} \cdot \frac{180°}{\pi}$$

式中：R 为圆曲线半径；l_i 为置镜点至测设点的曲线长。由于《铁路工程测量规范》（TB 10101—2018）规定，圆曲线的中桩里程宜为 20 m 的整倍数，而通常在 ZY、QZ、YZ 附近的曲线点与主点间的曲线长不足 20 m，则称其所对应的弦为分弦，相应的偏角为分弦偏角。

2. 弦长计算

$$C_i = 2R \sin \delta_i$$

式中：R 为圆曲线半径，δ_i 为测设点的偏角。曲线半径较大时，20 m 的圆弧长与相应的弦长相差很小，如 $R=450$ m 时，弦弧差为 2 mm，这在距离丈量的容许误差范围内，因而通常情况下，可将 20 m 的弧长当作弦长看待；只有当 $R<400$ m 时，测设中才考虑弦弧差的影响。

（二）圆曲线详细测设

详细测设前，曲线主点 ZY、QZ、YZ 已测设好，因此通常以 ZY 或 YZ 为测站，分别测设 ZY—QZ 及 YZ—QZ 曲线段，并闭合于 QZ 作检核。下面以 ZY 为测站说明测设步骤（图 18-3）：

（1）置经纬仪于 ZY 点，盘左以 0°00′00″后视 JD。

（2）打开照准部并转动之，当水平度盘读数为 δ_1（反拨读数 360°-δ_1）时制动照准部；然后由 ZY 点开始沿视线方向丈量分弦 l_1 得 1 点，并打下木桩。

（3）松开照准部继续转动，当水平度盘读数为 δ_2（反拨读数 360°-δ_2）时制动照准部，由 1 点丈量 20 m，视线与钢尺 20 m 分划相交处即为 2 点，打下木桩。

（4）同法，依次测出 3、4……直至 QZ′。

测得 QZ′点后，与主点 QZ 位置进行闭合校核。当闭合差合限（纵向为 1/2000，横向为

±10 cm）时，曲线点位一般不再作调整；若闭合差超限，则应查找原因并重测。

🔲 任务实施

一、实训内容

（1）在 JD 点安置经纬仪，测设圆曲线主要点 ZY、QZ、YZ 点。
（2）在 ZY 点安置经纬仪，用偏角法详细测设圆曲线。
（3）每人观测、量距、对点等工作轮换至少 1 遍。
（4）书写实训报告，每人交 1 份。

二、实训分组及设备（工具）准备

每 3～5 人 1 组，借领 DJ_6 经纬仪 1 台、测钎 1 根、钢卷尺 1 把、三脚架 1 个；自备铅笔、卷笔刀、计算器等工具；按已知转角 α、半径 R 以及 JD 点里程，计算曲线要素、偏角资料等填入表 18-1。

三、实训步骤

1. 安置仪器

如图 18-1 所示（测设 ZY—QZ 段），各小组在指定的场地内，按组号选择 JD 点作为测站点，安置经纬仪进行对中、整平。

2. 测设主要点

按"知识学习"中主要点测设步骤定出直圆点 ZY 和曲中点 QZ。

3. 详细测设

按"知识学习"中详细测设步骤，依次定出表 18-1 中各详细桩。检查曲线测设的闭合差是否合格，如果超限，认真分析总结原因，书写实训报告。

四、实训注意事项

（1）仪器从箱中取出时应记下它的放置位置，安放到三脚架上时，必须立即旋紧中心连接螺旋，严防仪器从脚架上掉下摔坏。
（2）安置经纬仪时，应使三脚架架头大致水平，以便能快速完成对中、整平操作。
（3）操作仪器时应用力均匀。转动照准部或望远镜时，要先松开制动螺旋，切不可强行转动仪器。
（4）钢尺量距应认清 0 刻线位置，拉尺要平、直、不扭曲，用力均匀，读数要准确。
（5）详细测设时，要根据曲线转向判断是正拨还是反拨；转动照准部定出方向后，制动照准部，只让望远镜上下转动，使测点距离的钢尺刻线落在十字丝中心，以定出详细桩。

五、实训记录及报告

（1）已知圆曲线转角 α、半径 R 及 JD 点里程，计算曲线要素、主要点里程及偏角法测设资料。

（2）记录表格（表18-1）。

表18-1 圆曲线测设实训报告

日期：_____ 天气：_____ 仪器号：_____ 观测：_____ 记录：_____

实训名称		圆曲线测设		成绩	
实训目的					
主要仪器及工具		经纬仪、钢尺、测钎等			
交点号		JD		交点桩号	
曲线要素	R（半径）= m		T（切线长）= m		E_0（外矢距）= m
	α_Z（转角）=		L（曲线长）= m		q（切曲差）= m
主点桩号	ZY桩号：		QZ桩号：		YZ桩号：
主点测设方法	测设示意图			测设方法	
各中桩的测设数据	桩号	偏角（正拨）	水平盘读数（反拨）	曲线长	备注
	ZY（ ）		0°00′00″		JD，切线方向
	（QZ ）				
详细测设方法及实训总结	一、圆曲线详细测设方法 二、实训总结				

考核评价

实训任务 18 考核评价表见表 18-2。

表 18-2　考核评价表

班　组				任务名称		综合评分	
任务分工							
（1）对偏角法测设圆曲线的资料计算、测设方法等理论知识通过学习相应教程进行考核。 （2）圆曲线主点测设、偏角法详细测设的操作步骤等实践操作，通过实操项目进行考核							
学生自评	\multicolumn{3}{|c|}{实训任务完成情况}					
		评价项目	评价内容	评价标准		评价结果	
	技能目标	实训准备	设备及备品	仪器工具选择正确，自备品齐全			
			人员组织	人员到位，分工明确			
		实训方法	操作方法和步骤	置镜、整平、瞄准、读数正确			
			操作标准及规范	高度适中，按程序规范操作			
		实训质量	手簿记录	用规定的笔、记录表填写，保持原始记录，记录格式规范、完整，更改数据规范，按规定回报			
			数据处理	外业计算、心算准确、快速，内业计算方法正确，数据准确			
			成果精度	符合规定的精度			
	素质目标	实训安全	安全操作	取放仪器规范，观测结束螺旋归位，观测中无骑腿、坐仪器箱等行为，操作符合测量仪器使用规程			
			实训后现场整理	实训结束仪器复位，仪器室整洁			
	\multicolumn{6}{	c	}{（根据个人实际情况选择：A. 能够完成；B. 基本能完成；C. 不能完成）}	
小组评价	\multicolumn{7}{l	}{团队合作＿＿；学习效率＿＿；获取信息能力＿＿；交流沟通能力＿＿；动手操作能力＿＿（根据完成任务情况填写：A. 优秀；B. 良好；C. 合格；D. 有待改进）}
总结与反思							
教师评价							

实训任务 19　偏角法测设带缓和曲线的圆曲线

📖 教学目标

1. 素质目标

（1）培养科学分析问题的能力。
（2）培养严谨务实的工作态度，保证测量数据的可靠性。
（3）培养规范作业、耐心细致的责任心和团队意识。

2. 知识目标

（1）理解并掌握带缓和曲线的圆曲线要素计算及主要点的测设方法。
（2）理解并掌握偏角资料计算及详细测设的方法。
（3）掌握经纬仪偏角法测设带缓和曲线的圆曲线的操作步骤及精度检查。

3. 能力目标

（1）能够正确计算带缓和曲线的曲线综合要素及偏角资料。
（2）能够正确描述带缓和曲线的主要点测设步骤及偏角法详细测设的步骤。
（3）能够正确操作经纬仪偏角法测设带缓和曲线的圆曲线主要点及详细点并检查精度。

📦 任务引入

如图 19-1 所示，线路中线测设已定出 ZD_1、JD_1、ZD_2 中桩，现需要在转向处 JD_1 设置带缓和曲线的圆曲线，如何用偏角法测设该处曲线的主要点 ZH、HY、QZ、YH、HZ 及详细点？

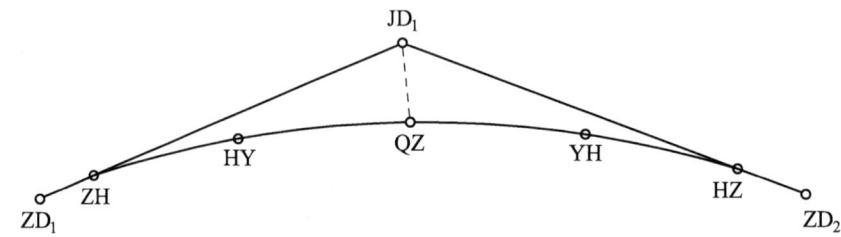

图 19-1　带缓和曲线的圆曲线测设

📦 知识学习

一、缓和曲线方程及其常数计算

（一）缓和曲线方程

缓和曲线上任一点的曲率半径 ρ 与曲线的长度 l 成反比，当 $l=l_0$ 时，$\rho=R$，则 $C=\rho l=Rl_0$。常用的缓和曲线有辐射螺旋线及三次抛物线，我国采用辐射螺旋线，其方程如下：

$$x = l - \frac{l^5}{40C^2} + \frac{l^9}{3456C^4}$$

$$y = \frac{l^3}{6C} - \frac{l^7}{336C^3} + \frac{l^{11}}{42240C^5}$$

舍去高次项，带入 $C=Rl_0$

$$x = l - \frac{l^5}{40R^2 l_0^2}$$

$$y = \frac{l^3}{6Rl_0}$$

式中：l 为缓和曲线上任一点到直缓（ZH）点的曲线长。当 $l = l_0$ 时，则得 HY 点的坐标：

$$\left. \begin{array}{l} x_0 = l_0 - \dfrac{l_0^3}{40R^2} \\ y_0 = \dfrac{l_0^2}{6R} \end{array} \right\}$$

（二）缓和曲线常数计算内

$$\left. \begin{array}{ll} \text{缓和曲线总切线角} & \beta_0 = \dfrac{l_0}{2R} \cdot \dfrac{180°}{\pi} \\ \text{内移距} & p = \dfrac{l_0^2}{24R} \\ \text{切垂距} & m = \dfrac{l_0}{2} - \dfrac{l_0^3}{240R^2} \\ \text{缓和曲线总偏角} & \delta_0 = \dfrac{\beta_0}{3} = \dfrac{l_0}{6R} \cdot \dfrac{180°}{\pi} \end{array} \right\}$$

二、曲线综合要素计算及主要点测设

（一）带缓和曲线的圆曲线综合要素计算

如图 19-2 所示，曲线综合要素的计算公式如下：

切线长　$T = (R + p)\tan\dfrac{\alpha}{2} + m$

曲线长　$L = R\dfrac{(\alpha - 2\beta_0)\pi}{180°} + 2l_0$

外矢距　$E_0 = (R + p)\sec\dfrac{\alpha}{2} - R$

切曲差　$q = 2T - L$

（二）主要点里程计算及测设

1. 主点里程的计算

ZH 里程=JD 里程-T

HY 里程=ZH 里程+l_0

QZ 里程=ZH 里程+$L/2$

YH 里程=QZ 里程+（$L/2-l_0$）

HZ 里程=YH 里程+l_0

检核：HZ 里程=JD 里程+$T-q$

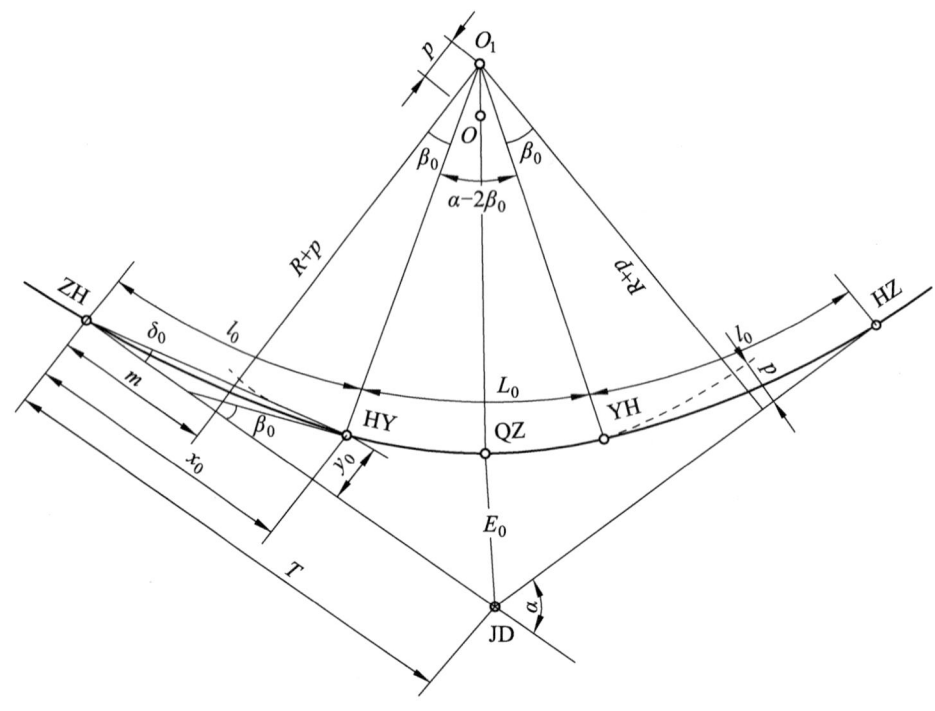

图 19-2　带缓和曲线的圆曲线

2. 测设步骤

（1）如图 19-3 所示，在 JD 置镜，后视直线Ⅰ的 ZD_1 点，沿视线量取 T 得 ZH 点；再量取 $(T-x_0)$ 得 HY 点在切线上的垂足 1，打桩钉小钉。

（2）前视直线Ⅱ的 ZD_2 点，同法定出 HZ 点及 YH 点在切线上的垂足 2。

（3）后视 ZD_1 点，水平度盘置零，定出 $90°-\alpha/2$ 的角分线方向，沿此方向自 JD 点量外矢距 E_0，打下曲线中点桩得 QZ 点。

（4）置镜于 1 点（2 点），后视切线方向置零，定出切线的支距方向，钢尺丈量 y_0，打桩钉小钉，定出 HY 点（或 YH 点）。

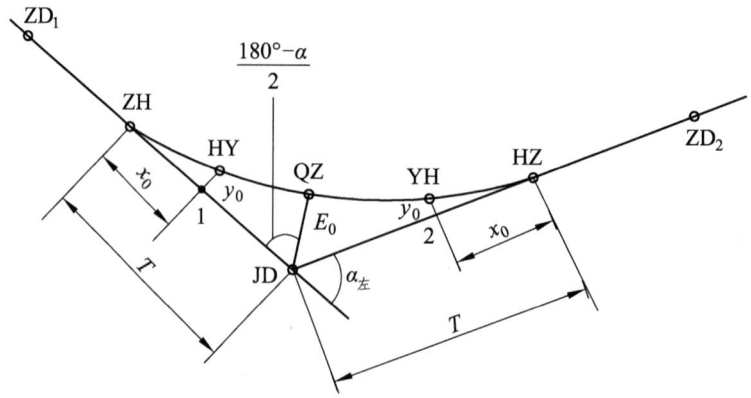

图 19-3　带缓和曲线的圆曲线主要点测设

三、偏角法测设带缓和曲线的圆曲线

(一) 偏角法测设缓和曲线部分

1. 偏角计算公式

用偏角法测设缓和曲线时,将缓和曲线 l_0 分为 N 等份,每段长度为 10 m,则偏角计算如下:因为缓和曲线上的偏角 δ 很小,

所以 $\delta = \sin\delta = \dfrac{y}{l}$

又因为 $y = \dfrac{l^3}{6Rl_0}$ 代入上式,则:

$$\delta = \dfrac{l^2}{6Rl_0} = \dfrac{l^2}{6Rl_0} \cdot \dfrac{180°}{\pi}$$

因此 $\delta_1 = \dfrac{l_1^2}{6Rl_0}$

$$\delta_2 = \dfrac{l_2^2}{6Rl_0} = \dfrac{(2l_1)^2}{6Rl_0} = 2^2 \delta_1$$

$$\delta_3 = \dfrac{l_3^2}{6Rl_0} = \dfrac{(3l_1)^2}{6Rl_0} = 3^2 \delta_1$$

…………

$$\delta_N = \dfrac{l_N^2}{6Rl_0} = \dfrac{(Nl_1)^2}{6Rl_0} = N^2 \delta_1 = \delta_0 \text{(缓和曲线总偏角)}$$

$$\delta_1 = \dfrac{1}{N^2}\delta_0, \quad \delta_0 = \dfrac{l_0^2}{6Rl_0} = \dfrac{l_0}{6R}$$

因为 $\beta_0 = \dfrac{l_0}{2R}$

所以 $\delta_0 = \dfrac{1}{3}\beta_0$

2. 测设方法

(1) 在 ZH 置镜,后视 JD,水平度盘配置为 0°00′00″,先拨角 δ_0(反拨为 360°-δ_0)核对 HY 点是否在视线方向上。

(2) 拨角 δ_1(反拨为 360°-δ_1),从 ZH 点沿视线量取 10 m 弦长,定出曲线点 1 点。

(3) 拨角 δ_2(反拨为 360°-δ_1),以 1 点为圆心、10 m 弦长为半径与视线相交,定出曲线点 2 点。同法定出 3……N 点,并检核 N 点是否落在主点(HY)上。

(二) 偏角法测设圆曲线部分

圆曲线部分的偏角计算及测设方法与单纯圆曲线相同,关键是找到测站点(HY 或 YH)的切线方向,并使此方向水平度盘置为零方向(图 19-4)。下面以转动照准部法进行说明,其他方法操作相似。

1. 偏角计算

$$\delta_i = \frac{\phi_i}{2} = \frac{l_i}{2R} \cdot \frac{180°}{\pi}$$

式中：l_i 为 HY（或 YH）点至测设点的圆曲线长。

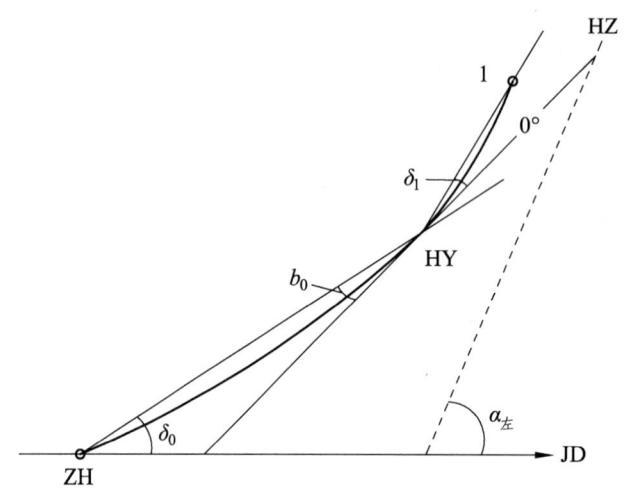

图 19-4　HY（YH）点处的切线方向

2. 测设方法

（1）置经纬仪于 HY（YH）点，盘左以 $180°\pm 2\delta_0$（左转取+，右转取-）后视 ZH（HZ）。

（2）松开照准部制动螺旋并转动之，当水平度盘读数为 δ_1（反拨读数 $360°-\delta_1$）时制动照准部；然后由 HY 点开始沿视线方向丈量分弦 l_1 得 1 点，并打下木桩。

（3）松开照准部继续转动，当水平度盘读数为 δ_2（反拨读数 $360°-\delta_2$）时制动照准部，由 1 点丈量 20 m，视线与钢尺 20 m 分划相交处即为 2 点，打下木桩。

（4）同法，依次测出 3、4……直至 QZ'。

测得 QZ'点后，与主点 QZ 位置进行闭合校核。当闭合差合限（纵向为 1/2000，横向为 ±10 cm）时，曲线点位一般不再作调整；若闭合差超限，则应查找原因并重测。

任务实施

一、实训内容

（1）在 JD 点安置经纬仪，测设带缓和曲线的圆曲线主要点 ZH、HY、QZ、YH、HZ 点。

（2）在 ZH 点安置经纬仪，用偏角法测设缓和曲线；在 HY 点置镜，偏角法详细测设圆曲线。

（3）每人观测、量距、对点等工作轮换至少 1 遍。

（4）书写实训报告，每人交 1 份。

二、实训分组及设备（工具）准备

每 3~5 人 1 组，借领 DJ_6 经纬仪 1 台、测钎 1 根、钢卷尺 1 把、三脚架 1 个；自备铅笔、卷笔刀、计算器等工具；按已知转角 α、缓和曲线长 l_0、半径 R 以及 JD 点里程，计算曲线要素、偏角资料等填入表 19-1。

三、实训步骤

1. 安置仪器

如图 19-1（测设 ZH—QZ 段），各小组在指定的场地内，按组号选择 JD 点作为测站点，安置经纬仪进行对中、整平。

2. 测设主要点

按"知识学习"中主要点测设步骤定出直圆点 ZH、HY 和曲中点 QZ。

3. 详细测设

按"知识学习"中详细测设步骤，依次定出表 19-1 中各详细桩。检查曲线测设的闭合差是否合格，如果超限，认真分析总结原因，书写实训报告。

四、实训注意事项

（1）仪器从箱中取出时应记下它的放置位置，安放到三脚架上时，必须立即旋紧中心连接螺旋，严防仪器从脚架上掉下摔坏。

（2）安置经纬仪时，应使三脚架架头大致水平，以便能快速完成对中、整平操作。

（3）操作仪器时应用力均匀。转动照准部或望远镜，要先松开制动螺旋，切不可强行转动仪器。

（4）钢尺量距应认清 0 刻线位置，拉尺要平、直，不扭曲，用力均匀，读数要准确。

（5）详细测设时，要根据曲线转向判断是正拨还是反拨；转动照准部定出方向后，制动照准部，只让望远镜上下转动，使测点距离的钢尺刻线落在十字丝中心，以定出详细桩。

五、实训记录及报告

（1）已知曲线转角 α、缓和曲线长 l_0、半径 R 以及 JD 点里程，计算曲线综合要素、主要点里程及偏角法测设资料。

（2）记录表格（表 19-1）。

表 19-1 偏角法测设带缓和曲线的圆曲线实训报告

日期：_____ 天气：_____ 仪器号：_____ 观测：_____ 记录：_____

实训名称	偏角法测设带缓和曲线的圆曲线	成绩	
实训目的			
主要仪器及工具			
交点号		交点桩号	

续表

曲线元素	$R=$	$l_0=$	$\alpha=$	$T=$	$L=$
	$E_0=$	$q=$	$x_0=$	$y_0=$	

主点桩号	ZH 桩号：		HY 桩号：
	QZ 桩号：		
	YH 桩号：		HZ 桩号：

主点测设方法	测设示意图	测设方法

各中桩的测设数据	测站	桩号	偏角	水平盘读数	曲线长	备注
	ZH（ ）	JD		0°00′00″		测站点：ZH
						起始方向：ZH—JD
						起始方向的水平度盘读数：0°00′00″
	HY（ ）	ZH				
						测站点：HY
						起始方向：HY—ZH
						起始方向的水平度盘读数：（180°±$2\delta_0$）

曲线详细测设方法及实训总结	一、缓和曲线部分的测设方法 二、圆曲线部分的测设方法 三、实训总结

考核评价

实训任务 19 考核评价表见表 19-2。

表 19-2 考核评价表

班 组			任务名称		综合评分	
任务分工						
（1）对偏角法测设带缓和曲线的圆曲线资料计算、测设方法等理论知识通过学习教程进行考核。 （2）带缓和曲线的圆曲线主点测设、偏角法详细测设的步骤等实践操作，通过实操项目进行考核						
学生自评	实训任务完成情况					
	评价项目		评价内容	评价标准		评价结果
	技能目标	实训准备	设备及备品	仪器工具选择正确，自备品齐全		
			人员组织	人员到位，分工明确		
		实训方法	操作方法和步骤	置镜、整平、瞄准、读数正确		
			操作标准及规范	高度适中，按程序规范操作		
		实训质量	手簿记录	用规定的笔、记录表填写，保持原始记录，记录格式规范、完整，更改数据规范，按规定回报		
			数据处理	外业计算、心算准确、快速，内业计算方法正确，数据准确		
			成果精度	符合规定的精度		
	素质目标	实训安全	安全操作	取放仪器规范，观测结束螺旋归位，观测中无骑腿、坐仪器箱等行为，操作符合测量仪器使用规程		
			实训后现场整理	实训结束仪器复位，仪器室整洁		
	（根据个人实际情况选择：A. 能够完成；B. 基本能完成；C. 不能完成）					
小组评价	团队合作___；学习效率___；获取信息能力___；交流沟通能力___；动手操作能力___（根据完成任务情况填写：A. 优秀；B. 良好；C. 合格；D. 有待改进）					
总结与反思						
教师评价						

实训任务 20　全站仪坐标法测设曲线

📖 教学目标

1. 素质目标

（1）培养科学分析问题的能力。

（2）培养严谨务实的工作态度，保证测量数据的可靠性。

（3）培养规范作业、耐心细致的责任心和团队意识。

2. 知识目标

（1）理解并掌握带缓和曲线的圆曲线支距坐标计算及测设方法。

（2）理解并掌握任意点置镜极坐标法测设曲线的方法。

（3）掌握全站仪坐标法测设带缓和曲线的圆曲线的操作步骤及精度检查。

3. 能力目标

（1）能够正确计算带缓和曲线的圆曲线的支距坐标。

（2）能够正确描述在任意点置镜测设带缓和曲线的圆曲线的测设步骤。

（3）能够正确操作全站仪坐标法测设带缓和曲线的圆曲线并检查精度。

📦 任务引入

如图 20-1 所示，线路中线测设已定出 ZD_1、JD_1、ZD_2 中桩，现需要在转向处 JD_1 设置带缓和曲线的圆曲线，如何用任意点置镜极坐标法测设该处曲线的主要点 ZH、HY、QZ、YH、HZ 及详细点？

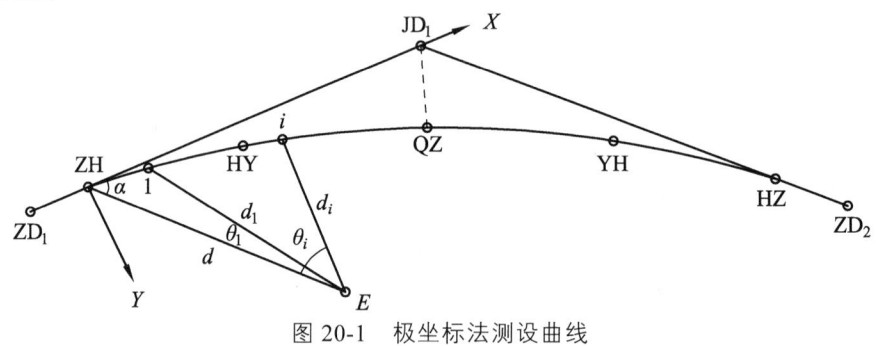

图 20-1　极坐标法测设曲线

💾 知识学习

一、切线支距坐标计算

（一）缓和曲线部分

缓和曲线测设点的坐标计算公式：

$$x = l - \frac{l^5}{40R^2 l_0^2}, \quad y = \frac{l^3}{6R l_0}$$

式中：l 为缓和曲线上任一点到坐标原点（ZH 或 HZ 点）的曲线长。

（二）圆曲线部分

如图 20-2 所示，圆曲线测设点的坐标计算公式：

$$\left.\begin{array}{l} x_i = R \cdot \sin \alpha_i + m \\ y_i = R(1-\cos \alpha_i) + p \end{array}\right\}$$

式中：$\alpha_i = \dfrac{l_i - l_0}{R} \cdot \dfrac{180°}{\pi} + \beta_0$；$l_i$ 为曲线点 i 的曲线长。

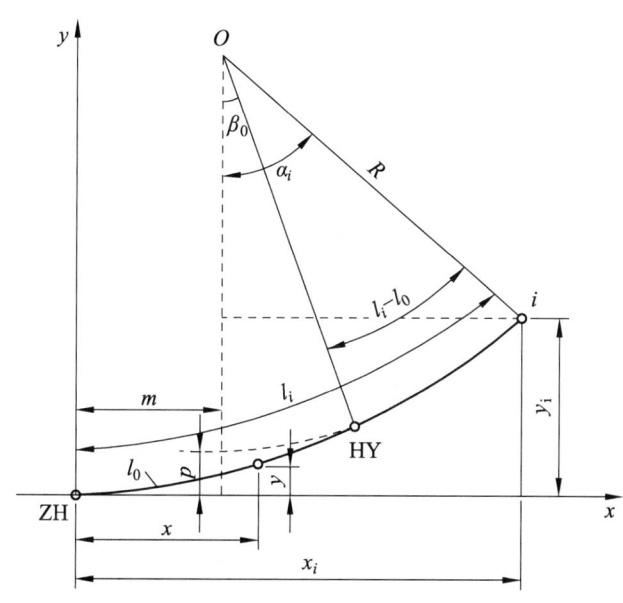

图 20-2　圆曲线坐标计算

二、极坐标法测设曲线

若中线上有障碍时，曲线测设会更加困难。若用光电测距仪（或全站仪），则可在任意点设站利用坐标法测设曲线，这种方法由于灵活、效率高，被广泛使用。

（一）测设原理

它是根据坐标反算求得角度和距离，再利用极坐标法进行测设。如图 20-3 所示，可预先在与曲线通视良好的地方选一测站点 E，打桩钉小钉，先将仪器安置于 ZH 点，以 JD 为后视零方向，以 ZH 为坐标原点，测量出水平角 α 及到 E 点的平距 d，则可求得 E 的坐标（x_E, y_E），然后根据各曲线点坐标反算距离和角度。计算公式如下：

$$\begin{cases} x_E = d \cdot \cos a_{ZH-E} \\ y_E = d \cdot \sin a_{ZH-E} \end{cases} \quad \begin{cases} \tan \alpha_{E-1} = \arctan \dfrac{y_1 - y_E}{x_1 - x_E} \\ \theta_1 = \alpha_{E-1} - \alpha_{E-ZH} \\ d_1 = \sqrt{(x_1 - x_E)^2 + (y_1 - y_E)^2} \end{cases}$$

测设时以 E 为测站，以 E—ZH 为极坐标轴，转水平角 θ_i，量出平距 d_i，即可得到 i 点。

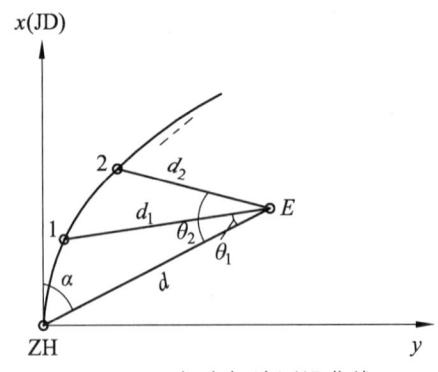

图 20-3　极坐标法测设曲线

（二）测设方法

测设方法有两种：一是将整个曲线分成 ZH—QZ 和 HZ—QZ 两个半曲线来测设（图 20-4），此时坐标原点应分别为 ZH 和 HZ，而曲线点坐标可由支距坐标公式计算求得。另一种是在 E 点置镜，一次将整个曲线测设完毕，显然这种方法效率更高。但在测设后半个曲线时，要注意将切线坐标转换为以 ZH 为坐标原点，以切线为 x 轴的测量坐标系之后，才能进行测设。这里以第一种方法说明 ZH—QZ 段的测设步骤：

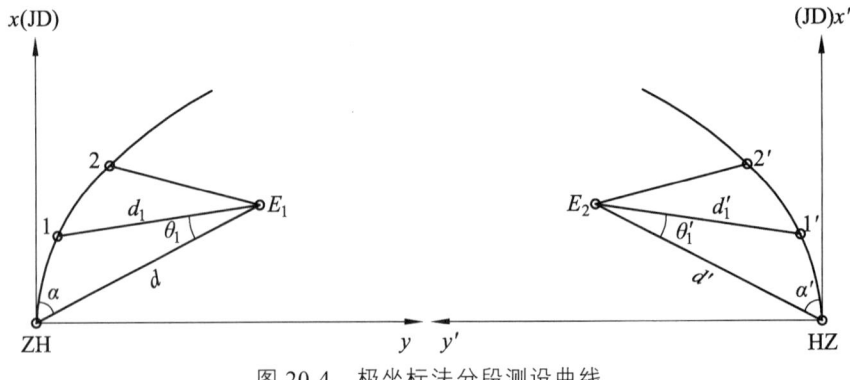

图 20-4　极坐标法分段测设曲线

（1）如图 20-3 所示，在曲线一侧（内侧或外侧）任选一点 E（与各曲线点通视），打桩钉小钉。

（2）在 ZH 置镜，用测回法测出以 x 轴为竖轴的方位角 α_{ZH-E} 及水平距离 d_{ZH-E}。

（3）计算测站 E 点的坐标及各待测曲线点的坐标。

（4）反算所需的测设角度 θ_i 及边长 d_i：据 x_E、y_E 及曲线上各点坐标 x_i、y_i，按前述公式反算出所需的测设角度 θ_i 及边长 d_i。（如果用全站仪坐标放样功能测设曲线，可不用坐标反算，具体操作参见"实训任务 11"中的"全站仪坐标放样"。）

（5）在 E 点置镜，照准 ZH 点，水平度盘置零，松开制动螺旋，转动照准部至水平读数为 θ_1 时，沿视线方向量 d_1 定出 1 点。

（6）同法测设出 2、3、4、…曲线点。测设中应注意与已定出的曲线主要点进行检核，精度满足规范要求。

（三）测设注意事项

（1）曲线主点桩应单独测设，不得与曲线测设同时进行。

（2）用任意点极坐标法测设主点时，必须更换测站点或后视点以作检核，其点位误差≤5 cm。

（3）用极坐标法详细测设曲线时应加强检核，每 100 m 不宜少于 1 个点；当置镜点多于 2 个时，应形成闭合环，其限差满足规范要求。

任务实施

一、实训内容

（1）在 JD 点全站仪，测设带缓和曲线的圆曲线主要点 ZH、HY、QZ、YH、HZ 点。

（2）在 ZH 点安置全站仪，以 JD 点定向观测出 E 的坐标。

（3）在任意点 E 安置全站仪，用坐标放样功能测设各曲线点。

（4）每人观测、对点、标记等工作轮换至少 1 遍。

（5）书写实训报告，每人交 1 份。

二、实训分组及设备（工具）准备

借领南方全站仪 1 台、三脚架 1 个、放样对中杆及棱镜 1 组、检查棱镜及支架 1 组；自备铅笔、卷笔刀、记号笔、计算器等工具。

三、实训步骤

1. 主要点测设

（1）在指定的实训场地内，按组号选择 JD 点安置全站仪，对中、整平后，照准切线上转点 ZD_1，用放样小棱镜量平距 T 定出 ZH 点。

（2）水平度盘置零，照准部转过 90°-α/2 定出角分线，量 E_0 定出 QZ 点。

（3）进入坐标放样，输入测站坐标（JD 点），照准 ZH 点定向，输入放样坐标（x_0，y_0），根据提示找到方向，用小棱镜量距定出 HY 点，打桩钉钉（或用记号笔标记）。

2. 全站仪坐标法测设曲线

（1）在适当位置选择任意点 E，将全站仪安置在 ZH 点，进入坐标测量，输入测站坐标（0，0）以 JD 点定向，检查 HY 点坐标，然后观测 E 点坐标并记录。

（2）在 E 点安置全站仪，进入坐标放样菜单，输入测站（E 点）坐标，照准 ZH 点定向。

（3）调用或输入放样点坐标，根据仪器计算的放样元素 HR、HD，转动照准部，当 dHR=0°00′00″时，视线即为放样方向，按 F2（距离）键，指挥 1 人在视线上立放样小棱镜，根据准放样点尚差的水平距离 dHD，指挥小棱镜前后移动位置，直到 dHD 为 0（允许误差±2cm）时，则完成放样点的测设，打桩（记号笔）标记。按 F4（换点）键，进入下一个放样点的测设。

四、实训注意事项

（1）仪器从箱中取出前，应记下它的放置位置，以免装箱时不能恢复到原位。

（2）全站仪使用必须严格遵守操作规程，十分注意爱护仪器，操作仪器螺旋必须注意力度。

（3）在安装和拆卸仪器时，一定要一手握仪器，一手操作中心螺旋，必须及时将中心螺旋旋紧。

（4）在阳光下使用全站仪测量时，一定要撑伞遮掩仪器，严禁用望远镜对准太阳等强光源。

（5）禁止用手触摸仪器镜面、反光镜面。

（6）在装卸电池时，必须先关断电源。

（7）迁站时，即使距离很近，也必须取下全站仪装箱搬运，并注意防震。

（8）测设过程中要注意利用已定出的中桩及主要点进行检核。

五、实训记录及报告

（1）已知曲线转角α、缓和曲线长 l_0、半径 R 以及 JD 点里程，计算曲线综合要素、主要点里程及切线支距法测设的坐标资料。

（2）记录表格（表 20-1）。

表 20-1　全站仪坐标法测设曲线实训报告

日期：_____　天气：_____　仪器号：_____　观测：_____　记录：_____

实习题目		全站仪坐标法测设曲线			成绩		
实习技能目标							
主要仪器及工具							
交点号		JD			交点桩号		
曲线要素	$R=$	$l_0=$	$\alpha=$	$\beta_0=$	$p=$	$m=$	
	$T=$	$L=$	$E_0=$	$q=$	$x_0=$	$y_0=$	
主点桩号	ZH 桩号：			HY 桩号：			
	QZ 桩号：						
	YH 桩号：			HZ 桩号：			
各中桩的测设数据	测段	桩号		曲线长	x	y	备注
	ZH—HY						
	HY—QZ						
测设曲线的方法及总结							

考核评价

实训任务 20 考核评价表见表 20-2。

表 20-2　考核评价表

班　组			任务名称		综合评分	
任务分工						
（1）对切线支距法、极坐标法测设曲线的资料计算、测设方法等理论知识通过学习教程进行考核。 （2）任意点置镜，极坐标法测设切线的步骤等实践操作，通过实操项目进行考核						
学生自评	实训任务完成情况					
	评价项目		评价内容	评价标准		评价结果
	技能目标	实训准备	设备及备品	仪器工具选择正确，自备品齐全		
			人员组织	人员到位，分工明确		
		实训方法	操作方法和步骤	置镜、整平、瞄准、读数正确		
			操作标准及规范	高度适中，按程序规范操作		
		实训质量	手簿记录	用规定的笔、记录表填写，保持原始记录，记录格式规范、完整，更改数据规范，按规定回报		
			数据处理	外业计算、心算准确、快速，内业计算方法正确，数据准确		
			成果精度	符合规定的精度		
	素质目标	实训安全	安全操作	取放仪器规范，观测结束螺旋归位，观测中无骑腿、坐仪器箱等行为，操作符合测量仪器使用规程		
			实训后现场整理	实训结束仪器复位，仪器室整洁		
	（根据个人实际情况选择：A. 能够完成；B. 基本能完成；C. 不能完成）					
小组评价	团队合作___；学习效率___；获取信息能力___；交流沟通能力___；动手操作能力___（根据完成任务情况填写：A. 优秀；B. 良好；C. 合格；D. 有待改进）					
总结与反思						
教师评价						

实训任务 21　线路纵断面测量

📖 教学目标

1．素质目标
（1）培养科学分析问题的能力。
（2）培养严谨务实的工作态度，保证测量数据的可靠性。
（3）培养规范作业、耐心细致的责任心和职业意识。

2．知识目标
（1）理解并掌握线路纵断面测绘的基本知识。
（2）巩固 DS_3 水准仪操作的基本步骤。
（3）理解并掌握视线高程法观测的数据记录、计算方法。

3．能力目标
（1）能够正确操作 DS_3 水准仪。
（2）能够正确按中桩高程测量程序读数并填写记录表。
（3）能够正确按视线高程法计算各中桩点的高程。
（4）能够正确绘制纵断面图。

📦 任务引入

如图 21-1 所示，已知线路中线上 A 点的高程为 H_A，待求点 B、C、D 的高程为 H_B、H_C、H_D，如何正确使用一台 DS_3 水准仪利用视线高程法观测出各点的高程？

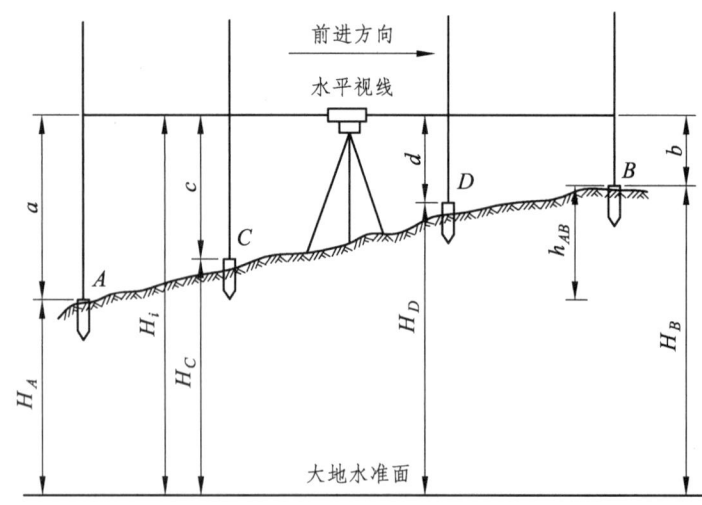

水准测量原理
（视线高程法）

图 21-1　视线高程法

🔷 知识学习

一、线路水准点高程测量

线路水准点高程测量现场称基平测量。它的任务是沿线布设水准点并施测其高程，作为线路及其他工种测量工作的高程控制点。

（一）水准点的布设

定测阶段水准点的布设应在初测水准点布设的基础上进行。首先对初测水准点逐一检核，其不符值在限差以内时，采用初测成果；若确认超限，方能更改。其次，若初测水准点远离线路，则重新移设至距线路 100 m 的范围内。水准点的布设密度为一般每 2 km 设置 1 个，但长度在 300 m 以上的桥梁和 500 m 以上的隧道两端和大型车站范围内，均应设置水准点。

水准点设置在坚固的基础上或埋设于混凝土标桩上，以 BM 表示并统一编号。

（二）水准点高程测量

线路水准点高程测量应与国家水准点联测，其路线长度不远于 30 km 联测一次，形成附合水准路线；其测量方法与要求同初测水准点高程测量，即可采用水准测量或光电测距三角高程测量方法进行，高程取至毫米。

二、线路中桩高程测量

初测时中桩高程测量是测定导线点及加桩桩顶的高程，为地形测量建立图根高程控制。定测时，则是测定中线上各控制桩、百米桩、加桩处的地面高程，为绘制线路纵断面提供资料。

（一）中桩水准测量

中桩水准采用一台水准仪单程测量，水准路线应起闭于水准点，限差为 $\pm 50\sqrt{L}$ mm（L 为水准路线长度，以千米计）。中桩高程宜观测两次，其不符值不应超过 10 cm，取位至厘米；中桩高程闭合差在限差以内时不作平差。中桩水准测量方法如图 21-2 所示。

中桩高程计算采用视线高程法，即视线高程 H_i=后视点高程+后视读数，中桩高程=H_i-中视读数。具体记录、计算见表 21-1。

（二）中桩光电三角高程测量

中桩高程可与水准点光电三角高程一起进行，亦可与线路中线光电测距同时进行。若单独进行中桩高程测量或与中线测设同时进行，则应起闭于水准点上，满足限差为 $\pm 50\sqrt{L}$ mm 的要求及检测限差±100 mm 的要求。

（三）绘制线路纵断面图

按照线路中线里程和中桩高程，绘制出沿线路中线地面起伏变化的图，称纵断面图。

线路纵断面图中，其横向表示里程，比例尺为 1∶1 000～1∶10 000；纵向表示高程，比例尺为 1∶100～1∶1 000，它比横向比例尺大 10 倍，以突出地面的起伏变化。

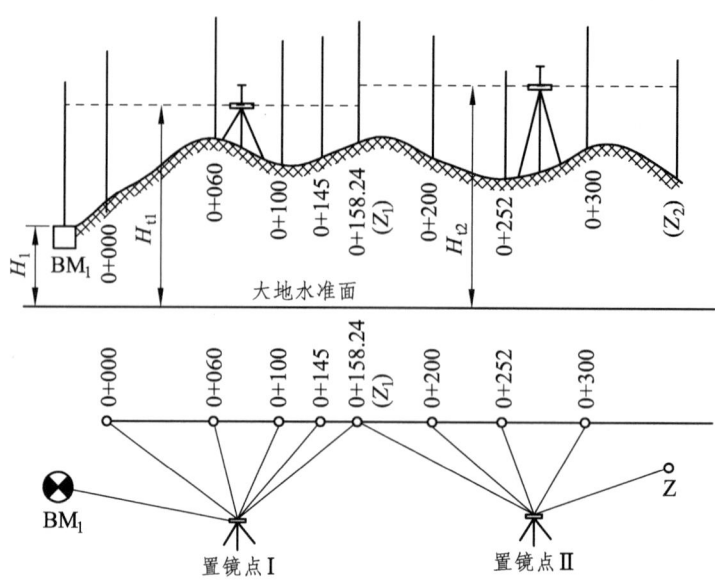

图 21-2 中桩水准测量

表 21-1 中桩水准测量记录

测 点	水准尺读数/m			视线高程/m	高程/m	备 注
	后视	中视	前视			
BM1	3.769			56.229	52.460	
K0+000		2.21			54.02	
0+060		0.58			55.65	
0+100		1.52			54.71	水准点高程:
0+145		2.45			53.78	BM$_1$—52.460 m
0+158.24（Z$_1$）	0.659		0.415	56.473	55.814	BM$_2$—55.471 m
0+200		1.37			55.10	实测闭合差
0+252		2.79			53.68	f_h = 55.450-55.471
0+300		1.80			54.67	= -21 mm
Z$_2$	1.458		2.610	55.321	53.863	容许闭合差
……	……	……	……	……	……	$f_{h允}$ = ±50$\sqrt{2.1}$
K2+046.15	3.978		2.410	56.696	52.718	= 70 mm
BM2			1.246		55.450	精度合限!
Σ	+30.559		27.609		55.450	
	-27.609				-52.460	
	+2.990				+2.990	

绘制纵断面图，可以用 CAD 软件或其他专业软件。如南方 CASS 软件，点击"工程应用"→"绘断面图"→"根据已知坐标"命令，选择"由数据文件生成"或"由图面高程点生成"，

设置采样间距、比例尺、断面图位置、起始里程等参数即可。

任务实施

一、实训内容

（1）操作 DS3 水准仪视线高程法观测一段线路中桩的地面高，至少测 2 站。
（2）每人轮流练习观测、记录、计算等工作至少 1 遍。
（3）用视线高程法计算各中桩高程，并根据观测数据绘制纵断面图。
（4）书写实训报告，每人交 1 份。

二、实训分组及设备（工具）准备

每 2~4 人 1 组，借领 DS_3 水准仪 1 台、三脚架 1 个、记录板 1 块、水准尺 1 根；自备铅笔、卷笔刀、计算器等工具。

三、实训步骤

1. 中桩水准测量

（1）选择实训场地模拟线路中线，将水准尺立在已知高程点 BM_1 上，在适当位置安置水准仪，整平后照准水准尺读数，记入表 21-2 后视栏，水准尺立在线路中桩上，读数并记入表 21-2 中视栏，继续观测中线点，读数并记入中视栏，至转点读数并记入前视栏。
（2）仪器沿线路前进方向迁站，观测前一站转点，读数并记入表 21-2 后视栏，继续观测中线点，读数并记入中视栏，同法观测线路各中桩直至附合到 BM_2 水准点。
（3）用视线高程法计算测站视线高程及各中桩高程。

2. 绘制纵断面图

（1）准备绘图文件：打开记事本文件，录入线路中桩里程及高程，每行格式为"里程，高程"（关闭中文输入法），完成后保存文件，并将文件后缀名改为".hdm"。
（2）绘制纵断面图：打开 CASS 软件，单击"工程应用"→"绘断面图"→"根据已知坐标"命令，在弹出的对话框中选择"由数据文件生成"，选取保存的文件并设置采样间距、比例尺、断面图位置、起始里程等参数即可自动生成断面图。

3. 实训结束，整理仪器设备，完成实训报告

四、实训注意事项

（1）三脚架应支在平坦、坚固的地面上，架设高度应适中，架头应大致水平，架腿制动螺旋应紧固，安放仪器时应将仪器连接螺旋旋紧，防止仪器脱落。
（2）各螺旋的旋转应稳、轻、慢，禁止用蛮力，最好使用螺旋运行的中间位置。
（3）瞄准目标时必须注意消除视差，应习惯先用瞄准器寻找和瞄准。
（4）立尺时，应站在水准尺后，双手扶尺，以使尺身保持竖直。
（5）仪器迁站，转点尺不动，安置好仪器应先读转点尺读数，避免漏掉后视读数。
（6）做到边观测、边记录、边计算，记录应使用铅笔。

（7）伸缩水准尺应注意接头；禁止用水准尺抬物，禁止坐在水准尺或仪器箱上。
（8）发现异常问题应及时向指导教师汇报，不得自行处理。

五、实训记录及报告

（1）线路高程测量的内容有哪些？它们的目的是什么？

（2）记录表格（表 21-2）。

表 21-2　中桩水准测量记录表

日期：_____　天气：_____　仪器号：_____　观测：_____　记录：_____

测点	水准尺读数			视线高程/m	中桩高程/m	备注
	后视	中视	前视			

考核评价

实训任务 21 考核评价表见表 21-3。

表 21-3　考核评价表

班组			任务名称		综合评分	
任务分工		（1）对中桩高程测量方法及计算等理论知识通过学习相应教程进行考核。 （2）视线高程法的操作步骤、记录表的填写等实践操作，通过实操项目进行考核				
学生自评	\multicolumn{5}{c}{实训任务完成情况}	
	评价项目		评价内容	评价标准		评价结果
	技能目标	实训准备	设备及备品	仪器工具选择正确，自备品齐全		
			人员组织	人员到位，分工明确		
		实训方法	操作方法和步骤	置镜、整平、瞄准、读数正确		
			操作标准及规范	高度适中，按程序规范操作		
		实训质量	手簿记录	用规定的笔、记录表填写，保持原始记录，记录格式规范、完整，更改数据规范，按规定回报		
			数据处理	外业计算、心算准确、快速，内业计算方法正确，数据准确		
			成果精度	符合规定的精度		
	素质目标	实训安全	安全操作	取放仪器规范，观测结束螺旋归位，观测中无骑腿、坐仪器箱等行为，操作符合测量仪器使用规程		
			实训后现场整理	实训结束仪器复位，仪器室整洁		
	\multicolumn{6}{c}{（根据个人实际情况选择：A. 能够完成；B. 基本能完成；C. 不能完成）}
小组评价	团队合作___；学习效率___；获取信息能力___；交流沟通能力___；动手操作能力___（根据完成任务情况填写：A. 优秀；B. 良好；C. 合格；D. 有待改进）					
总结与反思						
教师评价						

实训任务 22　线路横断面测量

📖 教学目标

1. 素质目标

（1）培养科学分析问题的能力。
（2）培养严谨务实的工作态度，保证测量数据的可靠性。
（3）培养规范作业、耐心细致的责任心和职业意识。

2. 知识目标

（1）理解并掌握线路横断面测量的基本知识。
（2）巩固经纬仪操作的基本步骤。
（3）理解并掌握视距法观测横断面的数据记录、计算方法。

3. 能力目标

（1）能够正确操作 DJ_6 经纬仪。
（2）能够正确按视距测量方法读数并填写记录表。
（3）能够正确按视距测量公式计算各中点的平距及高程。
（4）能够正确绘制横断面图。

📦 任务引入

如图 21-2（a）所示，已通过视线高程法观测出线路中线桩的高程，如何使用一台水准仪、经纬仪或其他方法观测中桩处线路横向地形起伏变化，并绘制横断面图？

📦 知识学习

一、横断面测量的密度和宽度

横断面测量的任务，是测出各中线桩处的横向地面起伏情况，并按一定比例尺绘出横断面图。横断面图主要用于路基断面设计、土石方数量计算、路基施工放样等。

横断面施测的密度和宽度，应根据地形、地质情况和设计需要而定。

一般应在百米桩和线路纵、横向地形明显变化处及曲线控制桩处测绘横断面。在大桥桥头、隧道洞口、挡土墙重点工程地段及地质不良地段，横断面应适当加密。

横断面测绘宽度，根据地面坡度、路基中心填挖高度、设计边坡及工程上的需要来决定，应满足路基、取土坑、弃土堆及排水沟设计的需要和施工放样的要求。

二、横断面方向的测定

线路横断面方向，在直线上应垂直于线路中线；在曲线地段，则应与测点处的切线相垂直。

确定直线地段横断面的方向，可以用经纬仪或方向架直接测定。若用方向架（图 22-1）测定，可将方向架立于中线测点上，用一个方向瞄准中线上远方定向标杆，则方向架瞄准的另一个方向就是横断面的方向。

曲线上的横断面方向，若用方向架，则如图 22-2 所示，将方向架立于待测断面 B 上，使其一个方向照准曲线上的 A 点，在另一方向上可标定出 1 点；再用方向架照准与 A 等距的 C 点，同法可标定出 2 点，使 $B_1 = B_2$，则 1～2 的中点 N 与 B 的连线即为横断面的方向。若用经纬仪标定方向，则应拨角 $90°±δ$（$δ$ 为后视点偏角）。

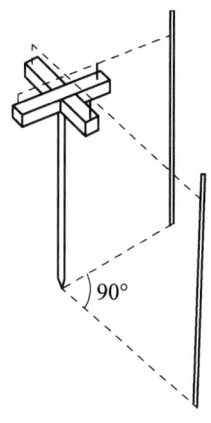
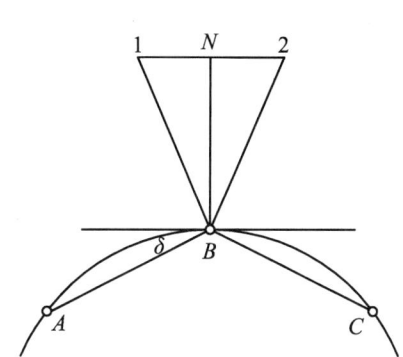

图 22-1　方向架　　　　　　图 22-2　横断面的方向

三、横断面测绘方法

横断面的测量方法很多，应根据地形条件、精度要求和设备条件来选择。

1. 经纬仪视距法

将经纬仪安置在中线上，利用视距测量法直接测出横断面上各地形变化点相对于测站的距离和高差。这种方法速度快、精度亦可满足路基设计要求，尤其在横向坡度较陡地区，其优点更明显，所以它是线路横断面测量的常用方法。（参见实训任务 13 的"知识学习"）

2. 水准仪法

水准仪法是用方向架定方向，用皮尺量距，用水准仪测高程，这种方法精度最高，仅适用于地形较平坦地段；只安置一次仪器，可以测各个断面，如图 22-3 所示。

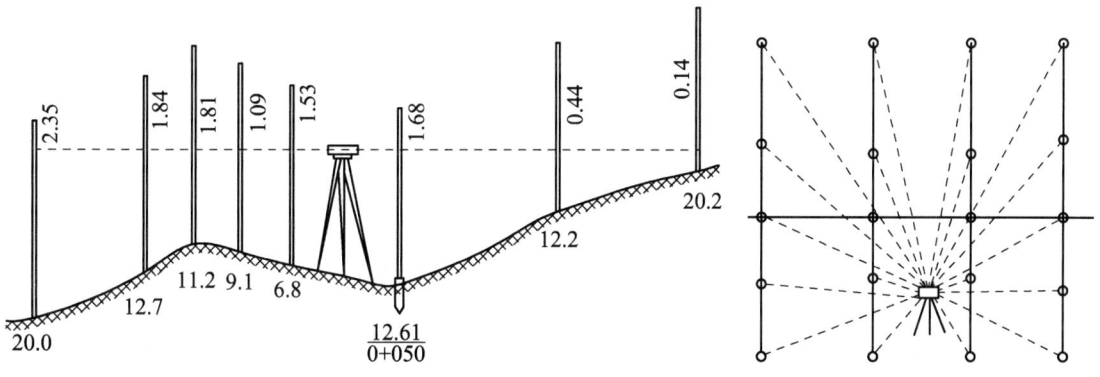

图 22-3　水准仪施测横断面

3. 光电测距仪法

利用光电测距仪测量横断面，不仅速度快、精度高，而且安置一次仪器可以测多个断面，所以在有条件的单位，应大力推广使用这种方法。值得注意的是，由于视线长，为防止各断面点互相混淆，应画草图，做好记录。

四、横断面图的绘制

横断面图一般绘在毫米方格纸上，为便于路基断面设计和面积计算，其水平距离和高程采用相同比例尺，一般为 1∶200。

横断面图最好采取现场边测边绘的方法，这样既可省去记录，又可实地核对检查，避免错误。若用全站仪测量、自动记录，则可在室内通过计算绘制横断面图，大大提高工效。

任务实施

一、实训内容

（1）操作 DJ6 经纬仪视距法观测一线路中桩的横断面。
（2）每人轮流练习观测、记录、计算等工作至少 1 遍。
（3）用视距测量公式计算各测点至中桩的平距及高差，并根据计算数据绘制横断面图。
（4）书写实训报告，每人交 1 份。

二、实训分组及设备（工具）准备

每 2~4 人 1 组，借领 DJ_6 经纬仪 1 台、三脚架 1 个、记录板 1 块、水准尺 1 根；自备铅笔、卷笔刀、计算器等工具。

三、实训步骤

1. 横断面测量

（1）选择实训场地模拟线路中线桩，安置经纬仪，量取仪器高，对中、整平后照准相邻中桩置零，转 90°或 90°±δ（曲线，δ 为后视点偏角），定出横断面方向（线路左侧或右侧）。
（2）在视线方向地形变化处立尺，按视距测量方法读取上、下丝读数，竖盘读数及中丝读数，记入表 22-1 相应栏，用视距公式计算出水平距离和高差。
（3）继续观测同侧地形变化点至横断面测量宽度的要求，再换到线路另一侧观测完施测范围内的地形变化点。
（4）换下一中桩安置经纬仪，观测、记录、跑尺相互交换工作。

2. 绘制纵断面图

（1）准备绘图文件：打开记事本文件，录入线路中桩横断面数据，每行格式为"距离，高程"（关闭中文输入法），录入顺序由左向右，左侧距离为负，中桩为 0，右侧距离为正，录完后保存文件，并将文件后缀名改为".hdm"。
（2）绘制横断面图：打开 CASS 软件，单击"工程应用"→"绘断面图"→"根据已知坐标"命令，在弹出的对话框中选择"由数据文件生成"，选取保存的文件并设置采样间距、比例尺、断面图位置、起始里程等参数即可自动生成断面图。

3. 实训结束，整理仪器设备，完成实训报告

四、实训注意事项

（1）取出仪器时应注意它在箱中的放置位置。架设高度应适中，架头应大致水平，以便能较快地完成对中、整平操作。安放仪器立即旋紧中心连接螺旋，严防仪器从脚架上掉下摔坏。

（2）操作仪器时应用力均匀。转动照准部或望远镜时，要先松开制动螺旋，切不可强行转动仪器。旋紧制动螺旋时用力要适度，不宜过紧。微动螺旋、脚螺旋有一定调节范围，宜使用中间部分。

（3）瞄准目标时必须注意消除视差，应习惯先用瞄准器寻找和瞄准。

（4）立尺时，应站在水准尺后，双手扶尺，以使尺身保持竖直。

（5）记录员听到观测员读数后应向观测员回报，经核实无误后方可记入手簿，以防听错、记错。

（6）仪器整平后要注意打开补偿器，做到边观测、边记录、边计算，记录应使用铅笔。

（7）伸缩水准尺应注意接头；禁止用水准尺抬物，禁止坐在水准尺或仪器箱上。

（8）发现异常问题应及时向指导教师汇报，不得自行处理。

五、实训记录及报告

（1）横断面测量的目的是什么？施测的密度和宽度有何规定？

（2）记录表格（表22-1）。

表22-1 横断面测量记录表

日期：_____ 天气：_____ 仪器号：_____ 观测：_____ 记录：_____

测站	测点	视距/m	水平角/(°′)	竖盘读数/(°′)	竖直角/(°′)	水平距离/m	初算高差/m	仪器高/m	中丝读数/m	高差/m	注记

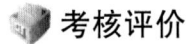 **考核评价**

实训任务 22 考核评价表见表 22-2。

表 22-2　考核评价表

班组			任务名称		综合评分	
任务分工						
（1）对横断面测量方法及计算等理论知识通过学习相应教程进行考核。 （2）视距法测量横断面的操作、记录表的填写等实践操作，通过实操项目进行考核						
学生自评	实训任务完成情况					
	评价项目		评价内容	评价标准		评价结果
	技能目标	实训准备	设备及备品	仪器工具选择正确，自备品齐全		
			人员组织	人员到位，分工明确		
		实训方法	操作方法和步骤	置镜、整平、瞄准、读数正确		
			操作标准及规范	高度适中，按程序规范操作		
		实训质量	手簿记录	用规定的笔、记录表填写，保持原始记录，记录格式规范、完整，更改数据规范，按规定回报		
			数据处理	外业计算、心算准确、快速，内业计算方法正确，数据准确		
			成果精度	符合规定的精度		
	素质目标	实训安全	安全操作	取放仪器规范，观测结束螺旋归位，观测中无骑腿、坐仪器箱等行为，操作符合测量仪器使用规程		
			实训后现场整理	实训结束仪器复位，仪器室整洁		
	（根据个人实际情况选择：A. 能够完成；B. 基本能完成；C. 不能完成）					
小组评价	团队合作＿＿＿；学习效率＿＿＿；获取信息能力＿＿＿；交流沟通能力＿＿＿；动手操作能力＿＿＿（根据完成任务情况填写：A. 优秀；B. 良好；C. 合格；D. 有待改进）					
总结与反思						
教师评价						

第3部分

工程测量综合实习

第一节　工程测量实习的目的和任务

一、测量实习的目的

工程测量是一门实践性很强的专业基础课，工程测量实习是学习了工程测量理论知识以后，集中 1～4 周时间进行的教学实践活动。通过工程测量实习可以将已学的测量理论知识和操作技能作一次系统的实践，进一步理解、巩固和拓展测量理论知识，熟练掌握常用测量仪器的检验，以及水准仪测量高差，全站仪测角、测距及数字测图等操作技能，加深理解从控制测量到细部测图的全过程及施工放样的基本方法，提高学生测、绘、算的能力，以及运用所学测量知识和技能解决测绘工作中实际问题的能力。

二、测量实习方式

测量实习按小组的方式进行，每组由 5～7 人组成，并选一名能力较强的同学任组长，统筹协调本组的实习工作。各小组在指导教师的指导下，独立完成实习的各项任务；每项实习任务的各项工作，各小组成员至少轮流做一遍。

三、测量实习任务

1. 测量仪器的检验

各小组对测量实习仪器的检验项目按要求进行逐项检验，掌握水准仪、经纬仪及全站仪的安置、整平、瞄准、读数及其检验方法。具体方法和要求参见实训任务 2、实训任务 9 的内容。

2. 全站仪二级导线测量

每个小组按规范完成约 1 km 的二级导线测量及若干图根导线测量。主要工作有现场踏勘选点、建立点的标志、全站仪测回法观测导线转折角及边长、导线点坐标推算。

3. 四等水准测量

每个小组以导线点为水准点，按四等水准测量的要求，完成约 1 km 的水准测量外业观测及内业简易平差计算。

4. 数字地形图测绘

每个小组结合导线测量的范围，完成面积约 200 m×200 m 的 1∶500 的大比例尺地形图测绘。用全站仪草图法外业采集地形点数据，用南方 CASS 软件或 SouthMap 软件完成内业数字图的编辑。

5. 道路中线测量

各小组在实习指导老师的指导下，结合导线及地形测绘的场地，完成一段线路的曲线测设，以及约 1 km 的模拟线路中线的纵断面测量和若干横断面测量。

6. 桥梁墩台中心放样

各小组在实习指导老师的指导下，根据已知桥梁平面控制点，在指定场地用全站仪角度交会法交会出桥梁墩台的中心位置。

7. 实习报告及操作考核

每个同学把测量实习当作生产项目，每天写日志，对当天的实习内容进行梳理和小结，实习结束应写出实习报告，作为实习成绩评定的主要内容；指导老师根据实习情况对同学进行水准仪、经纬仪及全站仪的操作考核。

第二节　工程测量实习的安排和要求

一、测量实习内容及时间安排

工程测量实习一般在炎热的夏季进行，因此，作息时间上可以根据当地气温变化灵活安排，尽量避免雷雨天气作业，以保证人身和仪器的安全。测量实习的内容及时间安排见表1。

表1　测量实习的内容及时间安排

序号	实训项目内容	时间/d
1	实习动员、安全教育及仪器准备	0.5
2	仪器检验及踏勘选点	0.5
3	全站仪二级导线测量	2
4	四等水准测量	2
5	数字地形图测绘	6
6	道路中线测量	5
7	桥梁墩台中心放样	1
8	实习报告及操作考核	3
合计		20

二、测量实习的仪器及工具

小组使用仪器清单（参考）见表2。

表2　小组使用仪器清单（参考）

序号	仪器及工具	数量	备注
1	DS_3水准仪（附脚架）	1	四等水准及纵断面测量用
2	经纬仪（附脚架）	1	横断面测量用
3	全站仪（附脚架）	1	导线及地形测量用
4	双面尺（尺垫）	2	四等水准用
5	铝合金塔尺	2	纵、横断面测量用
6	棱镜（附基座、脚架）	2	导线测量用
7	对中杆	2	地形测图用
8	测钎、钢尺	1	曲线测设选用
9	记录板	1	
10	铅笔、直尺、计算器等文具		自备

各小组领到仪器后,应清点仪器及附件的数量,核对相应编号,查看功能是否正常,做好登记。实习中要严格遵守"仪器使用规则"和"记录规则",做到"人不离仪、连接牢固、轻拿轻放、安全迁站"。仪器如有遗失或损坏,必须及时汇报给指导老师,并写出书面说明,按仪器室相关管理制度进行维修及赔偿。

三、测量实习的管理与考核

(一)实习安全及纪律

(1)爱护仪器工具,注意人身安全及仪器使用安全,遗失、损坏,按规定赔偿。
(2)遵守学校的规章制度、实习单位的制度及实习队的规定。
(3)爱护实习单位的公物、设备,不得有攀摘现场果木、损坏花草等行为。
(4)服从实习队及指导老师的管理安排,不做违规违纪的事。
(5)应注意语言、行为举止的文明,不吐脏话,不穿拖鞋出外业,不得有现场边测量边玩手机等影响实习安全的行为。
(6)小组间及组内成员均应团结协作,互相帮助,不打架斗殴,如发生矛盾或冲突应及时报告给指导老师,由实习队协商解决。

(二)实习考勤及作息

(1)实习的内外业、集会等均属考勤范围,不得无故缺席,否则按旷课处理。
(2)非特殊原因,不得请假。
(3)病假应有医院证明,并履行相应手续。
(4)事假必须有充足的理由,履行相应手续后,在指导老师处备案。
(5)提前终止病、事假,应及时向指导老师销假。
(6)请假时间达到或超过实习时间的1/4者,取消实习成绩考核资格。
(7)实习作息时间参照学校的规定,实习队可根据天气情况作适当调整。

(二)实习应交成果

1. 小组应交资料

(1)导线边角测量记录表、导线坐标计算表1份。
(2)四等水准测量记录表、高程误差分配表1份。
(3)全站仪数字测图的外业数据文件1份。
(4)整饰后的完整数字地形图1幅。
(5)曲线测设计算资料及实习报告。
(6)桥梁墩台中线放样及实习报告。

2. 个人应交资料

(1)每天的实习日志。
(2)道路中线纵、横断面测量记录、计算表。
(3)道路中线纵断面图及横断面图各1份。
(4)实习总结报告。

（四）实习成绩评定

1. 实习成绩评定依据

（1）个人、小组所交外业资料的质量及个人实习总结报告。

（2）个人内、外业出勤情况，实习表现及遵守纪律情况。

（3）仪器单项操作考核，即测回法测量水平角及竖直角，闭合（或往返）水准测量及经纬仪视距测量。

（4）凡实习成绩不及格者应在今后学年补做（重修）。

2. 实习评定标准

（1）操作考核占 20%，考勤及实习表现占 30%，个人及小组所交图纸资料占 50%。

（2）缺勤时间在实习时间的 1/4 以下者，酌情扣 5~20 分。

（3）缺勤时间在实习时间的 1/4 及以上者，取消考核资格，成绩不及格。

（4）严重违纪或严重损坏仪器者，取消考核资格，成绩不及格。

（5）无故不参加考核或不交实习资料者，成绩不及格。

（6）抄袭他人图纸、日记或总结的，成绩不及格。

四、测量实习参考资料

[1] 周海峰. 李向民主编. 道路工程测量. 北京：机械工业出版社，2021.3.

[2] 张慧慧主编. 工程测量实训指导. 成都：西南交通大学出版社，2016.2.

[3] 中华人民共和国行业标准. TB 10101—2018 铁路工程测量规范. 国家铁路局发布，2019 年实施.

[4] 中华人民共和国国家标准. GB/T 20257.1—2017 国家基本比例尺地图图式　第 1 部分：1∶500 1∶1000 1∶2000 地形图图式. 中国国家标准化管理委员会发布，2018 年实施.

第三节　工程测量实习的项目内容

实习项目 1　全站仪二级导线测量

一、导线测量的技术要求

根据国家标准《工程测量标准》（GB 50026—2020），一、二、三级导线测量主要技术要求见表3。

表3　各级导线测量的主要技术要求

等级	导线长度/km	平均边长/m	测角中误差/(″)	测距中误差/mm	测距相对中误差	测回数 2″级仪器	测回数 6″级仪器	方位角闭合差/(″)	导线全长相对闭合差
一级	4	500	5	15	1/30 000	2	4	$10\sqrt{n}$	1/15 000
二级	2.4	250	8	15	1/14 000	1	3	$16\sqrt{n}$	1/10 000
三级	1.2	100	12	15	1/7000	1	2	$24\sqrt{n}$	1/5000

注：n 为测站数。

二、导线测量实习的内容

（一）导线选点建标

各小组在实习指导老师的指导下，到综合实习测区内进行踏勘，了解已有平面控制点及高程点的位置、已知数据等，然后根据实习任务，结合测区地物、地貌等地形情况，合理布设二级导线点，形成长度约 1 km 的闭合导线或附合导线，导线点的数量以 7~8 个为宜，最多不要超过 10 个。导线点选好后，应埋设测绘专用平面标志或钉测钉、打木桩钉铁钉（或画油漆）标志点位中心，并对其进行统一编号。为便于观测使用和寻找，可将导线点及其周围明显地物之间的关系画一草图，注明导线点与明显地物点的距离或角度，写上地名、路名、导线点编号等，即形成"点之记"。

选点应注意以下要求：

（1）相邻导线点间通视良好，便于测角、量边。

（2）点位应选在土质坚实、便于保存之处。

（3）点位上视野开阔，便于测绘周围的地物、地貌。

（4）导线边长应符合规定，最长不超过平均边长的 2 倍，相邻边长尽量不相差悬殊。

（5）导线点在测区内布设合理、均匀，便于控制整个测区。

（6）导线点选在道路上时，要注意安全，同时避免影响交通。

（二）导线边角测量

导线转折角是导线点与相邻两导线边构成的水平角，沿导线前进方向左侧的水平角称为左角，右侧的称为右角。导线转折角测量可测左角或右角，以全站仪观测时，可与边长测量同时进行。二级导线的转折角和边长测量用全站仪观测一测回，其外业记录、计算参见附表1。半测回角度值互差不应大于±16″；边长较短时，两次读数差不应大于 5 mm，相对误差不应大于 1/14 000（见导线测量技术要求表）。

（三）导线测量的内业计算

导线坐标计算之前，应全面检查导线的外业记录，有无遗漏或记错，是否符合相应等级测量的限差要求；然后按导线点点号顺序，将已知点坐标、方位角及导线边长和角度观测值依次整理到导线坐标计算表中（附表2）；再按导线坐标计算步骤，依次完成角度闭合差的计算与调整、坐标方位角的计算、坐标增量的计算、坐标增量闭合差的分配及导线点坐标计算等（参见实训任务12）。二级导线角度闭合差的限差为 $±16″\sqrt{n}$，全长相对闭合差不应大于 1/10 000。

实习项目 2　四等水准测量

一、水准测量的技术要求

根据国家标准《工程测量标准》（GB 50026—2020），三、四等水准测量观测及成果的主要技术要求见表4 ~ 表6。

表4　水准测量的主要技术要求

等级	每千米高差全中误差/mm	路线长度/km	水准仪级别	水准尺	观测次数		往返较差、闭合差	
					与已知点联测	附合或环线	平地/mm	山地/mm
三等	6	≤50	DS_3、DSZ_3	条码式玻璃钢、双面	往返各一次	往返各一次	$12\sqrt{L}$	$4\sqrt{n}$
四等	10	≤16	DS_3、DSZ_3	条码式玻璃钢、双面	往返各一次	往一次	$20\sqrt{L}$	$6\sqrt{n}$

注：表中 L 为水准路线长度（km），n 为测站数。

表5　数字水准仪观测的主要技术要求

等级	水准仪级别	水准尺类别	视线长度/m	前后视的距离较差/m	前后视的距离较差累积/m	视线离地面最低高度/m	测站两次观测的高差较差/mm	数字水准仪重复测量次数
三等	DSZ_1	条码式因瓦尺	100	2.0	5.0	0.45	1.5	2
四等	DSZ_1	条码式因瓦尺	100	3.0	10.0	0.35	3.0	2
四等	DSZ_1	条码式玻璃钢尺	100	3.0	10.0	0.35	5.0	2

表6 光学水准仪观测的主要技术要求

等级	水准仪级别	视线长度/m	前后视距差/m	前后视距差累积/m	视线离地面最低高度/m	基、辅分划或黑、红面读数较差/mm	基、辅分划或黑、红面所测高差较差/mm
三等	DS_1、DSZ_1	100	3.0	6.0	0.3	1.0	1.5
三等	DS_3、DSZ_3	75	3.0	6.0	0.3	2.0	3.0
四等	DS_3、DSZ_3	100	5.0	10.0	0.2	3.0	5.0

注：① 三等水准测量的观测程序为后—前—前—后，四等水准测量的观测程序为后—后—前—前。
② 三、四等水准采用变动仪器高度观测单面水准尺时，所测两次高差较差，应与黑面、红面所测高差之差的要求相同。

二、水准测量实习的内容

从已知高程点出发，沿二级导线所经过的路线或以导线点为水准点，布设长约 1 km 的闭合或附合水准路线，采用 DS_3 自动安平水准仪或 DSZ_1 电子水准仪，用改变仪器高度法或双面尺法按规范要求进行四等水准测量。外业观测时，每测段应为偶数站，每测站按"后后前前"的程序进行观测，观测数据应及时填入附表 3，并完成测站计算及限差检查后才迁站；水准路线观测完毕，应及时将成果整理到附表 4，计算高差闭合差及限差，当闭合差不超过 $\pm 20\sqrt{L}$（mm）或 $\pm 6\sqrt{n}$（mm）时，将闭合差按与距离或测站数成正比例的方式分配到各段高差上，然后计算调整后高差及各点高程，具体方法参见实训任务 4 的内容。

实习项目3　数字地形图的测绘

数字化地形图的测绘可以采用全站仪或 GNSS 接收机草图法等模式野外采集数据，配合内业绘图软件数字化成图，这里以全站仪草图法作业模式为例，讲解外业采集碎部点数据的方法和内业用南方 SouthMap 软件绘图的基本要求。

一、全站仪草图法外业采集数据

（一）设站定向

作业前可将测区内控制点的三维坐标整理成数据文件导入全站仪，也可直接在全站仪上建立项目文件，输入各控制点的坐标。然后将全站仪安置在测区内的控制点上，调用数据文件的控制点或输入测站点的坐标，瞄准另一个控制点作为后视方向进行定向；也可以利用全站仪后方交会法定向，即选一视野开阔的地方安置全站仪，能通视两个及以上的已知控制点，依次观测这些控制点，然后计算出测站坐标，再以一个控制点为后视方向进行定向，检查另一个控制点的坐标，如果误差符合测图精度要求，即可开始采集碎部点的数据。全站仪采集碎部点的方法、要求可参见实训任务 15 的内容。

（二）数据采集

1. 跑点及分区

全站仪设站定向后，观测员、跑点员、绘图员等应分工合作，协商跑点路线等工作。一般来说，跑点人员以 2~3 人为宜。如果测区地物简单，跑点时可以分区扫光，即以具有明显平面轮廓特征的地物为界（如道路、河流、山谷等），分区采集碎部点数据；如果地物比较复杂，可以采用分类法跑点，即一人跑一类地物，测完一类再换另一类，两人尽量不重复，直至测完测区所有地物。

2. 碎部点的密度及精度

全站仪采集的碎部点应为地形特征点，即地物点和地貌点。地物点应是明显反映地物平面轮廓特征的点（如房屋拐角点、道路转折处的点等），地貌点应是反映地势高低起伏、平缓陡峭的变化点（如山坡最高点、鞍部最低点、山谷最低点等）。

碎部点采集的密度及精度与测图比例尺和地形复杂程度有关。碎部点的密度：地物平面轮廓特征点均应测出，地貌点则以图上点间距 2~3 cm 为宜，如 1：500 比例尺测图时，实际跑点的间距应为 15 m 左右；碎部点的精度则以图上点位误差不大于 0.3 mm 为宜，如 1：500 比例尺测图时，跑点点位偏差不应大于 0.15 m。

3. 草图绘制

全站仪采集碎部点应在野外边测边绘草图，碎部点的数据可以手工记录，也可以自动存储在全站仪内存的文件里。碎部点编号应统一，有一定规律，方便绘草图及内业数字化成图。绘制草图应标明地物要素、名称、连接关系等，同时注意草图上的点号与全站仪或手簿上的点号保持一致。

在利用全站仪采集碎部点的过程中，如果局部地形点不能从控制点上测绘时，可以用坐标法或自由设站的方式加密支导线图根点，连续支出点不应超过两个，边长不宜过长。

（三）地物、地貌测绘

1. 居民地及附属设施

居民地的测绘应根据测图比例尺进行综合取舍。居民地的外轮廓都应准确测出来，其内部的主要街道及较大的空地应区分出来，散列居民地、独立房屋等应分别测绘。

（1）固定建筑物应实测其外墙角，并注明结构和层次。建筑物的结构应从主体部分来判断，附属部分（如廊、阳台等）不作为判别对象；建筑物的楼层数以主楼为准。

（2）房屋附属设施，如廊、地下通道、台阶、院门、门墩等，一般应实际测绘，并按相应图式符号表示，如果附属设施的长度、宽度或面积，绘在图上较小，可按规范要求进行取舍。

（3）建筑物及附属设施凹凸部分的取舍，其在图上大于 0.4 mm（简单房屋、棚房大于 0.6 mm）的均应如实测绘，否则以外墙角为主进行综合取舍。

2. 交通及附属设施

（1）铁路、电车、缆车轨道等应实际测绘，架空索道应实测铁塔位置；高架轨道应实测路边线的投影位置和墩柱。火车站及附属设施，如站台、天桥、地道、道岔、信号设备等应按测图比例尺实际测绘，并以相应符号表示。

（2）高速公路、等级公路、等外公路等应实测其宽度，并注记公路等级；城市主干道、次干道及内部道路等应实测其宽度，并以相应符号表示。

（3）其他道路，如大车路、乡村路应实际测绘其宽度，当宽窄变化频繁时，可取中等宽度绘平行线；人行小路视其重要程度进行选择性测绘，田间劳作小路一般不测绘，人行线路与田埂重合，应测绘小路而不测田埂。

（4）道路附属设施，如路堤、路堑、挡土墙、涵洞等应按实测绘，一般小涵洞可免测；铁路平交道口、立体交叉路口等应实际测绘，其他道路应在铁路处中断。

（5）公路桥、铁路桥的桥头、桥身应如实测绘，并注记建筑结构；桥面上的人行道，图上宽度大于1 mm时应如实测绘；双层桥的主桥、引桥和桥墩应实际测绘；渡口应区分行人渡口或车辆渡口，以注记说明，并绘出示航线。

3. 管线及附属设施

（1）电力线、通信线的测绘：高压线应全部测绘，低压线位于主干道上的，以及集束的、长期固定的通信线应如实测绘，其他地方的按要求进行取舍，电杆、电线架、电线塔测绘其位置，并以相应符号表示。

（2）管道的测绘：架空的、地面上的管道应如实测绘，并注明其使用性质；架空管道的支柱，图上大于1 mm×1 mm 的应如实测绘，否则按不依比例符号表示。

（3）管道附属设施的测绘：雨水井盖、电力井盖、污水井盖、污水箅子、消防栓等实测其中心位置，并用相应图式符号表示。

4. 水系及附属设施

水系包括河流、渠道、湖泊、池塘等地物，如无特殊要求时均以岸线为界，如要求测出水涯线、洪水位等，应按要求进行调查后测绘。

（1）江河、湖泊等岸线均应如实测绘，宜测在大堤与斜坡（或陡坎）相交处的位置。渠道应实测外肩线，其宽度图上大于1 mm的应用双线表示，否则实测渠道中心线，以单线表示。

（2）水沟应实测岸线，用双线表示，如沟的宽度及深度均不足1 m，可视其重要程度决定是否免测；公路两旁的排水沟应按要求进行取舍。

（3）其他水利设施，如水闸，其宽度在图上大于4 mm的应如实测绘，否则按不依比例尺测绘；倒吸虹应测绘进出口位置。

（4）水井可选居民地外围主要的进行测绘，其他的可视情况免测。

5. 植被与土质

（1）耕地的测绘：地面较平整能种植水稻的宜用稻田表示；地面不平整不能种植水稻的宜用旱地表示；水生经济作物按相应图式表示，注明品种名称；菜地如实测绘，注明名称。

（2）园地的测绘：应实测其范围，整列配置符号，加注树种、作物名称。

（3）林地的测绘：有林地应实测其范围，配置相应图式符号，注记名称；灌木林、苗圃应实测其范围，用相应图式符号表示；铁路、公路、河流两旁的行道树应实测首末位置，用相应图式表示；独立树应实测其中心位置，按相应符号表示；竹林应实测其范围，整列配置符号，小面积（不大于图上2 cm^2）的可按独立竹丛测绘。

（4）其他植被的测绘：草地、芦苇地及其他高杆草本植物地、花圃等应实测其范围，用相应图式符号表示，并注记名称；居民地、大块耕地的地类界和地物范围线应分开；地类界线如与线状符号（如田埂、道路、围墙、河流等）重合时，可以用线状地物符号代替地类界；地类界如与等高线重合应移位绘出。

6. 地貌与土质

（1）等高线及注记。

等高线应由数字成图软件根据野外采集的地形特征点的高程自动绘制。等高线的高程注记应适当分布在计曲线上，一般100 cm² 面积内应有 1~3 个等高线高程注记，数字排列方向应与曲线平列，字头应向高处，并尽量避免倒注字。相邻两条等高线的间距不应小于 0.3 mm；等高线遇到房屋、窑洞、公路、双线表示的河渠、陡坎、路堤等符号时，应表示至符号的边线。

（2）示坡线。

示坡线是表示斜坡降落的方向线，它与等高线垂直相交。一般应表示在谷地、山头、鞍部、图廓及斜坡方向不易判读的地方。凹地的最高、最低等高线应绘示坡线。

（3）高程点及注记。

高程点用 0.5 mm 的黑点表示，独立地物如宝塔、烟囱等的高程均为地物基部的地面高，高程点省略，只在符号旁注记高程。高程点一般注记到 0.1 m，在 1∶500、1∶100 地形图上可依据需要注记到 0.01 m；高程注记点应选在明显地物点或地形特征点上，依据地形类别及地物点和地形点的数量，密度为每 100 cm² 面积 5~20 个。

居民地高程点，宜设在街坊内部空地及广场内能代表一般地面的适中位置。

铁路的高程点，除特殊要求外宜测其轨顶高程，曲线处应测内侧轨顶高程。

道路如郊区公路、市政道路、街道、工厂等单位内部干道的高程点，应测道路中心位置。

桥梁、水闸的高程点，通航及车行的桥梁应测桥顶中部的位置，水闸及坝应测其顶部。

其他地貌如面积较大的石堆应实测其范围，按相应符号表示，适当注记高程；土堆应实测其顶部和底脚的概略轮廓，顶部用实线绘示，底脚用点线绘示，同时适当测注顶部和底部的高程。

（4）比高注记。

在图上用 0.5 mm 的点表示，定位在地物的顶部，对于独立地物如宝塔、烟囱等，比高点省略，只在符号旁注记比高。

7. 注记

注记包括地理名称注记、说明注记及各种数字注记等。图上所使用的汉语文字应符合国家通用语言文字的规范和标准。各种注记的字体、字级、字向、字位等应准确无误，间隔均匀，宜根据所要注记的地物面积及长度妥善配置。

（1）注记字列。

水平字列——从左至右，各字中心的连线成一直线，且平行于南图廓。

垂直字列——从上至下，各字中心的连线成一直线，且垂直于南图廓。

雁行字列——各字中心的连线斜交于南图廓，与被标注地物走向平行。

屈曲字列——各字字边垂直或平行于线状地物，依线状的弯曲排成字列。

（2）注记的字隔。

接近字隔——各字间间隔以 0~0.5 mm 为宜。

普通字隔——各字间间隔以 1.0~3.0 mm 为宜。

隔离字隔——各字间间隔为字号的 2~5 倍。

（3）注记的字向。

注记字向一般为字头朝北图廓直立，但街道名称、公路等按图 1 注记。

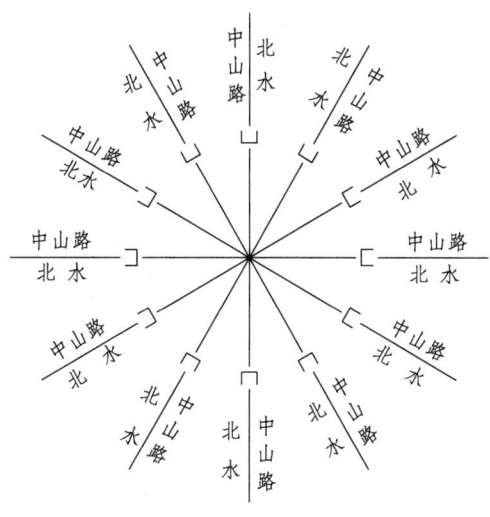

图 1　注记字向

（4）居民地名称注记。

居民地名称注记一般用接近字隔、水平字列或垂直字列注出，必要时也可采用雁行字列。注记不能遮盖道路交叉处、居民地出入口及其他主要地物，散列式居民地或居民地范围较大时，可采用普通字隔或隔离字隔注出。

有总名的居民地，其总名、分名均应注出，总名用比分名大两级的同体字注出。

（5）说明注记。

名称说明注记，凡独立的、范围较大的均应查明并注记其名称；非独立的可选择性注记，有保密性质的机构名称不得注记。

性质说明注记，是指各种地物及管线的属性注记，土质和植被的种类及品名（如松、橘、苇等），建筑物建筑材料注记等。

注记的位置，应注在其内部适中位置，以所注名称能控制各碎部或单位的全部范围、不偏于一隅，不妨碍地物、地貌符号为原则。

（6）数字注记.

数字注记包括控制点点号、高程值、门牌号、公路等级代码和编号及其他数字注记。

二、内业数字化成图

成图软件是一个融数据采集和图形编辑于一体的软件系统。这里以南方地理信息数据成图软件 SouthMap 为例，简介其基本功能及数字化绘制地形图的基本步骤、要求。

SouthMap 是通过南方测绘 20 余年软件研发经验，基于 AutoCAD 和国产 CAD 平台，集数据采集、编辑、成图、质检等功能于一体的成图软件，主要用于大比例尺地形图绘制、三维测图、点云绘图、日常地籍测绘、工程土石方计算、职业教育等领域。

SouthMap 软件操作界面如图 2 所示。

软件主界面包括菜单栏、工具栏、图层属性面板、绘图区、地物绘制面板、命令窗、状态栏等。菜单栏包含了软件所有的功能选项，具体有文件、工具、编辑、显示、数据、绘图处理、地物编辑、等高线、工程应用。

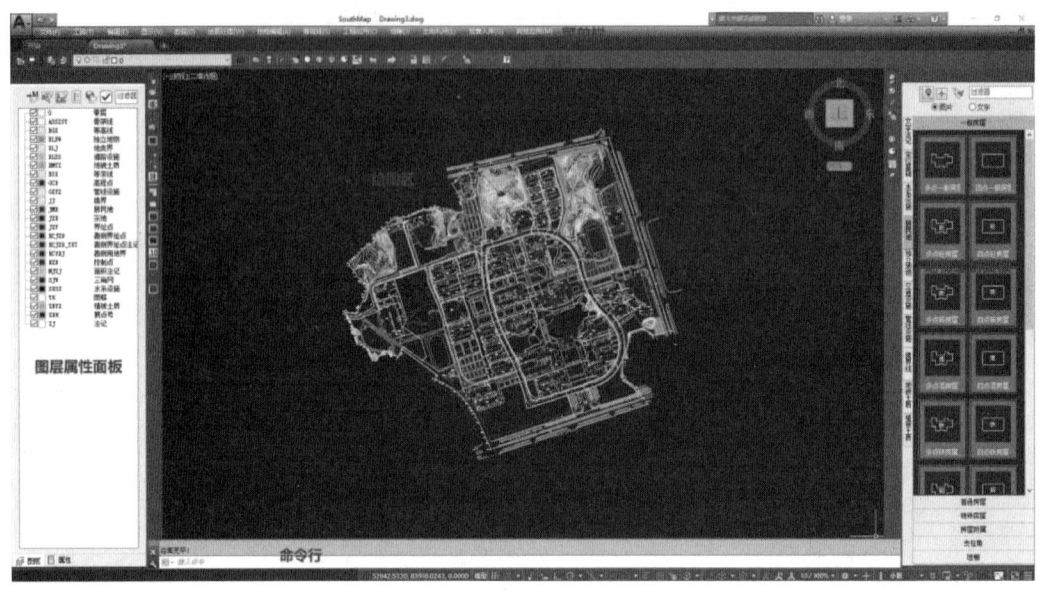

图 2　SouthMap 软件操作界面

1. 数据准备

绘图前先通过数据菜单将全站仪草图法外业采集的地形点数据导入软件，如果数据存储在全站仪内存或电子手簿里，则用通信线将电脑与全站仪或手簿连接，设置好波特率等参数后可直接导入；如果是手工记录的数据，则需用"记事本"将采集的外业数据编辑成文本文件，格式为"点号，Y 坐标，X 坐标，高程"（英文状态下编辑），完成后将文件后缀名改为.dat，然后导入软件。数据处理菜单面板如图 3 所示。

图 3　数据处理菜单面板

2. 绘制平面图

首先，定显示区，即根据输入坐标数据文件的数据大小定义屏幕显示区域的大小，以保证所有点可见；选择屏幕右侧菜单区的"坐标定位/点号定位"项，输入数据文件（图 4）；然后用屏幕顶部菜单"绘图处理"下的"展野外测点点号"项（图 5），展出数据文件的野外测点点号；最后，根据外业草图选择相应的地形图图式符号，在屏幕上绘出平面图（图 6）。除了"点号定位"法，也可用"坐标定位"法、"编码引导"法、"简码"法绘制平面图。

3. 绘制等高线

在地形图中，等高线是表示地貌起伏的一种重要手段。SouthMap 在绘制等高线时，充分考虑到等高线通过地性线和断裂线时情况的处理，能自动切除通过地物、注记、陡坎的等高线。绘制等高线之前，应先"展高程点"及"建立 DTM"。等高线菜单面板如图 7 所示。

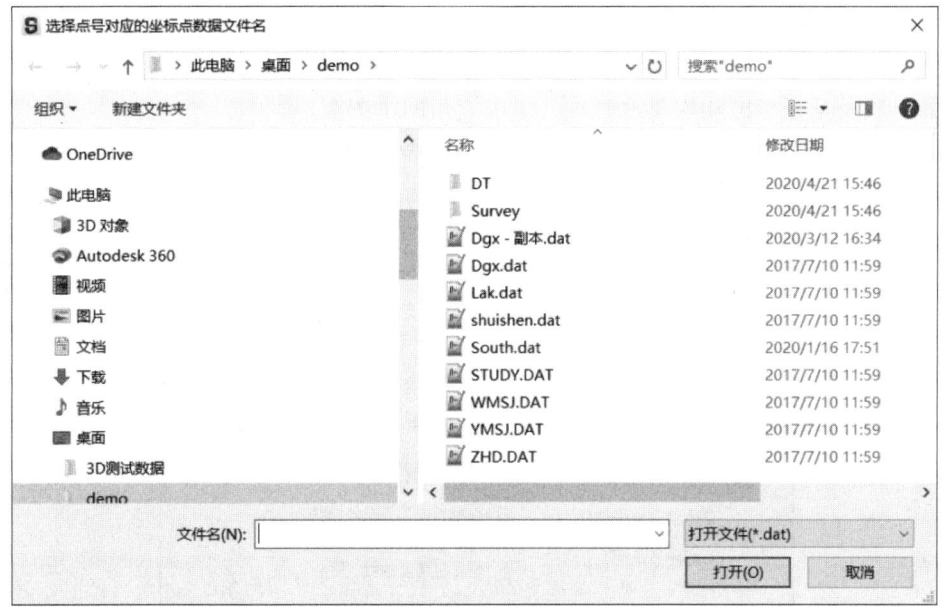

图 4　点号定位成图法对话框

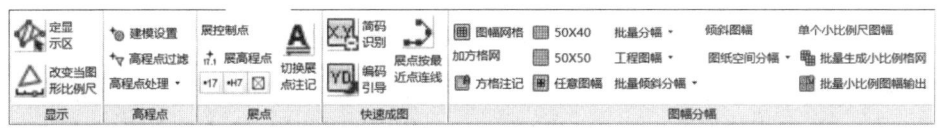

图 5　绘图处理菜单面板

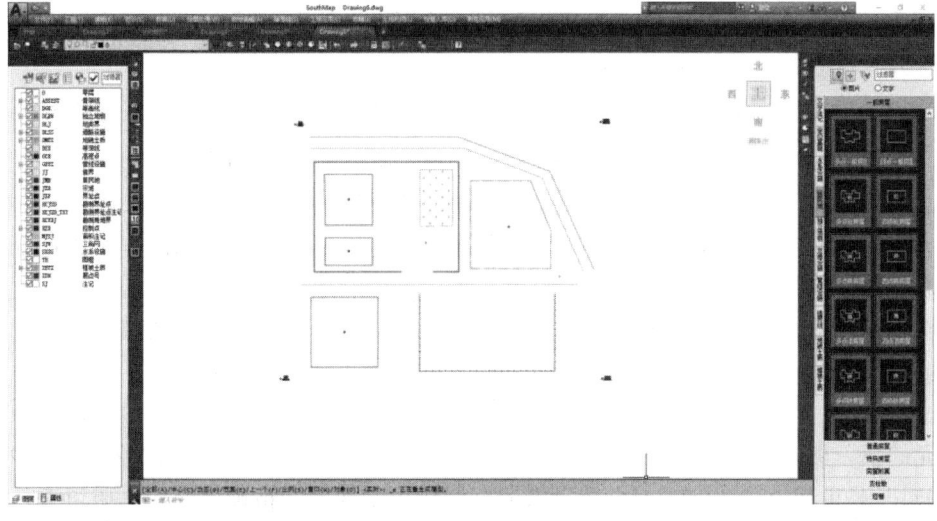

图 6　SouthYM.dat 绘的平面图

201

图 7 等高线菜单面板

建立数字地面模型（DTM）：点击屏幕顶部菜单"等高线"→"建立 DTM"，选择"由数据文件生成"或"由图面高程点生成"选项，选择相应数据文件或高程点，再选择"结果显示"中的一项及是否考虑陡坎及地性线，生成三角网（图 8）。

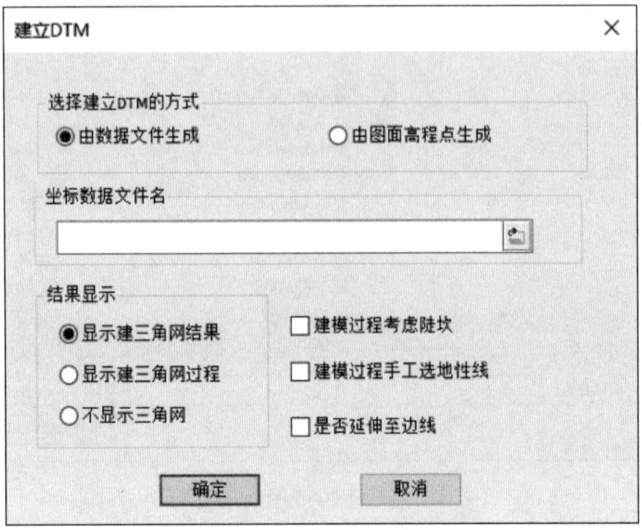

图 8 选择建模高程数据文件

修改数字地面模型（修改三角网）：如果自动构成的数字地面模型与实际地貌不太一致，可以通过修改三角网来修改局部不合理的地方，如删除三角形、过滤三角形、增加三角形、三角形内插点、删三角形顶点、重组三角形等，并将修改结果存盘。

绘制等高线：选择下拉菜单"等高线"→"绘制等高线"项，在对话框中输入等高距，选择拟合方式后软件自动绘出等高线（图 9）。

等高线的修饰：通过"等高线"菜单进行"等高线注记""等高线修剪""切除二线间等高线""切除指定区域内等高线"等操作。

4. 图形编辑与整饰

在大比例尺数字测图的过程中，由于实际地形、地物的复杂性，漏测、错测是难以避免的，这时必须要有一套功能强大的图形编辑系统，对所测地图进行屏幕显示和人机交互图形编辑，在保证精度情况下消除相互矛盾的地形、地物，对于漏测或错测的部分，及时进行外业补测或重测。

SouthMap 提供"编辑"和"地物编辑"两种下拉菜单。其中："编辑"是由 AutoCAD 提供的图元编辑、删除、断开、延伸、修剪、移动、旋转、比例缩放、复制、偏移拷贝等功能，"地物编辑"是由南方 SouthMap 系统提供的对地物线型换向、植被填充、土质填充、批量删剪、批量缩放、窗口内的图形存盘、多边形内图形存盘等功能（图 10）。

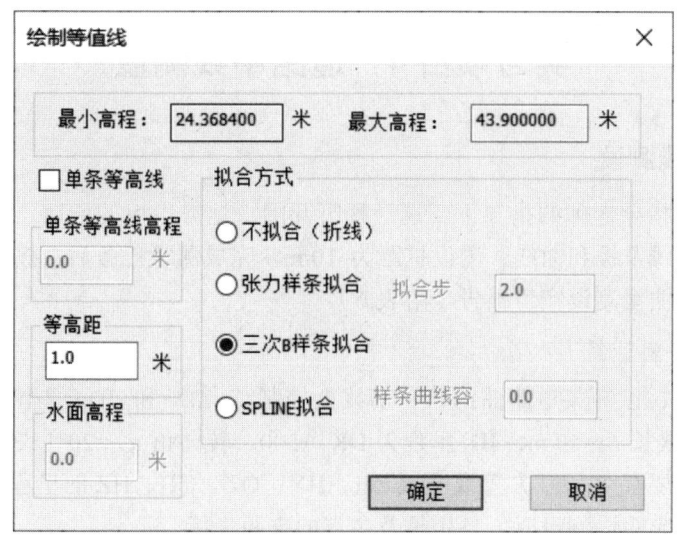

图 9　绘等高线对话框

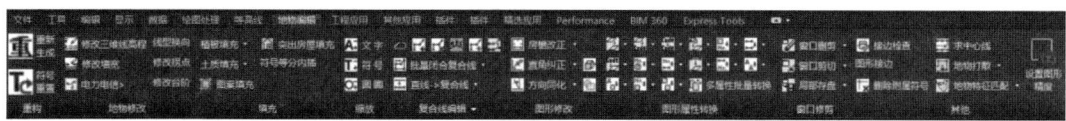

图 10　地物编辑菜单面板

图形分幅：单击"绘图处理"菜单中的"批量分幅/建方格网"，选择图幅尺寸，拾取图形左下角及右上角，即完成图形的自动分幅。

图幅整饰：选择"绘图处理"菜单中的"标注图幅（50×50）"或"任意图幅"选项，在弹出的对话框中输入图名、附注、图幅尺寸、左下角的坐标等即可。

地物绘制、图廓属性、注记等参数可通过"文件"菜单中的"参数设置"进行设置（图11）。

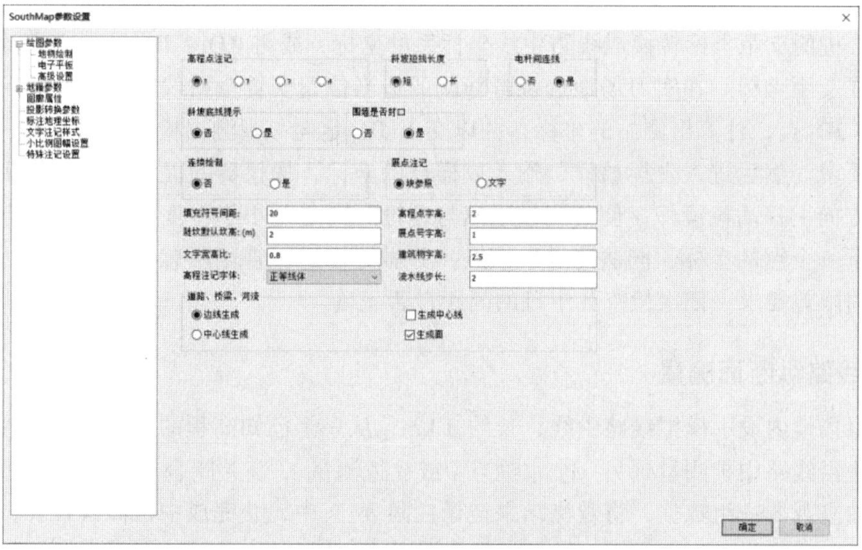

图 11　SouthMap 的参数设置

实习项目 4 道路中线测量

一、综合曲线测设

各小组在实习指导老师的指导下，选一视野开阔、地势平坦的场地，用全站仪坐标放样法测设某道路圆曲线及缓和曲线，测设桩距为 10 m。完成测设任务后，按规范要求检查放样的精度，书写一份曲线测设实习报告（附表 6）。

1. 曲线测设资料计算

如图 12 所示，已知某道路曲线第一切线上控制点 ZD_1 和 JD_1 的坐标，曲线设计半径 R=500 m，缓和曲线长 L_0=50 m，JD_1 里程为 DK1+300，转向角 $α_右$=20°12′30″。计算：

（1）曲线综合要素 T、L、E 等及主点 ZH、HY、QZ、YH、HZ 的里程。

（2）利用切线支距法测设时，各中桩及主点的支距坐标。

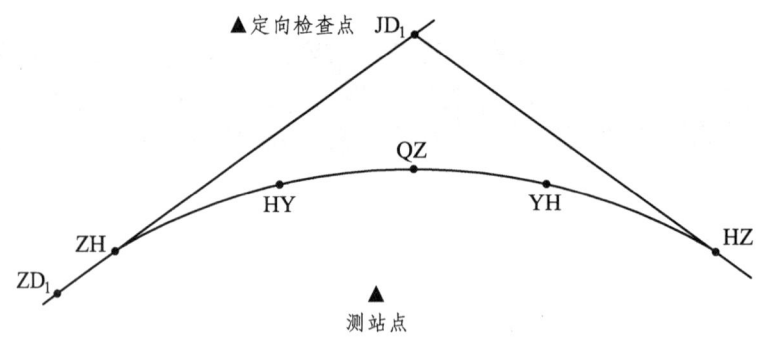

图 12 曲线测设示意图

2. 全站仪测设综合曲线

先将中桩的支距坐标转换成线路中线坐标系的坐标，或将 ZD_1、JD_1 及检查点的线路中线坐标转换成支距坐标。在实习场地选视野开阔的适当位置安置全站仪，整平后用后方交会法观测 ZD_1、JD_1 点，计算出测站的坐标，并以交点 JD_1 定向，观测出检查点的坐标，检查是否满足精度要求。然后进入坐标放样，输入放样点的坐标，按仪器的提示，找到待测设点的方向，在该方向上移动棱镜杆，使其测量距离与理论距离之差小于精度要求，画上点的记号，继续输入下一个点的坐标，同法测设出该点，并做好标记，直至所有点测设完毕。最后根据曲线测设的限差要求，依次检查各中桩的间距是否正确。

二、线路纵断面测量

在实习场地内设一模拟线路中线，长约 1 km，从一个已知高程的水准点开始，用水准仪视线高程法沿线路中桩测量到另一个水准点（或往返测量），高差闭合差的限差为 $±50\sqrt{L}$ mm。每个同学独立观测一组数据，将观测结果记录在附表 7 中，并完成中桩高程计算，评定其精度，若超限，需重测至合格为止；如果观测数据合格，则用 SouthMap 软件的"工程应用"菜单绘制纵断面图。（具体方法参见实训任务 21 的内容）

三、线路横断面测量

在模拟线路中线纵断面测量的基础上,每个同学用水准仪视线高程法或经纬仪视距法观测不少于 3 个中桩的横断面(组内同学观测的横断面不重复),施测宽度每侧约为 20 m。每个同学独立完成观测、记录及计算,并将观测数据整理在附表 8 中,然后用 SouthMap 软件的"工程应用"菜单绘制横断面图。(具体方法参见实训任务 22 的内容)

实习项目 5 桥梁墩台中心放样

一、墩台中心放样数据计算

如图 13 所示,根据桥梁平面控制点 A、C、D 及 0#台、1#、2#墩、3#台的中心坐标,通过坐标反算计算出交会角 $\alpha_0 \sim \alpha_3$ 和 $\beta_0 \sim \beta_3$,计算结果填入附表 9 中。

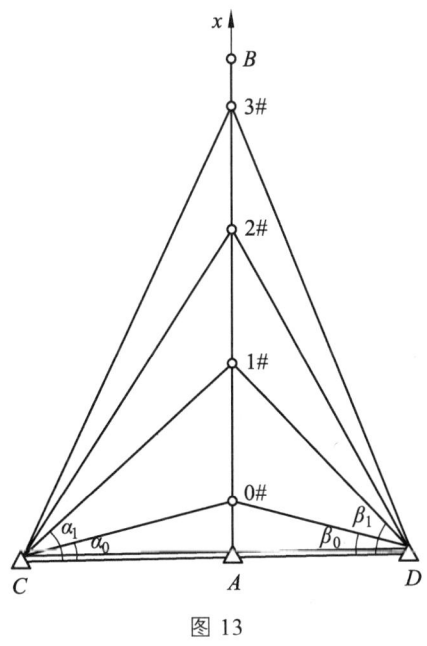

图 13

二、交会法测设桥梁墩台中心

在实习区域内选视野开阔、比较平坦的场地,根据待测设桥梁墩台中心坐标等资料,布设平面控制点 A、B、C、D 点,以构成双三角形桥轴线平面控制网。在 C 点安置全站仪,后视 A 点定向,拨水平角 α_0,定出 C—0#台的方向;在 D 点安置全站仪,后视 A 点定向,拨水平角 β_0,定出 D—0#台的方向;在 A 点安置全站仪,以桥轴线上 B 点定向,然后利用 3 个方向交会出 0#台的中心位置。

由于仪器及观测等误差的影响,3 个方向实际交会出一个三角形,称为"示误三角形",该三角形的最长边在墩帽以下部分一般不应大于 25 mm,在墩帽及以上部分一般不应大于 15 mm。满足测设要求后,直线桥将偏离桥轴线的交会点投影到桥轴线上作为墩台的中心位置;曲线桥则以交会三角形的中心作为墩台的中心位置。

实习项目 6　实习报告及操作考核

一、操作考核

实习指导老师根据各小组实习情况，结合国家职业技能标准——"工程测量员"（4-08-03-04）或其他职业工种的技能考核要求，对学生的仪器操作技能进行考核，考核项目为全站仪测回法测量水平角及竖直角、闭合水准（或支水准往返）测量、经纬仪视距法测量等内容。

二、实习报告

在工程测量综合实习期间，每个同学应每天写日志，对当天实习内容、存在问题及解决措施进行及时小结（附表10）；综合实习结束后，每个同学应对整个实习进行全面总结，编写《工程测量实习报告》（附表11）。实习报告的内容应包括：实习目的、测区情况简介、实习任务及技术要求、实习任务实施过程、实习总结、外业观测数据及内业计算表、图纸等资料。

附表 1　导线测量记录表

日期：_____　天气：_____　仪器号：_____　观测：_____　记录：_____

测站	竖盘位置	目标	水平度盘读数 /(°′″)	半测回角值 /(°′″)	一测回角值 /(°′″)	水平距离/m
	左					
	右					
	左					
	右					
	左					
	右					
	左					
	右					
	左					
	右					
	左					
	右					

导线测量记录表

日期：_____ 天气：_____ 仪器号：_____ 观测：_____ 记录：_____

测站	竖盘位置	目标	水平度盘读数/(°′″)	半测回角值/(°′″)	一测回角值/(°′″)	水平距离/m
	左					
	右					
	左					
	右					
	左					
	右					
	左					
	右					
	左					
	右					
	左					
	右					

附表2 导线坐标计算表

点号	导线转折角		方位角 /(° ′ ″)	边长 /m	坐标增量		改正后增量		坐 标		点号
	观测角值 /(° ′ ″)	改正后角值 /(° ′ ″)			ΔX/m	ΔY/m	ΔX/m	ΔY/m	X/m	Y/m	
1	2	3	4	5	6	7	8	9	10	11	12
Σ											
辅助计算										略图:	

附表3 四等水准测量记录表

日期：_____ 天气：_____ 仪器号：_____ 观测：_____ 记录：_____

测站编号	点号	后尺 上丝		前尺 上丝		方向及尺号	标尺读数		K+黑-红/mm	平均高差/m	备注
			下丝		下丝		黑面	红面			
		后视距离		前视距离							
		视距差/m		累积差/m							
		（1）		（5）		后视	（3）	（4）	（13）		
		（2）		（6）		前视	（7）	（8）	（14）	（18）	
		（9）		（10）		后-前	（15）	（16）	（17）		
		（11）		（12）							
											1#标尺的常数 K=4687，2#标尺的常数 K=4787

四等水准测量记录表

日期：_____ 天气：_____ 仪器号：_____ 观测：_____ 记录：_____

测站编号	点号	后尺 上丝 / 下丝 / 后视距离 / 视距差/m	前尺 上丝 / 下丝 / 前视距离 / 累积差/m	方向及尺号	标尺读数		K+黑-红 /mm	平均高差 /m	备注
					黑面	红面			
									1#标尺的常数 K=4687，2#标尺的常数 K=4787

四等水准测量记录表

日期：_____ 天气：_____ 仪器号：_____ 观测：_____ 记录：_____

测站编号	点号	后尺	上丝	前尺	上丝	方向及尺号	标尺读数		$K+$黑$-$红 /mm	平均高差 /m	备注
			下丝		下丝						
		后视距离		前视距离			黑面	红面			
		视距差/m		累积差/m							
											1#标尺的常数$K=$4687，2#标尺的常数$K=$4787

附表4　四等水准高程误差配赋表

点名	距离 /m	观测高差 /m	改正数 /m	改正后高差/m	高程 /m
$\sum$					
计算检核	$f_h = \sum h =$		$f_{h允} = \pm 20\sqrt{L} =$		

附表 5　工作草图

工作草图

附表6 切线支距法测设曲线实习报告

日期：_____ 班级：_____ 组别：_____ 姓名：_____ 学号：_____

实习题目		成绩	
实习技能目标			
主要仪器及工具			
交点号		交点里程	

曲线要素	$R=$ $T=$	$l_0=$ $L=$	$α=$ $E_0=$	$β_0=$ $q=$	$p=$ $x_0=$	$m=$ $y_0=$

主点桩号	ZH 桩号： HY 桩号： QZ 桩号： YH 桩号： HZ 桩号：

	测段	桩号	曲线长	x	y	备注
各中桩的测设数据	ZH—HY					
	HY—QZ					

全站仪测设曲线的方法及总结	

附表7 中桩高程测量记录表

日期：_____ 仪器号：_____ 观测：_____ 记录：_____

测 点	水准尺读数			视线高程/m	中桩高程/m	备 注
	后 视	中 视	前 视			

中桩高程测量记录表

日期：_____ 仪器号：_____ 观测：_____ 记录：_____

测 点	水准尺读数			视线高程/m	中桩高程/m	备 注
	后 视	中 视	前 视			

附表 8　横断面测量记录表（经纬仪视距法）

日期：_____　　仪器号：_____　　观测：_____　　记录：_____

测站	测点	视距/m	水平角/(°′)	竖盘读数/(°′)	竖直角/(°′)	水平距离/m	初算高差/m	仪器高/m	中丝读数/m	高程/m	注记

附表9　桥梁施工放样实习报告（交会法）

一、已知控制点及墩台坐标

点号	X/m	Y/m
A		
B		
C		
D		
0#		
1#		
2#		
3#		

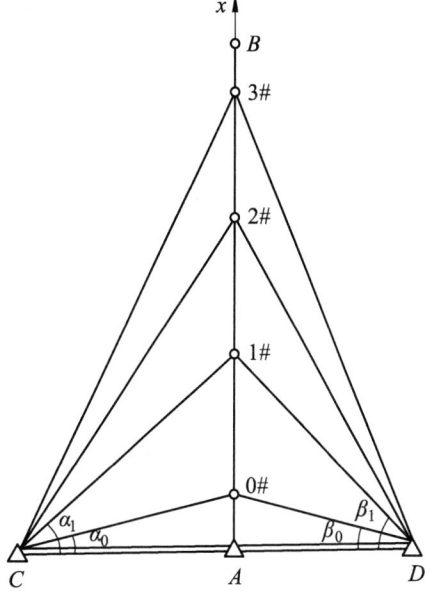

二、交会数据计算

置镜点	控制点	边长/m	坐标方位角/(°′″)	墩台号	边长/m	坐标方位角/(°′″)
C	A			0#		
	B			1#		
				2#		
				3#		
D	A			0#		
	B			1#		
				2#		
				3#		
A	B					

交会角度：$\alpha_0=$　　　　　$\alpha_1=$　　　　　$\alpha_2=$　　　　　$\alpha_3=$

　　　　　$\beta_0=$　　　　　$\beta_1=$　　　　　$\beta_2=$　　　　　$\beta_3=$

三、测设方法及实习小结

1. 墩台中心交会步骤

2. 实习小结

附表 10　学生实习日志

学生姓名		日期及时间		实习工位		指导教师	
实习主要内容、问题及解决措施：							

附表 11

工 程 测 量 实 习 报 告

实习学期：_____学年　第_____学期

完成时间：_____年_____月_____日

二级学院：_____

专　　业：_____

班　　级：_____

姓　　名：_____

学　　号：_____

指导教师：_____

目 录

一、实习目的

参考实习计划及指导书,写出实习任务来源及目的。

二、测区情况简介

对实习测区的环境、条件、已知控制点等情况进行简要说明。

三、实习任务及技术要求

1. 平面控制测量(二级导线)

简介二级导线测量的实习任务及国家相关规范或任务书的技术要求。

2. 高程控制测量(四等水准)

简介四等水准测量的实习任务及国家相关规范或任务书的技术要求。

3. 1∶500 数字地形图测绘

简介数字测图的实习任务及国家相关规范或任务书的技术要求。

4. 线路中线测量

简介曲线测量、线路断面测量实习任务及行业相关规范或任务书的技术要求。

5. 桥梁墩台中心放样

简介桥梁墩台中心放样的实习任务及行业相关规范或任务书的技术要求。

四、实习任务实施过程

1. 平面控制测量(二级导线)

简述二级导线的外业工作、内业计算及测量中遇到的问题、解决措施等情况。

2. 高程控制测量(四等水准)

简述四等水准的外业工作、内业计算及测量中遇到的问题、解决措施等情况。

3. 1∶500 数字地形图测绘

简述全站仪草图法采集外业地形点数据及数字成图软件绘图的过程和相关要求。

4. 线路中线测量放样

简述曲线资料计算及全站仪测设曲线的过程、水准仪测量纵断面和经纬仪视距法测量横断面的过程、数字成图软件绘断面图的过程。

5. 桥梁墩台中心放样

简述桥梁墩台中心放样的资料计算及交会法测设墩台中心的过程、精度分析等。

五、实习总结与体会

对实习的任务、内容、实施过程及存在问题的分析、解决办法等进行全面梳理和总结，写出思想、学习、生活等方面的心得体会，对测量实习提出意见或建议等。

附 录

《国家基本比例尺地图图式 第1部分：1∶500 1∶1 000 1∶2 000 地形图图式》
（GB/T 20257.1—2017）部分符号

编号	符号名称	符号式样			符号细部图	多色图色值
		1∶500	1∶1 000	1∶2 000		
4.1	测量控制点					
4.1.1	三角点 a. 土堆上的 张湾岭、黄土岗——点名 156.718、203.623——高程 5.0——比高	3.0 △ 张湾岭/156.718 a 5.0 △ 黄土岗/203.623				K100
4.1.2	小三角点 a. 土堆上的 摩天岭、张庄——点名 294.91、156.71——高程 4.0——比高	3.0 ▽ 摩天岭/294.91 a 4.0 ▽ 张庄/156.71				K100
4.1.3	导线点 a. 土堆上的 116、123——等级、点号 84.46、94.40——高程 2.4——比高	2.0 ⊙ I16/84.46 a 2.4 ⊙ I23/94.40				K100
4.1.4	埋石图根点 a. 土堆上的 12、16——点号 275.46、175.64——高程 2.5——比高	2.0 ⌑ 12/275.46 a 2.5 ⌑ 16/175.64				K100
4.1.5	不埋石图根点 19——点号 84.47——高程	2.0 ▫ 19/84.47				K100
4.2	水系					
4.2.1	地面河流 a. 岸线（常水位岸线、实测岸线） b. 高水位岸线（高水界） 清江——河流名称					a. C100 面色 C10 b. M40Y100K30

续表

编号	符号名称	符号式样 1:500	1:1 000	1:2 000	符号细部图	多色图色值
4.2.2	地下河段及水流出入口 a. 不明流路的地下河段 b. 已明流路的地下河段 c. 水流出入口					C100 面色 C10
4.2.3	消失河段					C100 面色 C10
4.2.4	时令河 a. 不固定水涯线 （7—9）——有水月份					C100 面色 C10
4.2.5	干河床（干涸河）					M40Y100K30
4.2.6	运河					C100 面色 C10
4.2.7	沟渠 a. 低于地面的 b. 高于地面的 c. 渠首					C100 面色 C10
4.2.8	沟堑 a. 已加固的 b. 未加固的 2.6——比高					K100
4.2.9	地下渠道、暗渠 a. 出水口					C100
4.2.10	坎儿井 a. 竖井					C100
4.2.11	输水渡槽（高架渠）					K100

续表

编号	符号名称	符号式样			符号细部图	多色图色值
		1∶500	1∶1 000	1∶2 000		
4.2.12	输水隧道					C100
4.2.13	倒虹吸					K100
4.3	居民地及设施					
4.3.1	单幢房屋 a. 一般房屋 b. 裙楼 　b.1 楼层分割线 c. 有地下室的房屋 d. 简易房屋 e. 突出房屋 f. 艺术建筑 混、钢——房屋结构 2、3、8、28——房屋层数 （65.2）——建筑高度 -1——地下房屋层数					K100
4.3.2	建筑中房屋					K100
4.3.3	棚房 a. 四边有墙的 b. 一边有墙的 c. 无墙的					K100
4.3.4	破坏房屋					K100
4.3.5	架空房、吊脚楼 4——楼层 3——架空楼层 /1、/2——空层层数					K100
4.3.6	廊房（骑楼）、飘楼 a. 廊房 b. 飘楼					K100

续表

编号	符号名称	符号式样 1:500	符号式样 1:1 000	符号式样 1:2 000	符号细部图	多色图色值
4.3.7	窑洞 a. 地面上的 　a1. 依比例尺的 　a2. 不依比例尺的 　a3. 房屋式的窑洞 b. 地面下的 　b1. 依比例尺的 　b2. 不依比例尺的	a a1 ⌂	a2 ⌂	a3 ⌂ b b1 ⌂ b2 ⌂		K100
4.3.100	科学实验站		砖			K100
4.3.101	长城、砖石城墙 a. 完整的 　a1. 城门 　a2. 城楼 　a3. 台阶 b. 损坏的 　b1. 豁口					K100
4.3.102	土城墙 a. 城门 b. 豁口 c. 损坏的					K100
4.3.103	围墙 a. 依比例尺的 b. 不依比例尺的					K100
4.3.104	隔音墙（声屏障）					K100
4.3.105	防风墙（挡风墙）					K100
4.3.106	栅栏、栏杆					K100

续表

编号	符号名称	符号式样 1:500 1:1000 1:2000			符号细部图	多色图色值
4.3.107	篱笆					K100
4.3.108	活树篱笆					K100
4.3.119	悬空通廊					K100
4.3.120	门洞、下跨道					K100
4.3.121	台阶					K100
4.3.122	室外楼梯 a. 上楼方向					K100
4.3.123	院门 a. 围墙门 b. 有门房的					K100
4.3.124	室外自动扶梯 a. 上楼方向					K100
4.3.125	室外电梯					K100
4.3.126	照壁（影壁） a. 依比例尺的 b. 半依比例尺的					K100
4.3.127	门墩 a. 依比例尺的 b. 不依比例尺的					K100
4.3.128	支柱、墩、钢架 a. 依比例尺的 b. 不依比例尺的					K100

229

续表

编号	符号名称	符号式样 1∶500	1∶1 000	1∶2 000	符号细部图	多色图色值
4.3.129	路灯、艺术景观灯 a. 普通路灯 b. 艺术景观灯	a		b		K100
4.3.130	照射灯 a. 杆式 b. 桥式 c. 塔式	a	b	c		K100
4.3.131	岗亭、岗楼、交通巡警平台 a. 依比例尺的 b. 不依比例尺的	a		b		K100
4.3.132	宣传橱窗、广告牌、电子屏 a. 双柱或多柱的 b. 单柱的	a b				K100
4.3.133	街头游园景观小品					K100
4.3.134	喷水池					K100 面色 C10
4.3.135	假石山					K100

续表

编号	符号名称	符号式样 1:500	符号式样 1:1 000	符号式样 1:2 000	符号细部图	多色图色值
4.3.136	避雷针		3.6 1.0 ⚡			K100
4.4	交通					
4.4.1	标准轨铁路 a. 地面上的 　a1. 电杆 b. 高架的 c. 高速的 　c1. 高架的 d. 建筑中的	1:500 1:1 000图： （符号式样图） 1:2 000图： （符号式样图）				K100
4.4.2	窄轨铁路	（符号式样图） 10.0 0.4		0.6 10.0 0.4		K100
4.4.3	火车站及附属设施 a. 站台 　a1. 有雨棚的 　　a1.1 雨棚支柱 　a2. 露天的 b. 地道 c. 天桥 　c1. 封闭的 　c2. 露天的 d. 信号灯、柱 　d1. 矮柱 　d2. 高柱 e. 臂板信号灯 f. 水鹤 g. 机车转盘 h. 车挡	（符号式样图）		（符号式样图）	d1 2.0 1.0 d2 3.2 1.0 e 1.6/1.0/3.0 f 3.2 1.0 g 0.3/0.4/0.6 45°	K100

续表

编号	符号名称	符号式样 1:500	符号式样 1:1 000	符号式样 1:2 000	符号细部图	多色图色值
4.4.4	高速公路 a. 隔离带 b. 临时停车点 c. 建筑中的		(G 5)			K100
4.4.5	国道 a. 一级公路 　a1. 隔离设施 　a2. 隔离带 b. 二至四级公路 c. 建筑中的 ①、②——技术等级代码 （G305）、（G301） ——国道代码及编号		①(G305) ②(G301)			M100Y100
4.4.6	省道 a. 一级公路 　a1. 隔离设施 　a2. 隔离带 b. 二至四级公路 c. 建筑中的 ①、②——技术等级代码 （S305）、（S301） ——省道代码及编号		①(S305) ②(S301)			M80
4.4.7	县道、乡道及村道 a. 有路肩的 b. 无路肩的 ⑨——技术等级代码 （X301）——县道代码及编号 c. 建筑中的		⑨(X301) ⑨(X301)			M30Y100

续表

编号	符号名称	符号式样 1:500	符号式样 1:1 000	符号式样 1:2 000	符号细部图	多色图色值
4.4.8	专用公路 a. 有路肩的 b. 无路肩的 ②——技术等级代码 （Z301）——专用公路 代码及编号 c. 建筑中的					C100Y100
4.4.16	内部道路					K100
4.4.17	阶梯路					K100
4.4.18	机耕路（大路）					K100
4.4.19	乡村路 a. 依比例尺的 b. 不依比例尺的					K100
4.4.20	小路、栈道					K100
4.4.21	长途汽车站（场）					K100
4.4.22	公共汽车停车站 a. 有站台的					K100
4.4.23	加油站、加气站 油——加油站					K100
4.4.24	停车场 a. 停车楼 3——停车楼层数 b. 露天停车场					K100
4.4.25	自行车租赁点、存车 支架 a. 有顶棚的 b. 无顶棚的 c. 不依比例尺的					K100

续表

编号	符号名称	符号式样 1:500	符号式样 1:1000	符号式样 1:2000	符号细部图	多色图色值
4.4.32	过街天桥、地下通道 a. 天桥 b. 地道					K100
4.4.33	人行桥、时令桥 a. 依比例尺的 b. 不依比例尺的 （12—2）——通行月份					K100
4.4.34	亭桥、廊桥					K100
4.4.35	铁索桥、溜索桥、缆桥、藤桥、绳桥 a. 依比例尺的 b. 不依比例尺的 绳——种类说明					K100
4.4.36	级面桥、人行拱桥 a. 依比例尺的 b. 不依比例尺的					K100
4.4.37	栈桥					K100
4.4.38	隧道 a. 依比例尺的出入口 b. 不依比例尺的出入口					K100
4.4.39	明峒					K100
4.4.40	铁路平交道口 a. 有栏木的 b. 无栏木的					K100
4.5	管线					K100

续表

编号	符号名称	符号式样 1:500	符号式样 1:1 000	符号式样 1:2 000	符号细部图	多色图色值
4.5.1	高压输电线					
4.5.1.1	架空的 a. 电杆 35——电压（kV）		35			K100
4.5.1.2	地面下的 a. 电缆标	a				
4.5.1.3	输电线入地口 a. 依比例尺的 b. 不依比例尺的		a b			
4.5.2	配电线					
4.5.2.1	架空的 a. 电杆					
4.5.2.2	地面下的 a. 电缆标	a				K100
4.5.2.3	配电线入地口					
4.5.3	电力线附属设施					
4.5.3.1	电杆					
4.5.3.2	电线架					
4.5.3.3	电线塔（铁塔） a. 依比例尺的 b. 不依比例尺的	a b				K100
4.5.3.4	电缆标					
4.5.3.5	电缆交接箱					
4.5.3.6	电力检修井孔					
4.5.4	变电室（所） a. 室内的 b. 露天的	a	b 3.2 1.6			K100

235

续表

编号	符号名称	符号式样 1:500	1:1 000	1:2 000	符号细部图	多色图色值
4.5.5	变压器 a. 依比例尺的 b. 不依比例尺的				1.5 1.0　0.5	K100
4.5.6 4.5.6.1	陆地通信线 地面上的 a. 电杆					
4.5.6.2	地面下的 a. 电缆标				1.0 / 2.0 / 1.0 / 0.5 / 0.5	
4.5.6.3	通信线入地口				1.0 / 120°	K100
4.5.6.4	通信交接箱				1.0 / 90°	
4.5.6.5	通信检修井孔 a. 电信人孔 b. 电信手孔					
4.5.7 4.5.7.1	管道 架空的 a. 依比例尺的墩架 b. 不依比例尺的墩架					
4.5.7.2	地面上的					K100
4.5.7.3	地面下的及入地口					
4.5.7.4	有管堤的 热、水、污——输送物名称					
4.5.8	海底光缆、电缆					K100
4.5.9	燃气调压站 a. 房屋内的				1.0 / 2.0 / 1.0 / 0.5 / 0.5	K100

续表

编号	符号名称	符号式样 1:500	符号式样 1:1 000	符号式样 1:2 000	符号细部图	多色图色值
4.6.2	省级行政区界线和界标 a. 已定界 b. 未定界 c. 界标					K100
4.6.3	特殊行政区界线					K100
4.6.4	地级行政区界线 a. 已定界和界标 b. 未定界					K100
4.6.5	县级行政区界线 a. 已定界和界标 b. 未定界					K100
4.6.6	乡、镇级界线 a. 已定界 b. 未定界					K100
4.6.7	村界					K100
4.6.8	特殊地区界线					K100
4.6.9	开发区、保税区界线					M100
4.6.10	自然、文化保护区界线					M100
4.7	地貌					
4.7.1	等高线及其注记 a. 首曲线 b. 计曲线 c. 间曲线 d. 助曲线 e. 草绘等高线 25——高程					M40Y100K30

237

续表

编号	符号名称	符号式样 1:500	符号式样 1:1 000	符号式样 1:2 000	符号细部图	多色图色值
4.7.2	示坡线					M40Y100K30
4.7.3	高程点及其注记 1520.3、-15.3——高程	0.5 •1520.3		•-15.3		K100
4.7.4	比高点及其注记 6.3、20.1、3.5——比高	0.5 •6.3	20.1	3.5		与所表示的地物用色一致
4.7.5	特殊高程点及其注记 洪 113.5——最大洪水位高程 1986.6——发生年月		1.6 ⊙洪113.5 1986.6			K100
4.7.13	冲沟 3.4、4.5——比高					M40Y100K30
4.7.14	地裂缝 a. 依比例尺的 2.1——裂缝宽 5.3——裂缝深 b. 不依比例尺的	a b	2.1/5.3 裂 裂 0.5 0.15			M40Y100K30
4.7.15	陡崖、陡坎 a. 土质的 b. 石质的 18.6、22.5——比高	a	b			M40Y100K30
4.7.16	人工陡坎 a. 未加固的 b. 已加固的	a b				K100
4.7.17	防风固沙方格					M40Y100K30

238

续表

编号	符号名称	符号式样			符号细部图	多色图色值
		1∶500	1∶1 000	1∶2 000		
4.7.18	露岩地、陡石山 a. 露岩地 b. 陡石山 1986.4——高程					M40Y100K30
4.7.19	岩墙 7——比高					M40Y100K30
4.7.20	平沙地					M40Y100K30
4.7.21	崩崖 a. 沙土崩崖 b. 石崩崖					M40Y100K30
4.7.22	滑坡					M40Y100K30
4.7.23	泥石流					M40Y100K30
4.7.24	熔岩流					M40Y100K30
4.7.25	斜坡 a. 未加固的 　a1. 天然的 　a2. 人工的 b. 已加固的					a M40Y100K30 b K100

续表

编号	符号名称	符号式样 1:500	1:1000	1:2000	符号细部图	多色图色值
4.7.26	梯田坎 2.5——比高					K100
4.7.27	石垄 a. 依比例尺的 b. 半依比例尺的					K100
4.7.28	岸垄、土垄 2.5、5——比高					M40Y100K30
4.8	植被与土质					
4.8.1	稻田 a. 田埂					C100Y100 a. K100
4.8.2	旱地					C100Y100
4.8.3	菜地					C100Y100
4.8.4	水生作物地 a. 非常年积水的 菱——品种名称					C100Y100
4.8.5	台田、条田					C100

续表

编号	符号名称	符号式样			符号细部图	多色图色值
		1∶500	1∶1 000	1∶2 000		
4.8.6 4.8.6.1	园地 经济林 a. 果园 b. 桑园 c. 茶园 d. 橡胶园 e. 其他经济林	a. b. c. d. e.				C100Y100
4.8.6.2	经济作物地					
4.8.7	成林					C100Y100
4.8.8	幼林、苗圃					C100Y100
4.8.9	灌木林 a. 大面积的 b. 独立灌木丛 c. 狭长灌木林	a b c				C100Y100

241

续表

编号	符号名称	符号式样 1:500	符号式样 1:1 000	符号式样 1:2 000	符号细部图	多色图色值
4.8.10	竹林 a. 大面积竹林 b. 小面积竹林、竹丛 c. 狭长竹丛					C100Y100
4.8.11	疏林					C100Y100
4.8.12	迹地					C100Y100
4.8.13	防火带	防火		防火		K100
4.8.14	零星树木		1.0			C100Y100
4.8.15	行树 a. 乔木行树 b. 灌木行树					C100Y100
4.8.16	独立树 a. 阔叶 b. 针叶 c. 棕榈、椰子、槟榔 d. 果树 e. 特殊树					C100Y100

242

续表

编号	符号名称	符号式样 1:500	符号式样 1:1000	符号式样 1:2000	符号细部图	多色图色值
4.8.17	高草地 芦苇——植物名称					C100Y100
4.8.18	草地 a. 天然草地 b. 改良草地 c. 人工牧草地 d. 人工绿地					C100Y100
4.8.19	半荒草地					C100Y100
4.8.20	荒草地					C100Y100
4.8.21	花圃、花坛					C100Y100
4.8.22	盐碱地					M40Y100K30
4.8.23	小草丘地 a. 独立的 b. 大面积的					M40Y100K30

参考文献

[1] 周海峰，李向民. 道路工程测量. 北京：机械工业出版社，2021.
[2] 张慧慧. 工程测量实训指导. 成都：西南交通大学出版社，2016.
[3] 中铁二院工程集团有限责任公司. 铁路工程测量规范：TB 10101—2018. 北京：中国铁道出版社，2019.
[4] 中国有色金属工业协会. 工程测量标准：GB 50026—2020. 北京：中国计划出版社，2020.
[5] 国家测绘地理信息局. 国家基本比例尺地图图式 第 1 部分：1∶500 1∶1000 1∶2000 地形图图式：GB/T 20257.1—2017. 北京：中国标准出版社，2017.
[6] 程效军，须鼎兴，刘春. 测量实习教程. 上海：同济大学出版社，2005.
[7] 李玉宝. 测量学. 成都：西南交通大学出版社，2006.
[8] 石长宏，徐成. 工程测量. 北京：人民交通出版社，2011.
[9] 曹毅. 工程测量. 北京：中国铁道出版社，2008.
[10] 尹辉增. 工程测量. 北京：中国铁道出版社，2012.
[11] 肖争鸣. 工程测量实训教程. 北京：中国建筑工业出版社，2020.
[12] 李金生. 工程测量实训教程. 武汉：武汉大学出版社，2021.
[13] 姜树辉，巨辉，宗琴，等. 建筑工程测量实训. 重庆：重庆大学出版社，2020.
[14] 王朝林. 工程测量实训. 北京：中国水利水电出版社，2008.
[15] 张晓雅. 铁路工程测量实训指导. 成都：西南交通大学出版社，2013.